111 GRÜNDE, IRLAND ZU LIEBEN

Markus Bäuchle & Eliane Zimmermann

# 111 GRÜNDE, IRLAND ZU LIEBEN

Eine Liebeserklärung
an das schönste Land der Welt

SCHWARZKOPF & SCHWARZKOPF

INHALT

# VORWORT

111 Gründe, Irland zu lieben: Mit der Liebe ist das so eine Sache. Früher sagten wir, dass man nur Menschen lieben kann oder allenfalls noch den treuen Hund. Wir verachteten ein ganz klein wenig die dauer-euphorisierten Menschen über dem großen Teich, die es sogar schafften, Fleischbuletten zu lieben. Doch die Zeiten haben sich schnell geändert, und wer nicht hoffnungslos hinter seine Zeitgenossenschaft zurückfallen will, der liebt heute bunt drauflos – komme, was da wolle.

Uns fiel der Sprung vom Mögen zum Lieben eines Landes durch den Umzug nach Irland im Jahr 2000 ziemlich leicht. Denn die lieben Irinnen und Iren (*lovely people*) lieben auch recht unkompliziert alles – von der Fernsehserie bis zum bevorzugten Restaurant und zum neuen Kleid –, und von einer fremden Person als *my love* angesprochen zu werden, fühlte sich nur im ersten Irland-Jahr noch etwas merkwürdig an.

Wir leben nun seit 15 Jahren in Irland, und trotz aller Gewöhnungs-Effekte leben und arbeiten wir auch heute noch sehr gerne hier. Sorry: Wir lieben es, hier zu leben und zu arbeiten. Dieses Buch zu schreiben war deshalb eine Art Herzensangelegenheit. Eher schwer fiel uns, aus den vielleicht 500 guten Gründen die 111 besten, interessantesten oder wichtigsten herauszusuchen.

Eher schwer wirkte zunächst auch die Aufgabe, nur die Sonne zu beschreiben und den Regen gar nicht zu erwähnen. Doch wer das immer abwechslungsreiche irische Wetter als Gesamterscheinung so liebt wie wir, der findet auch Wege, das Leben in Irland in seiner Gesamtheit zu beschreiben und gleichzeitig dem Liebeskonzept einer Buchreihe gerecht zu werden.

Dass wir dieses Buch gemeinsam als Autorenduo geschrieben haben, das auch privat seit Langem verbandelt ist, kann übrigens als 112. Grund dieses Buches gelten. Irland ist eine Liebe, die uns verbindet.

Wir widmen diese 111 Gründe unseren Gästen, die wir jedes Jahr zum Wandern und Lernen bei Wanderlust und bei AiDA Aromatherapy an der Atlantik-Küste begrüßen. Denn ihnen zeigen wir genau das, was wir auch im Buch beschreiben: das Land, die Landschaft und die Leute, die wir lieben – unsere Wahlheimat Irland.

*Eliane Zimmermann {e} & Markus Bäuchle {m}*

KAPITEL I

# FÜR NEUANKÖMMLINGE

1. GRUND

## Weil Irland anders ist

Warum bin ich in Irland gelandet? Warum lebe ich seit eineinhalb Jahrzehnten fern der alten Heimat Deutschland in der neuen Heimat Irland? Eine der Antworten ist: Irland ist anders. Anders als Deutschland, anders als das kontinentale Europa. Und auch anders als das Image, das die Grüne Insel im deutschsprachigen Europa hat. Nicht anders im Sinne von besser, anders im Sinne von erkenntnisfördernd: Wer sein Leben lang auf der rechten Straßenseite gefahren ist, wird das Linksfahren als Herausforderung, als Bereicherung oder aber als Zumutung betrachten. Wer deutsche Direktheit gewohnt ist, wird sich angesichts des freundlich-positiven irischen Umgangsformen schulen – oder scheitern. Und wer Pünktlichkeit, Zuverlässigkeit und absolute Präzision zu seinen Tugenden zählt, wird sich ändern – oder wieder gehen. So vieles ist anders als das, was wir in Mitteleuropa kennen: die Farben, die Geräusche, das Wetter, das Essen, die Arbeit, die Freizeit, ja selbst das Bier – und das alles nur zwei Flugstunden von München, Basel, Frankfurt oder Wien entfernt. Willkommen in Irland. *{m}*

2. GRUND

## Weil Irland eine Insel ist

»Das kann nicht sein«, klang es aus dem Mund einer Besucherin, »Irland ist doch keine Insel. Das wüsste ich.« Wer hier »reif für die Insel« war, ließ sich nicht abschließend klären, doch *meine* Liebe zu Inseln stammt aus frühester Kindheit. »Insel« bedeutet Ruhe, blauer Himmel, Meer, Palmen, saubere Luft. »Insel« hat etwas von Abenteuer, Abgeschiedenheit, besonderen Bewohnern. All diese

Klischees und noch ein bisschen mehr wurden mit dem Umzug auf die Grüne Insel Realität.

»Insel« bedeutet auch: Nicht jeder kommt eben mal hierher. Freilich kommt man selber auch nicht mal eben weg. In Zeiten von Billig-Airlines ist diese altmodische Empfindung zwar nur noch bedingt gültig, dennoch scheine ich für sehr viele Menschen sehr weit vom Schuss, geradezu im Nirgendwo des eiskalten Atlantiks zu wohnen.

Fotos aus dem Weltall, die dieses grüne Stückchen Land in Form eines auf den Hinterbeinen hockenden Schäfchens zeigen, berühren mein Herz. Auf einer Insel zu wohnen bedeutet für mich: Ich sehe jeden Tag das Meer, ich bin selbst bei Reisen über die Insel jederzeit schnell am blauen Atlantik. 2.797 Kilometer Küstenstreifen machen es möglich. Ob Sandstrand, Klippen, ans Salzwasser grenzende Wiesen und Wanderwege: Man hat stets eine gute Auswahl an meeresbetonten Freizeitaktivitäten, kann auch »mal eben« zwischen der Arbeit das Inselfeeling bewusst genießen. Auch nach anderthalb Jahrzehnten mit einer bewegten Fototapete als Fensterausblick bin ich noch nicht müde geworden, den sich minütlich verändernden Ozean zu bestaunen.

Unterschiedliche Arten von Wind haben etwas Spannendes. Unterschiedliche Arten von Brisen und Stürmen lassen mich immer wieder spüren, dass ich Teil der Natur bin, sogar dass ich ihr ein Stück weit ausgeliefert sein könnte (wäre da nicht das gemütliche Häuschen). Die vielen *shades of grey* verhindern Langeweile und geben dem morgendlichen Ausblick immer wieder etwas Überraschendes. All die Empfindungen, welche von feuchter Luft ausgelöst werden, sind sicherlich auf einer Insel besonders intensiv zu spüren: Es können fette Tropfen sein oder ein zarter feuchter Schleier oder auch einfach ein sauna-artiges Gefühl beim Einatmen. Die pastellige Weite, der glitzernde Horizont, der abwechslungsreiche Himmel, aufregende Wolkenspiele und gleißende Lichtstrahlen, die mitten aus Dunst oder aus Wolkenwänden auf das Meer zu schießen scheinen, tragen zum spannenden und doch entspannend wirkenden Insel-Feeling bei. Nicht zuletzt die immer noch sensationellen Sonnenuntergänge direkt im Vorgarten füllen mich mit Dankbarkeit, dass wir diesen schönen Ort zum Wohnen (und Arbeiten) gefunden haben. Oder hat der Ort uns gefunden?

Eine Insel zu lieben bedeutet, das Inselwetter mit all seinen Vor- und Nachteilen zu lieben oder wenigstens zu akzeptieren. Einer der schönsten Gründe sind die unfassbar schönen Regenbögen, die wir regelmäßig präsentiert bekommen. Der oftmals minütlich stattfindende Wechsel zwischen Niesel und Sonnenschein stört mich schon lange nicht mehr, sodass ich nie einen Regenschirm bei mir habe und auch nie beim ersten Regentröpflein panisch in die Nylonjacke flüchte (daran erkennt man übrigens Gäste sehr gut). Erst mal abwarten, gleich ist der Schauer ohnehin vorbei – so lernt man mehr Gelassenheit und beginnt, einzelne Momente besser zu schätzen. *{e}*

3. GRUND

## Weil Irland bei der Einführung des Euro mitgemacht hat

Es gab eine Zeit, in der ich ein eigenes Stück Handgepäck auf meinen Flügen dabei hatte, wenn ich auf Vortragsreisen ging. Zu Hause bezahlte ich mit Irischen Pfund (punt), beim Umsteigen in London benötigte ich für Sandwich und Espresso wenigstens ein paar britische Pfund Sterling. In der alten Heimat angekommen, musste der Geldbeutel mit reichlich DM-Scheinen bestückt sein. Öfter führte mich mein Weg nach Salzburg oder Wien, dann musste ich alle Preise mit sieben multiplizieren, um fürs Shopping die Menge an Schilling einschätzen zu können. Wenn dann gar noch Arbeit in der Schweiz rief, ging das dicke Portemonnaie gar nicht mehr richtig zu. Darum war meine buchstäbliche Erleichterung groß, als der Euro kam, der zwar auch auf der Grünen Insel zum Teuro wurde, der jedoch die Planungen meiner vielen Reisen deutlich vereinfachte.

In den ersten Jahren meines Pendler-Daseins war mein irisches Euro-Wechselgeld extrem begehrt. Fast überall legte man meine Münzen zurück für die damals üblichen Euro-Sammelalben: Frühere Nachbarinnen legten die neuen irischen Euromünzen für ihre Kinder zurück, Verkäuferinnen sammelten die Währungsrarität für ihre Enkel, Tankstellenbesitzer zeigten mir stolz ihre Kollektionen des begehrten Metalls samt den endlich zu füllenden Lücken auf der Irland-Seite. Da Iren nicht so oft nach Deutschland reis(t)en, kamen in der Jugendzeit des Euro vergleichsweise wenig irische Cents in den internationalen Geldumlauf, und so wurde ich für einige Zeit zur willkommenen Unterstützerin eines neuen Hobbys.

Wir erleben allerdings auch gut ein Dutzend Jahre nach der Währungsumstellung immer noch, dass Besucher bei uns anfragen, welche Währung eigentlich bei uns gelte. Oder die verzweifelt sind, weil die Bank ihres Vertrauens ihnen keine Irischen Pfund besorgen konnte. Darum halte ich hier schwarz auf weiß fest: Auch in Irland bezahlt man mit Euro! Es hat sich offensichtlich auch noch nicht in jedes Ecklein Europas herumgesprochen: Irland gehört seit 1973 der EU (Europäischen Union) an.

Allerdings ist es immer wieder erstaunlich, dass nicht nur Mary und Paddy auf der Straße, sondern auch Behördenmenschen sich nicht so wirklich zu Europa gehörend betrachten. In Gesprächen hört man beispielsweise: Jemand reist innerhalb Irlands, jemand bewegt sich nach London, doch man fliegt *to the continent* (auf den Kontinent) oder gar *to Europe*, als würde für die beiden Inseln ein außereuropäischer Sonderstatus gelten. Deutschland, Österreich, Frankreich und Italien sind also in den meisten Köpfen ganz weit weg, obwohl man (nicht nur) eine gemeinsame Währung hat. *{e}*

4. GRUND

## Weil sich in Irland alles um das Wetter dreht

Vor Kurzem traf ich John und Pat, zwei entfernte Nachbarn, wandernd hoch oben auf dem Berg. Das Wetter zeigte sich an jenem Tag von seiner schönsten Seite. Pat und John konnten gar nicht genug davon erzählen, wie viel Arbeit da unten im Tal eigentlich gerade liegen bleibt, wie wenig Chancen die Arbeit aber gegen dieses Bilderbuchwetter hat. Der alte irische Reflex ist weithin lebendig: Wenn die Sonne lockt, lass alles stehen und liegen und nutze oder genieße den Tag: Mach Heu, gehe schwimmen, stich Torf, grabe den Garten um oder hole die Schafe zum Scheren. Die sprichwörtliche Spontaneität und Flexibilität haben die Iren dem schnell wechselnden Wetter zu verdanken. »Bin Angeln – Geschäft vorübergehend geschlossen«. Schilder wie diese an verschlossenen Shop-Türen entzücken manche Urlauber – andere schimpfen über Unzuverlässigkeit und so weiter.

Das Wetter bestimmt nicht nur das ländliche Leben in Irland, es dominiert auch die täglichen Gespräche, den Small Talk. Die eher rhetorische Gruß-Frage: »Wie geht es?« (*How are you?*), wird meist kurz beantwortet mit »Good« oder »Not too bad« und dann mit einem Kommentar zum Wetter gekontert: »Nice morning.« Der Konter wiederum wird erwidert mit einer Bestätigung des Wetterkommentars, etwa mit »Glorious morning«. Danach wird dann das Wetter im Detail diskutiert, und so geht das eine ganze Weile hin und her, bis man endlich zur Sache kommt.

Warum eigentlich reden die Iren so gerne, so oft, so leidenschaftlich und ständig über das Wetter? Ganz einfach: Weil das Wetter sie geprägt hat und bis heute prägt. Es ist so vielfältig, (»vier Jahreszeiten an einem Tag«), dass ihnen nie der Gesprächsstoff ausgeht.

Weil Menschen in einer (post-)agrarischen Gesellschaft immer noch stark vom Wetter abhängig sind (oder glauben, vom Wetter abhängig zu sein), und weil es ein so herrlich unverfängliches Thema ist, über das sie sich sogar streiten können, ohne in Streit miteinander zu geraten.

Oder weil sie dann nicht über die neuesten Untaten des Pfarrers reden müssen und natürlich, weil sich der nächste Pub-Besuch mit einem Hinweis auf das Wetter bestens rechtfertigen lässt (»Im Pub ist das Wetter immer dasselbe«).

Mein Freund Andrew, der Ladenbesitzer, sagt dazu: »Weil das regenreiche atlantische Wetter immer schon einen so großen Einfluss auf unser Leben im ländlichen Irland hatte, dreht sich bis heute alles darum. In Wort und Tat.«

Also manchmal geht es uns wie John und Pat. Wenn die Sonne hinter den Wolken hervorkommt und uns umschmeichelt, wenn der Schreibtisch einfach nichts Fesselndes hat. Wenn die Morgensonne und ein mildes intensives Licht uns hinauslocken zu einem kleinen Ausflug auf die Beara Peninsula oder hinüber nach Kerry. Auf engen Sträßchen rollen wir gemütlich vor uns hin, und die Arbeit kann warten … *{m}*

5. GRUND

## Weil Wasserhähne und Toilettenhäuschen in Irland irgendwie anders sind

Wer als deutsch sprechender Irland-Besucher jemals dem Schild M gefolgt ist, um in der *biobreak* einem Bedürfnis nachzugehen, sollte ein Kleid tragen oder rosa Lippenstift oder edlen Perlenschmuck. Auf alle Fälle sollte sie weiblich sein. Ansonsten könnte es frau passieren, dass sie beim Betreten der Örtlichkeit mit dem Schild F entgeisterte Blicke vom Wandbecken erntet.

Das M steht für *mná* (gälisch für »Frau«) und das F zeigt, dass sich hinter dieser Tür ein Örtchen für den *fír* (gälisch für »Mann«)

befindet. Solche Örtlichkeiten findet der Besucher in fast jedem etwas größeren Dorf, meistens sind es kleine Häuschen, die in der Regel erstaunlich sauber sind, wenn auch oft mit etwas veralteter Technologie ausgestattet.

An den äußeren Hauswänden – nicht nur dieser Häuschen, sondern fast aller Häuser – befinden sich übrigens alle Abwasserleitungen und viele Zuleitungen. Diesen begegnet man bisweilen auch beim Grasmähen. Kurioserweise entstand in und nach den eiskalten Wochen der zwei Jahrhundertwinter Wasserknappheit, und es kam sogar zu Wasserrationierungen. Man hatte einfach die Wasserhähne für diese Zeit offen gelassen, denn laufendes Wasser lässt die dünnen Rohre nicht so schnell platzen.

Doch zurück zu den überall vorhandenen Toilettenhäuschen. Noch so gerade am Anfang des aktuellen Jahrhunderts, auf alle Fälle im vorigen Jahrhundert, waren diese Orte auch ein beliebter Ort bei Postzustellern. Nicht weil diese unterwegs so oft mit den Empfängern ihrer gelieferten Umschläge und Päckchen ausgiebig Tee tranken (siehe Grund 12: Briefkästen). Eher wegen der Abwesenheit von Postleitzahlen, Straßennamen und Hausnummern: Als ortsunkundiger Kurier oder Postbote kann man sehr viel Zeit verlieren, wenn sich eine Adresse nicht direkt an der Hauptstraße befindet. Aber die gewissen Örtchen befinden sich genau dort, zentral und leicht erreichbar. Was liegt also näher, als den Abwurf des Päckchens genau dort vorzunehmen. Jeder, der vor dem Jahr 2000 eine Postsendung erwartete, wusste davon und rechnete damit, dass beim Ausbleiben derselbigen genau an dieser Örtlichkeit nachgeschaut werden musste. Meistens mit Erfolg. Wenn dieser ausblieb, ging man zum Dorfladen oder zum Pub, dort wurde man fündig und konnte den Ausflug gleich mit einem netten Schwätzchen verbinden.

Bleiben wir beim Nassraum. Duschen kann auf der Grünen Insel wesentlich länger dauern als auf dem Kontinent, vor allem, wenn Seife und Shampoo abgespült werden müssen. Denn der Wasserdruck ist in irischen Bädern praktisch nicht vorhanden. Wasserhähne – auch in der Küche – zeigen oft Blau für warmes und Rot für kaltes Wasser und sind auch häufig wie das Lenkrad im Auto auf der »falschen Seite« angebracht. Dafür kann mit dem Kaltwasserhahn an der ländlichen Küchenspüle das beste Trinkwasser Europas angezapft werden, denn er führt direkt in die tiefsten Erdschichten (in Gegenden mit öffentlicher Wasserversorgung gibt es jedoch leider mehr oder weniger chloriertes Wasser). Tiefbrunnen auf ländlichen Privatgrundstücken sind die Regel und nicht die Ausnahme. Ebensolche Regel sind die hauseigenen Klärgruben, welche verbieten, dass unorganische Abfälle ins Klobecken geleert werden. Der bewusste Umgang mit den schnell verstopfenden Rohren wird mit den ersten kindlichen Sitzungen gelernt.

Ich habe gelernt, nicht nur mit dem Abwasser bewusster und behutsamer umzugehen, auch bin ich seit unserem Umzug nach Irland dankbar für den weltweit immer seltener werdenden Luxus von eigenem, sehr reinem Trinkwasser. Allerdings finde ich es nun noch perverser als früher, dass wir dieses kostbare Gut zum WC-Spülen und zum Autowaschen verwenden. {e}

6. GRUND

## Weil die Fluggesellschaft mit dem hellgrünen Kleeblatt eine besonders menschliche Airline ist

Ich fliege oft zwischen meiner Inselheimat und vielen unterschiedlichen Orten auf dem Kontinent hin und her. Manchmal geht es nicht anders, da muss ich mich in die Flugzeuge einer Fluggesellschaft zwängen, in deren Fliegern es bisweilen sehr ruppig zugeht und wo die Freundlichkeit des vermutlich unterbezahlten und gestressten Kabinenpersonals sehr einstudiert wirkt.

Anders bei der Airline mit dem hellgrünen Kleeblatt auf der Heckflosse. Schon am Schalter fühle ich mich willkommen (meistens, wenn nicht gerade der Flug wegen eines Sturmes am Vortag annulliert wird). Ob im Terminal oder in der Luft, fast alle Mitarbeiter und Mitarbeiterinnen sind ehrlich und pausenlos bemüht, einem in jeder nur erdenklichen Situation zu helfen.

Meine Liebe zu dieser Fluggesellschaft begann kurz nach unserem Umzug auf die Grüne Insel. Ich befand mich mit zwei kleinen Söhnen auf dem Rückweg vom Oma-Opa-Besuch in Deutschland. Der Jüngere schlief auf dem knapp zwei Stunden langen Spätflug ein und war durch nichts wach zu bekommen. Keine laute Ansage, keine Landungsgeräusche, auch kein Schütteln konnten ihn aus Morpheus' Armen locken. So taumelte ich mit diversen Handgepäckstücken und einem verschlafenen, aber immerhin selbstständig gehenden zweiten Kind an der Hand zum Ausgang des Fliegers. Obwohl den Kabinenmitarbeitern anzusehen war, dass sie ungeduldig und froh dem wohl verdienten Feierabend entgegenfieberten, bot mir ein Flugbegleiter an, das schlafende Kind zu übernehmen. Er begleitete uns zur Passkontrolle, wartete geduldig das Anspringen des ewig schweigenden Gepäckbandes ab und trug den selig schlummernden Buben bis in unser Auto, das dort einige Tage auf dem Langzeitparkplatz auf uns gewartet hatte. So viel Menschenliebe war ich nicht gewohnt, und so denke ich heute noch dankbar an diese enorme Geste zurück.

Ähnlich erging es unseren Gästen mit Kleinkind, die eine Woche bei uns verbracht hatten. Der von uns am Vorabend bestellte Taxifahrer hatte dummerweise verschlafen und brummelte nach Sturmklingeln, er hätte vier Uhr nachmittags und nicht vier Uhr morgens verstanden, fuhr dann aber doch noch vor. Nun versuchte er den der englischen Sprache nicht so wirklich kundigen Besuchern klarzumachen, dass er nicht genügend Benzin im Tank habe, um damit die knapp 80 Kilometer zum Flughafen zu schaffen. So sprang mein Mann ein und fuhr angesichts der fortgeschrittenen Zeit schier um sein Leben. Zum Glück befindet sich so früh am Morgen in Irland so gut wie niemand auf den Straßen.

Man kam hechelnd am Flughafenschalter an und erfuhr, dass die Abfertigung vor wenigen Minuten abgeschlossen worden sei. Doch da war dann dieser süße kleine Junge auf dem Arm seiner verzweifelten Mutter. Keiner hat gesehen, ob Tim seine klugen Äuglein hat aufblitzen lassen, doch die Mitarbeiterin der netten Airline besann sich ganz schnell eines Besseren und wies die Eltern an, möglichst schnell zum Abflug-Gate zu flitzen. Keine Frage, sie wurden noch mitgenommen.

Ein ähnliches Einsehen hatte man genau an jenem Schalter kürzlich mit einem Freund, der die per Handy mitgeteilte Abflug-Änderung nicht richtig interpretiert hatte. Dummerweise verwechselte er die Flugnummer und die Abflugszeit und verpasste deswegen den Flieger. Keine Frage, man bot ihm an, am nächsten Tag (zur richtigen Zeit) doch noch seine Reise antreten zu dürfen, ohne Aufschlag, ohne Bürokratie.

Auch ein erstaunlich kulantes Entgegenkommen erfuhr unser Aupair-Mädchen Mara. Im Jahrhundertwinter 2010 konnte kein Auto mehr unsere steile Straße hochfahren. Der eine Kilometer war über eine Woche nicht mehr zu überwinden. Nun hätte man ihr raten können, doch vorsichtig zu Fuß zur Hauptstraße zu gehen. Doch es fuhren auch keine Busse mehr (Räumdienst und Winterreifen sind in Irland nahezu unbekannt). Schon gar nicht nach Dublin, von wo ihre Weihnachtsreise nach Hause an den Bodensee hätte fortgeführt werden sollen.

Traurig saß Mara zu Hause, nicht nur weil sie die Feiertage ohne ihre große Familie verbringen musste, sondern auch, weil sie ein Großteil ihres Taschengeldes vernichtet wähnte. Nicht schlecht staunte sie einige Zeit später, als sie den Flugpreis ohne jeden Kampf erstattet bekam. Jede andere Firma hätte sich vermutlich auf den Standpunkt gestellt, dass sie erstens selbst dran schuld war, nicht den Weg nach Dublin irgendwie bewerkstelligt zu haben, zweitens wäre vermutlich »höhere Gewalt« angeführt worden. Nicht so bei der Airline mit dem hellgrünen Kleeblatt. *{e}*

7. GRUND

## Weil man in das »Traumland Irland« einfach umziehen kann

Wenn Menschen ihre angestammte Heimat verlassen, um in einem anderen Land zu leben, wird das reflexartig mit dem Wort »Auswandern« beschrieben. Der Traum vom Auswandern hat längst Massenmedienreife erlangt, mit ihm lässt sich heute sogar Trash-TV, billigstes Unterhaltungsfernsehen, produzieren. Dabei ist das Konzept kein neues: Wenn nicht schon die große Wanderungsbewegung der »Ostsiedlung« im Mittelalter denselben Motiven folgte, so doch spätestens die großen Auswanderungswellen des 18. und 19. Jahrhunderts.

Wikipedia beschreibt die Auswanderung oder Emigration als »das Verlassen eines Heimatlandes auf Dauer. Emigranten oder Auswanderer verlassen ihre Heimat entweder freiwillig oder gezwungenermaßen aus wirtschaftlichen, religiösen, politischen oder persönlichen Gründen. Auf die Auswanderung aus einem Land folgt die Einwanderung in ein anderes.«

Die Autorin Petra Dubilski macht sich im *Fettnäpfchenführer Irland* zwar gekonnt über die Haltung lustig, dass Leute so wie ich nicht traditionell auswandern, sondern einfach nur umziehen – und doch irrt sie: Als wir im Jahr 2000 Deutschland verließen, um in Irland zu leben, veränderten wir unseren Wohn- und Lebensort eben nicht im Bewusstsein, »auszuwandern«. Es war ein Umzug innerhalb Europas, und es fühlt sich bis heute kein bisschen anders an. Das Identifikations-Projekt »Europa« ist tatsächlich stark genug, um unsere Gefühlslage und Befindlichkeit über die Jahre hinweg zu nähren.

Im Zeitalter der von Digitalisierung getriebenen Globalisierung wurden viele einst elitäre Privilegien geschleift und demokratisiert. Der linkischste Laie darf sich heute als Fotograf, Journalist, Grafiker, als Filmemacher, digitaler Entrepreneur oder komponierender Musiker fühlen. Langstreckenflugzeuge sind Massentransportmittel geworden, das weltweite Reisen (»Ich mach mal ab nach China«) ist längst kein Privileg von wenigen Wohlhabenden mehr – und »ausgewandert« wird massenhaft, selbst unter Medienbeobachtung per Fernseh-Projekt auf Pro 7. Jeder Mitteleuropäer mit Durchschnitts-IQ kann sich heute Morgen aus den Federn erheben und beschließen: »Ich kehre morgen Deutschland, der Schweiz, Österreich den Rücken und wandere aus nach Malle, in die Toskana, nach Irland.« Und kann den Worten Taten folgen lassen, ohne um Leib und Leben fürchten zu müssen.

Freunde und Bekannte haben unseren Schritt zur »Auswanderung« projizierend immer wieder als »mutig« oder »couragiert« beschrieben. Dabei hätte es nach eigener Befindlichkeit genauso viel Mut gebraucht, im überzivilisierten Deutschland zu bleiben. Schon der Umstand der leichten Verfügbarkeit, der niedrigen Hürden und des geringen Risikos nahm unserem Ortswechsel von Deutschland nach Irland jede Dringlichkeit und Dramatik, die sich mit dem Projekt einer Auswanderung verbinden mag. Deshalb: Es war ein Umzug innerhalb Europas an einen Ort unserer Wahl. Zugegeben: An einen Ort mit viel Natur, wenigen Menschen und einer mehr oder weniger permanenten Verbindung mit dem großen Netz, dem alten Lebensstil und den bestehenden sozialen Bezügen. Auswandern bedeutet Bruch und Neuanfang; Umziehen erlaubt Kontinuität und sanfte Veränderung.

Allen Ortswechslern ist wohl gemeinsam, dass sie sich von ihrem Ortswechsel ein besseres Leben versprechen, dass sie ihren Traum leben können, dass alles traumhaft oder doch wenigstens gut wird. Und ja: Viele Träume platzen, viele Umzugs- oder Auswanderungsprojekte scheitern. Doch Umziehende scheitern genauso wie Verharrende und Bleibende. Am Ende scheitern wir alle auf unsere eigene Art und so gut wir eben können. Hier, dort. Irgendwo.

Große Ruhe. Während ich diese Gedanken denke, sitze ich am Fenster und schaue aufs Meer. Ich sitze am Fenster in meinem »Immer-noch-Traumland Irland« am Meer und empfinde tatsächlich große Ruhe. Meine alte Freundin aus Frankfurt lässt sich von dieser großen Ruhe, dieser »unheimlichen Stille«, dieser »öden Langeweile« nach spätestens drei Tagen vertreiben – zurück in die Stadt, in die bunte Kulisse, zu den vielen Menschen, in die alte urbane Vertrautheit. Man sollte deshalb vorsichtig sein, was und wovon man träumt. Es könnte wahr werden. *{m}*

8. GRUND

## Weil in Irland die Uhren anders gehen

In Irland gehen die Uhren anders. Sagt man, und es stimmt: Im westlich vom europäischen Kontinent gelegenen Irland ist es immer eine Stunde früher als in Frankreich oder Deutschland. »Zum Ausgleich« erscheint man hier gerne eine viertel oder halbe Stunde später als vereinbart. Irland liegt in der Zeitzone der Western European Time (UTC + 0), wie Greenwich in England. Dass dies allerdings die Ursache für die sprichwörtliche Unpünktlichkeit der Iren ist, darf bezweifelt werden.

In Irland gehen die Uhren anders: Der Kurs begann am Samstag um 9:30 Uhr im St. Gobans College. Eigentlich. Wir sind fast pünktlich, 9:40 Uhr – und alleine. Im Foyer der verlassenen Schule kein Schild, kein Mensch, kein Hinweis. Wir arbeiten uns also durch die vielen Flure zu den vielen Zimmern. Nach zehn Minuten der Fahndungserfolg: Im einzigen beheizten Zimmer des Gebäudes sitzen vier Tee trinkende Menschen. Toll, der Ausbilder und drei Teilnehmer. Es ist 9:50 Uhr, und sie freuen sich erkennbar, dass noch jemand vorbeischaut. Wir sind jetzt zu fünft. Eigentlich sollen zehn Leute am Kurs teilnehmen.

Nach weiteren zehn gemütlichen Minuten räuspert sich Jerry, der Ausbilder. Eigentlich müssten noch fünf Teilnehmer kommen. »Die sind wahrscheinlich versehentlich ins Maritime Hotel gegangen«, mutmaßt er (warum auch immer) und ruft im Hotel an. Wir plaudern gemütlich weiter. Draußen ein frostiger Morgen, wir sitzen – umringt von Radiatoren und Heizlüftern – behaglich im einzigen beheizten Zimmer in der alten Schule. Kurz nach zehn Uhr steckt eine Frau ihren Kopf durch den Türspalt. Sie ist richtig – und ihrer Ansicht nach überpünktlich: »Man hat mir gesagt, wir fangen um zehn Uhr an.« – »You are fine, Michelle, have a seat.« Jerry freut sich, dass die Teilnehmerzahl gerade auf sechs gestiegen ist.

Wir plaudern weiter. Um 10:15 Uhr macht Jerry erste Versuche, eine Brücke zum Stoff zu bauen und mit dem Kurs zu beginnen. Er streut ein paar Stichworte. Man weiß nicht so recht, ob er wirklich schon begonnen hat, es ist ein Warming-up der irischen Art. Um 10:25 Uhr dann zwei weitere Ankünfte. Die beiden setzen sich selbstbewusst, als würde der Kurs um 10:30 Uhr beginnen, freuen sich, dass sie das Zimmer im Irrgarten der Schule aus eigener Kraft gefunden haben. Jerry freut sich auch, über acht Teilnehmer, und legt los. Vielleicht nicht pünktlich, aber durchaus rechtzeitig. Es ist 10:30 Uhr, es ist nun eine Stunde später, ein gehaltvoller, ausgezeichnet vorbereiteter und gut strukturierter Kurs mit 1.000 Anekdoten und einem unterhaltsamen und kompetenten Ausbilder beginnt. Well done, Jerry.

Wie schützt man sich als deutscher Pünktlichkeitsfanatiker vor der irischen Zeitfalle? Man ergibt sich. Man desertiert von der eigenen Erziehung. Man kommt irgendwann einfach selber zu spät, nie mehr pünktlich und doch immer rechtzeitig. In Irland gehen die Uhren anders.

PS: Alle Menschen, die in irgendwelchen Call Centern und Büros für Apple, Vodafone oder einen großen Versicherungskonzern minutengenaue Schicht schieben, mögen nachsichtig sein. Natürlich, es gibt auch das andere, das pünktliche, das zeit-fanatische Irland – nach dem wir uns gerade nicht sehnen. {m}

9. GRUND

## Weil die Woche in Irland länger und dadurch besser für die Nerven ist

Unlängst an einem Samstagnachmittag: Ich bekomme Beklemmungen, weil ich in Deutschland bei meinem Vater sitze und vergessen habe, Lebensmittel für den Sonntag zu kaufen. Schließlich wollte ich ihn bekochen. An die zu besorgenden Schmerztabletten habe ich auch nicht gedacht.

Wieder einmal mehr lerne ich die entspannte Art, mit der wir auf der Grünen Insel die Woche einteilen, hoch zu schätzen. Ob samstags oder sonntags, wir können fast jederzeit in fast jedem kleinen Dorf unsere Einkäufe tätigen. Zwar ist die Auswahl in den kleinen Läden nicht immer groß, doch reicht sie jederzeit aus, um ein fünfgängiges Menü zu kreieren. Kartoffeln und die besonders leckeren Möhren gibt es immer, Äpfel und Bananen auch, diverse Brotbeläge und eine gute Auswahl an Broten sowieso. Fast flächendeckend gibt es inzwischen auch etliche Tiefkühlpizzasorten und ähnliche Convenience-Gerichte. Dazu können allerlei Getränke, inklusive einiger überteuerter Weine oder auch Milch mit diversen Markennamen, gereicht werden. Bier findet man allerdings auch wochentags nicht in solchen Läden. Und in Großmärkten mit Lizenz sonntags erst ab 12:30 Uhr (in allen Läden wochentags erst ab 10:30 Uhr).

Und sollte man seinen Hustensaft oder die Kopfschmerztabletten daheim vergessen haben, besteht kein Grund zur Sorge, in jedem Tante-Emma-Laden (siehe Grund 89: kleine Tricks) bekommt man eine Grundausstattung an Medikamenten. Was wir vor 20 Jahren auf einem Irland-Urlaub noch verzweifelt suchten, nämlich Babykost-Gläschen, ist inzwischen auch kein Problem mehr.

Neuankömmlinge können also unbesorgt und auch nach eher später Ankunft am Wochenende gemütlich für ihren Proviant sorgen. Verirren sie sich sogar in eine der großen Shopping Malls, wird es sonntagnachmittags sogar eng mit Parkplätzen, denn dann ist Familientag: Paddy und Mary gehen nach dem Gottesdienst mit ihrer mehr oder weniger großen Kinderschar shoppen und wenn (finanziell) möglich, auch essen. Gerne in Fast Food Restaurants, Hauptsache es gibt *chips* (siehe Grund 31: Kartoffeln).

Da für uns Inselbewohner der komplette Samstag ein fast normaler Wochentag ist, sind wir auch gut mit diversen Arten von Reparaturservice versorgt: Die meisten Handwerker kommen an sechs Tagen der Woche. Auf dem Land entwickelt man mit vielen Männern dieser Zünfte sogar ein freundschaftliches Verhältnis, sodass sie im Falle eines Falles auch mal von jetzt auf gleich vorbeischauen. Sie berechnen nie ihre Anfahrtswege, sodass Hausherren und Apartmentbewohnerinnen ein in dieser Hinsicht recht entspanntes Leben führen können. Gelegentlich dürfen auch Touristen in Ferienhäusern Bekanntschaft mit Reparateuren machen: Ihre kleinen Nachlässigkeiten, die mangels einer Möglichkeit zum Lehrberuf entstanden sind, kompensieren sie dann durch Improvisationstalent und Freundlichkeit. *{e}*

10. GRUND

## Weil man in Irland nicht auf die Suche nach der verlorenen Zeit geht

Keine Betrachtung der Grünen Insel wäre vollständig, ohne den lässigen Umgang mit der Zeit zu erwähnen. Pünktlichkeitsfanatiker reiben sich bisweilen verwundert die Augen, wenn sie zehn Minuten vor einem Konzertbeginn, fünf Minuten vor Unterrichtsstart, drei Minuten vor dem Fußballtraining der Kinder alleine auf weiter Flur stehen.

Die Uhren gehen in Irland sympathisch anders, Abfahrts- und Abholstress kennen insbesondere Eltern kaum, die Spezies der Frühaufsteher findet sich noch nicht einmal unter Bäckern, Handwerkern oder Müllabholpersonal. Warum hetzen, wenn es auch gemütlich geht, heißt die Devise, und selten fällt deshalb einmal eine Veranstaltung oder ein Projekt ins Wasser.

Meint die Grundschullehrerin allerdings, dass man sich wirklich, also ganz bestimmt und ernsthaft, um neun Uhr am Schulausflugsbus trifft, schreibt sie *9 am sharp* auf den Erinnerungszettel der Eltern. Denn normalerweise begeben diese sich in aller Seelenruhe in Richtung Schule, beim Abholen fährt man sogar erst um 15 Uhr zu Hause los, also zum Zeitpunkt des Unterrichtsendes. Es ist für die Lehrer völlig normal, dass 15 Minuten Karenzzeit eingeplant sind. Ich fiel darum als sehr eigenartiges Muttertier auf, als ich bei den diversen ersten Abhol-Verspätungen hektisch anrief: Meine originellen Entschuldigungen (Stau auf dem Landsträßchen, Schafe auf der Fahrbahn, Menschenschlangen an der Supermarktkasse) wurden eher mit ratlosem Achselzucken quittiert.

Wenn ein Kind morgens zu spät in der *primary school* (Grundschule, Primarstufe) erscheint, gibt es weder einen Tadel noch irgendwelche Bemerkungen, es wird einfach kein Aufhebens darum gemacht; das Wort »Verspätung« scheint schlicht und einfach nicht zu existieren. Vermutlich stammt diese angenehme Lässigkeit noch aus Zeiten, als auf den Farmen noch allerlei erledigt werden musste, bevor der Weg zum Schulhaus gestartet werden konnte. Auch die aus Elternsicht ewig langen Sommerferien entstammen sicherlich Zeiten, in denen der Nachwuchs tüchtig mit anpacken musste, ob er wollte oder nicht. In den drei Sommermonaten gibt es nun mal viel zu tun, und alles, was Beine hat, wird eingespannt.

Geht man zum Konzert, zum Gottesdienst, zur Vernissage, dann weiß man, dass die meisten Besucher wie bei einer geheimen Absprache immer erst einige Minuten, wenn nicht gar 15 oder 20 Minuten später eintreffen. Die Musik, die Predigt, die Ansprache beginnen selten früher als mit 15 Minuten Verspätung. Allerdings sind wir Deutschen ziemlich verrufen, was die Pünktlichkeit anbelangt, sodass schon mal Irritationen auftreten können, wenn wir bei einer Verabredung jemanden warten lassen. Haben wir uns den ländlichen Gepflogenheiten fast perfekt angepasst, möchte der pünktliche Ire zeigen, dass er auch anders kann, und erscheint exakt zum vereinbarten Zeitpunkt. Hier zeigt sich dann, dass die Formel »höflich plus höflich« nicht unbedingt korrekt aufgeht.

Ein Gewerbe ist auf der Grünen Insel allerdings (fast) immer pünktlich: Ziemlich akribisch nach Fahrplan – manchmal sogar ein bis zwei Minuten vor der ausgewiesenen Zeit – fahren die Busse kreuz und quer durch das Land. Das ist sehr nützlich, da das öffentliche Verkehrsnetz nicht durch hohe Fahrfrequenzen auffällt. *{e}*

KAPITEL II

# UNTERWEGS IM LAND

11. GRUND

## Weil Iren links fahren und nicht gerne hupen

Obwohl mit der Einführung der TÜV-ähnlichen Kfz-Untersuchung im Jahr 2000 bessere und schnellere Fahrzeuge auf geschwindigkeitstauglichere Straßen auf die Grüne Insel kamen, ist der irische Straßenverkehr eher eine entspannte Angelegenheit. Jemanden anzuhupen ist an Peinlichkeit kaum zu überbieten. In den frühen Jahren unseres Inseldaseins mussten wir erschrocken feststellen, dass selbst ein nett gemeintes, sanftes Hupen nicht akzeptabel ist. Wir wollten doch nur den sehbehinderten, rückwärtsfahrenden Bekannten vor einem Aufprall mit unserem Fahrzeug bewahren, doch er zeigte uns in Folge tagelang die kalte Schulter, sprach kein Wort mit uns.

Wildes Motzen, Fuchteln, Aufblenden, Vogel-Zeigen oder Stinkefinger-Erheben findet entweder im Verborgenen statt oder gar nicht. Falsch abgebogen? Dumm eingeparkt? In der falschen Richtung unterwegs? Normalerweise alles kein Grund zur Aufregung. Die Toleranz gegenüber Fahr-Dummies ist fast grenzenlos, sodass sich weder unsichere Senioren noch ängstliche Anfänger vor dem gepflegten Straßenverkehr fürchten müssen. Auch schüchterne Touristen können sich gut und sicher im Linksverkehr bewegen. Selbst der promillesäuselnde Taxifahrer erfährt eine erstaunliche Toleranz.

Auf dem Land ist es üblich, dass man nicht schweigend und betreten aneinander vorbeifährt, sondern die Fenster runterkurbelt und ein Schwätzchen hält. (Leider meistens bei laufendem Motor, selbst wenn ausführlichst die irische Politik samt Wetter einmal rauf und runter diskutiert werden.) Der nachfolgende Fahrer unterstützt die soziale Interaktion in der Regel, wartet geduldig und weiß, dass es in einem angemessenen Zeitraum weitergehen wird. Genau so verhält sich, wer in eine Partie Straßenbowling gerät: Man nimmt

Rücksicht, fragt vielleicht sogar mal nach, wer da für welchen wohltätigen Zweck kegelt, und wartet geduldig, bis man weiterfahren kann (siehe Grund 15: Kegeln).

Busse, Lastwagen und Bagger mit Anhängern wenden gelegentlich an den unvorstellbarsten Orten, und es würde kaum einem Iren in den Sinn kommen, sich durch belehrendes Verhalten bemerkbar zu machen. Im Gegenteil, man steigt bisweilen sogar aus, hilft beim wahnwitzigen Manöver, auf den schmalen Sträßchen den 180-Grad-Dreh-Modus einzulegen. Man zeigt nach gelungener Maßnahme mit *thumbs up* (Daumen hoch) seine Anerkennung für das gewagte Manöver und bewegt sich gelassen weiter.

Der Heizöl-Lieferant gehört zu den besonders genialen Meistern der Feldwege-Akrobatik. Keine Hecke zu breit, kein Schlagloch zu tief, kein ländliches Gässlein ist zu schmal für diese wichtigen Lieferanten von behaglicher Wärme. Und wenn dem Brummi ein privates Fahrzeug begegnet, kommt es selten zu brenzligen Situationen, da die Iren ausgesprochen geschickte Autofahrer sind.

Im ländlichen Straßenverkehr findet eine rege Kommunikation statt: Begegnet man jemandem, den man auch nur ansatzweise kennen könnte, wird dieser durch einen leicht vom Lenkrad abgehobenen Zeigefinger gegrüßt. Nicht nur wenn man sich kennt, bekommt man den freundlichen Wink, sondern auch, wenn man – wie wir – ein »Handwerkerauto« fährt. Dann ist man sich der höflichen Beachtung sicher.

An vielen Orten staunt der Besucher über eine sanfte Erinnerung, die richtige Seite der Fahrbahn zu benutzen: »Links fahren« steht immer wieder auf Schildern an Tankstellen oder kleinen Kreuzungen – ja, in deutscher und in französischer Sprache (siehe Grund 17: Schildbürger). Zur Weihnachtszeit wird man in Cork per Leuchtschild und mit riesigen Lettern an ein vermehrtes Fußgängeraufkommen erinnert.

*Hitchen* (per Anhalter fahren) ist in ländlichen Gebieten mangels häufiger Busverbindungen nicht ungewöhnlich und wird vor allem von jungen Menschen genutzt. Doch man sieht auch ältere Semester, die auf eine Mitfahrgelegenheit warten – und gerne mitgenommen werden.

Die wenigen Autobahnen in Irland sind eher wenig befahren, oft hat man mitten am Wochentag das Gefühl, dass irgendein wichtiges Ereignis die Fahrbahnen so leer erscheinen lässt. Es kann sogar vorkommen, dass freitagnachmittags freie Fahrt auf der Autobahn in Richtung Hauptstadt angesagt ist. Nur das dichte Verkehrsaufkommen in urbanen Einzugsgebieten, wie im Großraum Dublin, erinnert an das Autofahren auf dem Kontinent.

Und noch eines ist ähnlich: Ertappt werden beim Rasen kostet Geld, nicht wenig Geld. Und beschert dem Verkehrsrowdy Punkte. Doch die Fahrzeuge der fotografierenden Verkehrswächter sind fast immer gut sichtbar platziert und mit einer groß aufgemalten Kamera geschmückt. Besonders gern benutzte Standorte für Blitzer sind mit eindeutigen Schildern gekennzeichnet. Spontane Verkehrskontrollen finden in Zeiten schrumpfenden Personals in den Gardai-Stationen (Polizeistationen) nicht sehr häufig statt. Nur an den sogenannten *bank holidays,* welche traditionell mit reichlich Promille gefeiert werden, besteht ein erhöhtes Risiko, in eine Kontrolle zu geraten. *{e}*

12. GRUND

## Weil der »Stille Diener der Post« fast unsichtbar in grünen Mauern sitzt

Man mag es kaum glauben, doch Urlauber schreiben immer noch gerne Postkarten. Wenn sie dann einen Briefkasten benötigen, müssen sie sich – zumindest auf dem Land – auf die Suche machen. Die nicht allzu üppig verteilten Sammelboxen des staatlichen Unternehmens *An Post* sind grün lackiert und befinden sich oft fast unsichtbar in efeu-überwucherten Mauern. Oder aber die Standmodelle tarnen sich vor immergrünen Hecken.

Das war nicht immer so. Zur Einführung der Institution Briefkasten im Jahre 1840 trugen die spärlich gesäten Exemplare die Farbe Grünlich-Bronzefarben – übrigens 207 Jahre nach der Bereitstellung des ersten amtlich dokumentierten Briefkastens in der niederschlesischen Stadt Liegnitz. Um diesen Abholservice zu ermöglichen, wurde 1840 in Irland die erste Briefmarke ausgegeben, sie kostete einheitlich, also unabhängig von der Entfernung des Empfängers, einen Penny.

Die bronzefarbenen Boxen lösten einen sehr persönlichen, jedoch zeitraubenden Service des Briefträgers ab: Er musste früher an jede einzelne Haustür klopfen, vermutlich oftmals einige Zeit warten, bis diese geöffnet wurde. Dann verging sicherlich noch einige Zeit, bis das Geld für das Porto zusammengekramt wurde (ganz zu schweigen vom Schwätzchen und der Tasse Tee, die vermutlich dazugehörten). Als dann die vorfrankierten Briefe und Postkarten nur noch gebracht wurden, sollte jede Haustür mit einem Schlitz für den Einwurf der Post versehen werden. Doch groß war der Widerstand, denn niemand wollte seine wertvollen Mahagoni-Türen kaputt sägen. Jedoch wie so oft nach neumodischen Errungenschaften, brach der Widerstand und so hatten um 1850 viele Haushalte diese Vorrichtung installiert.

Wir erinnern uns: Damals gehörte Irland zu England, und Königin Victoria war seit mehr als zehn Jahren die Regentin. Die folgende Generation von freistehenden, säulenförmigen Briefkästen wurde knallrot angemalt und trug bald die königlichen Insignien VR (Victoria Regina). Das bekannteste der Modelle, nach ihrem Entwerfer *penfold boxes* genannt, fand sich außer in England und Irland auch in anderen Ländern des Commonwealth wie beispielsweise in Indien, Britisch-Guyana, Australien und Neuseeland. Diese Kästen waren wunderschön und achteckig, was sich jedoch bald als unpraktisch erwies, da Briefe sich in den Ecken verfingen und dann womöglich nicht mit auf die Reise gingen. Die nächste Generation der roten Säulenkästen wurde rund gestaltet, und so findet sie man auch heute noch in Großbritannien.

Nach der Unabhängigkeit wurden im Jahre 1922 alle irischen Briefkästen kurzerhand in dem Grünton lackiert, der sie heute noch so unauffindbar für Ortsfremde macht. Oft findet man in Irland noch die teils verrosteten, immer dick überpinselten gusseisernen Kunstwerke aus einer alten Zeit, die königlichen Insignien immer noch gut erkennbar: ER für König Edward VII. (der Sohn von Königin Victoria regierte von 1901 bis 1910) und GR für König Georg V. (sein Sohn und Großvater der heutigen Königin Elisabeth II. regierte von 1910 bis 1936).

Wir hatten noch das Glück, die ersten Jahre nach unserer Ankunft auf der Insel von einem Postboten der alten Schule versorgt zu werden. Er kam mit seinem klapprigen Auto meist nach 14 Uhr, händigte jeden Brief und jede Karte einzeln aus, manchmal konnte man sich des Eindruckes nicht erwehren, dass er bestens über die Inhalte und Bedeutungen unserer Korrespondenz im Bilde war. Es fehlte damals nicht viel, und er nahm fast eine Einladung zum Tee an, denn wir wollten unseren übereifrigen Border Collie (siehe Grund 24) davon überzeugen, dass dieser Mann sehr freundlich ist und durchaus irgendwie zur Familie gehörig. Doch ganz kurz vor dem denkwürdigen Termin kniff der gute Mann, seine Angst vor der wütend bellenden Kreatur war dann doch zu mächtig.

Inzwischen bringt uns ein nicht minder freundlicher Pöstler die Briefe und Päckchen, jedoch rekordverdächtig schnell, effektiv und deutlich vor zwölf Uhr. Für ein Schwätzchen findet der tüchtige Eigentümer einer Kuhherde dennoch immer etwas Zeit, er bemüht sein Handy, wenn wir bei der Lieferung von größeren Stücken nicht schnell genug zum Tor eilen, und er trägt den Damen des Hauses auch sperrige Sendungen bis an die Haustür. Dieses Stückchen »gute alte Zeit« würden wir ungerne missen. *{e}*

13. GRUND

## Weil man in Irland auch im Winter zum Wandern in die Berge geht

Irlands Berge im Winter – Wanderers Lust: Das Winterwandern in den irischen Höhen hat seinen ganz eigenen Reiz. Die Hügel und Hänge kleiden sich in Gelb und Braun, in der Sonne leuchten sie entzückend goldbraun: Auf dem Boden steht stiefelhoch Wasser – er ist rutschig bis glitschig. Es quietscht, schmatzt und schlürft unter den Schuhsohlen: Wasser. Man muss jetzt besonders aufmerksam gehen. Andererseits liegt die Vegetation im Wortsinne am Boden – das Terrain zeigt sich in den Wintermonaten kurz frisiert und besonders übersichtlich. Ein leichter Frost kann die Bedingungen schnell ändern: Der Schritt federt dann kräftesparend über den harten Boden.

Das Winterwandern jedenfalls macht auf seine ganz eigene Weise Laune – und wer in Irland vom Trekking-Virus infiziert ist, zieht vor allem in den Wintermonaten in die Berge. Das ist hier Tradition, zumindest bei den wenigen Einheimischen, die gerne in die Berge gehen. Allerdings: Weil die Images dazu nicht existieren, weil »man« im Winter zum Skifahren in den Alpen oder zum Rücken-Rösten im Süden geht, weil es nicht in die gängigen Denk- und Gefühlsschablonen passt, gibt kein Kontinentaleuropäer eine Woche Zeit dran, um im Dezember oder Januar in Irland wandern zu gehen. Immerhin: »Wie sind denn eigentlich die Winter in Irland?«, werde ich von Gästen immer mal wieder gefragt. Was wir dann machen, wenn alle Gäste weg sind, ob es dann nicht einsam wird auf der Insel und ganz besonders in den abgelegenen Feriengebieten an der atlantischen Westküste?

Wenn die Saison vorbei ist, wenn die Gäste zurück in die Heimat reisen, wenn die Hotels und Restaurants ihre Mitarbeiter in die verdiente Erholungspause schicken und ihre Pforten für einige Wochen schließen, dann kehrt tatsächlich große Ruhe ein in ländlichen Regionen wie West Cork. Die Straßen leer, die Bürgersteige wie hochgeklappt, die Dörfer wie ausgestorben. Es ist eine fast heilige Ruhe, die wir wie viele andere Einwohner nach einem so schönen wie anstrengenden Sommer schätzen und genießen.

Dennoch frage ich unsere interessierten Gäste manchmal zurück, warum eigentlich niemand auf die Idee kommt, Irland auch im Winter einen Besuch abzustatten. Warum gilt die Insel als ein typisches Frühjahrs- bis Herbstziel? Warum werden die vier Monate von November bis Februar so gut wie immer ausgeklammert?

Weil Irland ein Nordland ist? Weil das Wetter dann schlechter wäre? Die Antwort ist: Mancher November in den vergangenen paar Jahren geriet fast wonniger als der berühmte Wonnemonat Mai. Zumindest aber trockener.

Weil die Tage dann kürzer sind und sich das Licht der Sonne rarer macht? Das muss man gelten lassen und kann doch entgegnen: Der Winterhimmel in Irland hat seine ganz eigenen Qualitäten – und mit Sicherheit die schönsten Sonnenuntergänge des Jahres.

Weil viele Hotels, Gaststätten und Sehenswürdigkeiten dann geschlossen haben? Das stimmt am ehesten. Denn auch die Tourismuswerber Irlands, die regelmäßig über die zu kurze Saison jammern, scheuen vollkommen davor zurück, Irland als attraktives Winterziel bekannt zu machen und zu bewerben.

Es ist im Ausland wenig bekannt, dass für die eingefleischten irischen Wanderer die Bergsaison erst im späten Herbst beginnt und dass sich Irlands Berge gerade im Winter einiger Beliebtheit erfreuen. *Winter hill walking*, das Bergwandern im Winter, gehört für einheimische Naturfreunde genauso zum Jahr wie das Weihnachtsschwimmen oder der St. Patrick's Day.

Auch ich bin gerne im Winter in den Bergen und an der Küste Irlands unterwegs. Die wunderbare Funktionskleidung, die uns Merinoschaf und Gore-Tex heute bescheren, macht es uns leicht, bei fast jedem Wetter draußen zu sein und die Bewegung zu genießen.

Ob Schnee, Eis, Regen oder einfach nur tiefer Boden und Matsch: Die richtige Kleidung und die richtigen Stiefel halten uns viele Stunden trocken, warm und behaglich, selbst wenn das Klima wirklich anspruchsvoll sein sollte. Alle Wetter des irischen Winters – und anschließend ein Hot Whiskey am knisternden Kaminfeuer. Immer wieder schön. *{m}*

14. GRUND

## Weil das alte Irland in Nischen und Menschen lebendig ist

*The map ist not the territory*, sagt der Ire: Die Karte ist nicht das Gebiet. Wir alle tragen eine Vorstellung von unserer physischen Umgebung in uns. Wir benutzen innere Landkarten, die uns Orientierung in unserer Straße, unserem Dorf, unserem Stadtteil geben. Jeder Mensch liest diese inneren Landkarten – und immer sind sie subjektiv, manchmal falsch, veraltet oder zumindest mit dem Gebiet, der physischen Realität, nicht in Einklang zu bringen. Ist das der Fall, neigen wir zum Verlaufen, Verirren und Uns-Verlieren.

Unser irischer Nachbar P. J. – die Abkürzung steht für Patrick John – ist Farmer aus Leidenschaft. Während andere Menschen seines Alters mit 70 Jahren der Muße frönen oder die Rest-Gesundheit tagesfüllend verwalten, treibt P. J. munter seinen kleinen Bauernhof um. Er arbeitet gerne und viel. P. J. ist ein irischer Farmer alter Schule. Er liebt das Land, die Felder, die Tiere, die Offenheit der Landschaft. P. J.s innere Landkarten wurden zu einer Zeit angelegt, als Irland ein anderes Land war.

Wir gingen kürzlich zusammen über sein Land. Es war ein Mittwoch. Im Sonntagsaufzug zeigte mir P. J. seine Ländereien. Die knöcheltief nassen Kuhpfade, auf denen wir uns bewegten, konnten der Krawatte nichts anhaben. Seine gut gedüngten Wiesen ziehen sich bis hinunter ans Meer. Der Ortschaftsname *Ardaturrish* weist auf eine frühere Bedeutung hin: die Höhe der Pilgerschaft. Und tatsächlich lassen sich hinter Weißdornhecken, unter Brombeergestrüpp und inmitten kleiner Baumgruppen zahlreiche Spuren verschwundenen Lebens erkennen: Die einst als heilig verehrte Quelle, die die Menschen der Gegend an festgelegten Tagen im Jahr betend umrundeten. Hausruinen aus der Zeit der *Great Famine* Mitte des 19. Jahrhunderts, als der große Hunger die Ortschaft Ardaturrish und vor allem das angrenzende Ardnamanagh fast vollständig ausradierte.

Unten im Feld ein *killeen,* ein Grabfeld aus jener Zeit, wo die Opfer des Hungers und der Seuchen in einem Massengrab liegen. Der Landbesitzer, P. J.s Nachbar, fährt beim Mähen immer schon einen großen Bogen um die Markierungen aus Stein, die entfernt an heutige Grabsteine erinnern. Ganz unten am Meer die letzten Reste eines Forts, daneben das *Sailor's Grave*: Dort wurden vor langer Zeit, genaue Angaben gibt es nicht, die Überreste eines fremden Matrosen angeschwemmt. Und schließlich, dort drüben, zwischen den Bäumen, die Überreste eines kleinen Klosters. Hier haben einmal Mönche gelebt – nahe am Meer und vielleicht nahe bei Gott. P. J. erinnert sich gut, wie die Leute der Gegend die Steine der Kloster-Ruine abtrugen, um sie für den Bau ihrer Häuser zu verwenden. Wann das war? Vor langer Zeit. Bevor Irland ein modernes Land wurde. Ein wohlhabendes Land. Ein Land von Privateigentümern. Als Irland noch deutlich anders war als alle anderen Länder Europas.

Wir suchen die alten Wege zwischen den alten Häusern, die Straße, die parallel zur Küste die Ortschaften miteinander verband. Sie alle existieren auf P. J.s inneren Landkarten noch immer. Doch jenseits seiner Wiesen ist Irland ein anderes Land geworden. Hermetisch, verriegelt, abgeschottet. Die alten Wege und Sträßchen sind verschwunden, die Verbindungen sind durch Zäune, Hecken und Tore gekappt. Irland ist kein offenes Land mehr, in dem das ungeschriebene Gesetz der freie Zugang zum Land war: *You cannot stop a man from walking your land.* Du kannst einen Mann nicht davon abhalten, über dein Land zu gehen.

Auf unserer Suche nach dem alten Gebiet, das zu den inneren Karten passt, begegnen wir hinter hohen Zäunen einem stolzen Ferienhausbesitzer. Der Mann macht uns schnell klar, dass wir völlig am falschen Platz sind. Gemäß seiner inneren Karte ist das alleine sein Revier. Hunde heben in solchen Situationen das Bein – der neue Nachbar kläfft nur. P. J. lässt sich von der Ärgerlichkeit nicht anstecken, er wirkt allenfalls irritiert: Heute wollen viele Menschen ungestört sein, sie verlangen nach ihrem Privatbereich. Nein, er mag das nicht, diese *privacy*, die Abschottung, die Zäune, die neuen inneren Karten, die vom Haben-Müssen gezeichnet wurden: meins. Privat. Bleib draußen. Alles innerhalb des Zaunes gehört nur mir. Privateigentum. *Keep out. Bye-bye*, Gemeinde.

P. J. ist ein so lebhafter wie lebendiger Vertreter des alten, des traditionellen Irland. Das lebt, bei allen Modernisierungsschüben, in Nischen und in einzelnen Menschen weiter. P. J.s innere Landkarten wurden zu einer Zeit angelegt, als Irland ein anderes Land war. Das heißt nicht, dass seine Karten unzeitgemäß oder veraltet wären. Sie enthalten wahrscheinlich mehr Informationen über eine lebenswerte Zukunft als es manchem besitzergreifenden Zeitgenossen lieb ist. *{m}*

15. GRUND

## Weil die Iren mitten auf der Straße Kegelbahnen betreiben

Schon mal was vom »Klootscheeten« gehört? Oder vom »Boßeln«? Schon mal mitten in der irischen Pampa auf einer einsamen Landstraße von einer Menschenmenge aufgehalten worden, die beim *Ból an bhóthair* dem fachgerechten Wurf einer knapp 800 Gramm schweren Eisenkugel hinterherfiebert? Schon einmal die in verzückter Streckung in der Luft stehenden Körper der Straßenkegler bewundert? Klootschießen, Boßeln, Irish Road Bowling oder Straßenkegeln sind regionale Variationen eines archaischen Sports, der immer dasselbe Ziel hat: Der Werfer oder das Werferteam muss eine Kugel mit möglichst wenig Würfen über eine festgelegte Distanz befördern. In Irland spielen die Road-Bowler vor allem in den Regionen Cork und Armagh auf kleinen Landstraßen über eine Distanz von bis zu vier Kilometern. Die Straßen-Bowler sind hier im Land angesehene Sportler, und wo sie antreten, floriert das Wett-Business. Die Fans setzen Geld auf ihren Favoriten, folgen diesem über den Straßen-Parcours, feuern ihn an und sparen nicht mit guten Tipps und Ratschlägen. Die Mienen verfinstern sich kollektiv, wenn ihr Werfer die Kugel schon nach kurzer Distanz in die Büsche weitab der Straße setzt.

Die Kegel-Könige der (Land-)Straße werfen ihre Kugeln in Irland nachweislich schon seit dem 17. Jahrhundert. Historikern zufolge war das Road Bowling auf den Britischen Inseln früher weit verbreitet; heute hat es auch Anhänger in irischstämmigen Kreisen in den USA, in Australien oder in Neuseeland. In Europa gibt es derweil alle vier Jahre eine Europameisterschaft, bei der irische Bowler stets eine wichtige Rolle spielen und bei der die deutschen Klootschießer aus Friesland als »Nationalmannschaft« antreten dürfen. Wer die einsamen Landsträßchen in Irlands Südwesten fährt, sollte jedenfalls immer damit rechnen, dass hinter der nächsten Kurve die Kegler gerade ihrer Leidenschaft frönen. *{m}*

16. GRUND

## Weil die Zahl der Grün-Schattierungen noch immer ein Rätsel ist

Wie hoch steht der Frühling? Das Grün Irlands wandert im irischen Frühjahr Woche für Woche aus den Tälern und Ebenen langsam ein Stück weiter bergwärts. Die Bauern können beim Anblick der Berge das genaue Datum nennen – die Datumsgrenze liegt immer dort, wo das von unten andrängende frische Grün in das Braun des vergangenen Jahres changiert. Bis in den Juni hinein kann es dauern, dass die Farben des Sommers auch auf den Bergspitzen ankommen. Irland ist berühmt für sein Grün und die vielen Schattierungen der Farbe, die für die Hoffnung steht. 40 *shades of green* soll es geben, die berühmten 40 Schattierungen des irischen Grüns. Wirklich?

Kalifornien, Anfang der 60er-Jahre. Der noch immer junge Country- und Folk-Sänger John R. Cash probiert musikalisch vieles. Zwei Jahre bevor Johnny den *Ring of Fire* schreibt, singt John R. spanisch, deutsch, drückt seine Verbundenheit mit Irland in mehreren Liedern aus. Die bekannteste Irland-Ode des späteren »Man in Black« sollte *Forty Shades of Green* werden – und der Songtitel machte Karriere als »ur-irischer« Begriff. Seidem sagt man, vermeintlich im Stile der alten Iren, die *Emerald Isle* habe *forty shades of green*, 40 Schattierungen der Farbe Grün.

Während die irischen Tourismusvermarkter Johnny Cash in alle Ewigkeit dankbar sein dürfen, fragen sich Generationen von Irland-Urlaubern, ob das wirklich stimmt mit den 40 verschiedenen Grüns und wer sie eigentlich jemals gezählt hat. Ganz nüchtern betrachtet, versammeln sich in Irland alle Grüns der Welt. Die Farbe Grün mischt sich aus den Farben Blau und Gelb – und dies in prinzipiell unendlich vielen Abstufungen. Der Mensch kann bis zu 20.000 Farbabstufungen unterscheiden. Der Schluss liegt also nahe, dass die Beschränkung auf nur 40 Grüns der literarischen Freiheit des

Songpoeten Cash entsprang und es sich um eine glatte Untertreibung handelt. Bis heute bleibt die genaue Zahl ungezählt, ein Rätsel.

Johnny Cash starb im September 2003 in Nashville. Er hat die schlimmsten Exzesse des irischen Wirtschafts-, Bau- und Konsum-Wahns namens *Celtic Tiger* nicht mehr erlebt. Ansonsten hätte er seinen berühmten Song vielleicht in *Forty Shades of Greed* umgeschrieben. Grün, die Farbe der Hoffnung, der katholischen Kirche wie die des Islam, der Unerfahrenheit und der Passivität, der Erholung und der irischen Nationalisten, ist auch die Farbe des Neides. Den Neid wiederum, hässlicher Bruder der Gier, kennt man in seiner irischen Ausprägung »Neid und Missgunst« als *begrudgery*. *Begrudgery* galt lange als *die* Irische Krankheit. Man spricht davon, dass jemand »grün vor Neid« ist, benutzt dafür aber den Begriff *envy*: *green with envy*.

*Green as ivy*. Grün wie Efeu. Kehren wir zur beruhigenden Wirkung eines Spazierganges im schier unendlichen Kosmos des irischen Natur-Grüns zurück. Die Tage werden länger und wärmer. Ziehen wir mit dem Grün Richtung Bergspitzen und zählen endlich einmal nach: 40, 41, 42 … *{m}*

17. GRUND

## Weil es Schildbürgerstreiche auch in Irland gibt

In Deutschland kennt man die skurrilen Geschichten rund um die Bürger von Schilda, auf die der Begriff »Schildbürgerstreich« zurückzuführen ist. Damit bezeichnet man bürokratische Entscheidungen, die absolut nicht nachzuvollziehen sind, die sozusagen nur mit einem verständnislosen Kopfschütteln quittiert werden können. In Irland konzentrieren sich bezeichnenderweise viele dieser Schildbürgerstreiche um die Straßenschilder. Sie sorgen oft für amüsierte Kommentare.

Fast jeder unserer Gäste lacht über das prominent platzierte 80-km/h-Schild auf dem Feldweg zu unserem Haus: »Wie soll man auf diesem kurvigen, holprigen und steilen Weg um Himmels willen bis zu 80 Kilometer pro Stunde fahren?« Der Weg zu uns ist eines von vielen Sträßchen, die mit dieser großzügigen Erlaubnis zum Rasen ausgestattet wurden. Allerdings erlangte unser Sträßchen zudem ein wenig Berühmtheit, seit es aufgrund des Schilder-Streiches und wegen des wunderschönen Meeresblickes dahinter als Postkarte im Umlauf ist. Dieses Schild ist übrigens nur eines von 23.000 neuen Schildern, das nach Einführung der metrischen Geschwindkeitsbeschränkungen im Jahr 2005 im Land aufgestellt wurde. Dazu wurden circa 35.000 weitere alte Schilder mit Meilenangaben ersetzt.

Es folgte bald eine unvorstellbar umfangreiche Neuerung der Ortsschilder, die seitdem flächendeckend sowohl in englischer als auch in irischer Sprache ausgewiesen werden müssen. Auch alle kleinen *townlands* (Ortsteile mit manchmal kaum zehn Bewohnern) bekamen ihr eigenes Schild, oft allerdings in völlig anderer Schreibweise als von der Mehrheit der lokalen Bevölkerung für richtig gehalten (die irische Sprache kennt oft mehrere Orthografie-Varianten für ein und denselben Ort).

Rund um das Jahr 2011 sahen wir kopfschüttelnd zu, wie jedes auch noch so kleine Sträßlein eine mehrstellige Nummer mit dem dazu passenden Schild zugeordnet bekam, dazu für die wenigen dort wohnenden Menschen lächerlich anmutende Hinweisschilder zum nächsten (kleinen) Ort. Auch Stoppschilder an den Mündungen der winzigen Wege auf die großen Hauptstraßen wurden großzügigst verteilt. Hier und da hört man Unverständnis oder gar Wut. Es wäre doch nun wirklich sinnvoller, die Straßenränder mal wieder (wenigstens gelegentlich) zu mähen, die Hecken an den Straßenrändern zu stutzen, die zugewucherten Schilder freizulegen und zu putzen. Doch solchen vermeintlich unwichtigen Kleinkram überlässt man seit dem Beginn der jahrelangen Rezession (2008) auf den kleinen County-Straßen von Gesetzes wegen den direkten Anwohnern – arm dran sind die vielen Farmer, die mehrere Kilometer Land entlang von Straßen freizuhalten haben.

Das Geld wird lieber für Großprojekte verbraten, und so wurde 2014 nochmals richtig geklotzt: Die meeresnahen Straßen und Sträßchen des Westens und Südwestens wurden zum Wild Atlantic Way deklariert. Das ist nun »die längste ausgewiesene Küstenstraße der Welt« – 2.500 Kilometer lang. Logisch, dass wieder ein Schilder-Tsunami anrollte, Geld spielte plötzlich keine Rolle mehr. Allerorts stehen nun die neuen Hinweistafeln mit der zackigen Wellenlinie in den Farben Pantone 560, 3155, 5665 und 5493, die auf den Wild Atlantic Way hinweisen. Sie kennzeichnen bis in die feinsten Verästelungen hinein die atlantische Küstenstraße zwischen dem Old Head von Kinsale in West Cork bis hinauf zum Malin Head in Donegal in Irlands hohem Norden.

Ob Moped oder riesiges Wohnmobil, man kann nun völlig ohne Landkarte reisen, egal wie schmal der Weg ist. Man muss nur noch entscheiden, welche Himmelrichtung einen lockt, und folgt dann den entsprechenden Buchstaben N oder S. Leider ist im Schilderdschungel nicht vorgesehen, besonders neuralgische Passagen mit einem Hinweis zu versehen, dass beispielsweise zwei Wohnmobile nicht aneinander vorbeifahren können. Ausgezeichnete Fähigkeiten beim Rückwärtsfahren sind also für die längste Küstenstraße der Welt unbedingt erforderlich.

Auf der Grünen Insel finden wir übrigens einen kuriosen Mix aus kontinentaleuropäischen, britischen und amerikanisch-australischen Straßenschildern. Letzteres Design, eine dottergelbe Raute (*diamond*), wurde für alle Warnschilder gewählt. Die Symbole darauf regen Fremde gerne zum Schmunzeln an, denn sie zeigen beispielsweise ein ins Wasser stürzendes Auto, allerlei Kreuz- und Ypsilon-Zeichen für diverse Formen von Kreuzungen, leiter- und schienenähnliche Gebilde für besondere Straßenführungen und natürlich Kühe, Schafe, Pferde und Traktoren. Ein weiteres gelbes

Schild gilt ausschließlich den Touristen: »Achtung, links fahren« (auf Deutsch und Französisch!). Auch der Hinweis, dass auf dem 2,5 Meter breiten Feldweg Überholverbot herrscht, sorgt gerne für Gelächter.

Mancher traditionell denkende und fühlende Ire kann jedoch über eines nicht lachen: dass auf den Hinweisschildern mit Ortsnamen die irische Version kleiner und in Kursivbuchstaben angegeben wurde, also schlechter lesbar ist, beispielsweise vom fahrenden Auto aus. Sie verlangen, dass in einem zweisprachigen Land die Gleichberechtigung beider Sprachen auch in entsprechend gleicher und gleich großer Typografie der Ortsnamen ausgedrückt wird. Doch da die Typografie der irischen Ortsnamen um ein paar Punkte kleiner gehalten ist als ihre englischsprachigen Äquivalente – zudem in Kursivschrift gedruckt –, gibt es seit 2013 Bestrebungen, dieses Symbol von nicht ernst genommenem Kulturgut gleich groß oder gar etwas größer aufzudrucken. Verwiesen wird auf Artikel 8 der Verfassung: »Irland ist ein zweisprachiger Staat, in dem Irisch die erste offizielle Sprache ist«. (»Ireland is a bilingual state in which Irish is the first official language according to Article 8 of the Constitution of Ireland.«)

Nun denn, dann warten wir auf die nächste Welle des Schilder-Wahnsinns. Auch wenn in Irland kaum noch jemand irisch spricht. {e}

18. GRUND

## Weil Irland keine Postleitzahlen hatte. Hatte?

Unsere irische Postadresse ruft bei Menschen im kleinen Rest der Welt immer wieder ungläubiges Staunen hervor: »Keine Postleitzahl, keine Hausnummer – aber geben Sie vorsichtshalber unsere Telefonnummer im Adressfeld an.« Ja geht so etwas in der modernen Welt? Es geht, aber nicht mehr lange. Noch im Jahr 2015 soll schließlich auch Irland als eines der letzten Länder Europas ein Postleitzahlensystem bekommen. Sicher ist das allerdings jetzt im Frühjahr 2015, da ich diese Zeilen schreibe, keineswegs: Eigentlich sollte das Postleitzahlensystem schon im Jahr 2008 eingeführt werden, und nun, sieben Jahre und 26 Millionen Euro später, halten sich hartnäckig die Gerüchte, dass es weitere Verzögerungen geben wird.

Immerhin hat das Projekt einen wohl klingenden Namen: *Eircode* heißt der Weisheit postalischer Treffsicherheit letzter Schluss. Jedes Haus, jede Wohnung und jedes Business sollen einen siebenstelligen Identifizierungs-Code erhalten, und der soll jede der 2,2 Millionen Adressen der Insel-Republik eindeutig und einwandfrei auffindbar machen. Soll. Denn eigentlich weiß keiner so recht, ob *Eircode* nicht doch das gleiche Schicksal ereilen wird wie die super-modernen und sündhaft teuren irischen Wahlmaschinen: Jene wanderten mangels Tauglichkeit von der Fabrik direkt auf den Müll.

Nachdenklich stimmt: Noch bevor das viele Millionen Euro teure »Wunderwerk« *Eircode* das Licht der Welt erblickt, hagelt es schon vernichtende Kritik. Die einen maulen, das Postleitzahlensystem IE-2015 sei keinen Deut besser und smarter als das erste Postleitzahlensystem, das 1857 für London entwickelt worden war. Die Branchenverbände der Spediteure und Kuriere raten, *Eircode* unbesehen einzustampfen, weil es eine wenig intelligente Insellösung sei: Das von der Regierung beauftragte Unternehmen hat es offensichtlich gerade mal geschafft, eine uralte post-interne Orts-Datenbank zu reaktivieren und diese zum öffentlichen Postleitzahlensystem hochzujubeln.

Im Zeitalter von GPS, Geo-Technologien und Smart Economy wirkt schon ein wenig befremdlich, dass die Entwickler von *Eircode* jedem Haus eine zufällig ausgewählte Nummer zuteilen. Zwar weisen die ersten drei Ziffern auf eine der 139 regionalen Zustell-Zentren der Post hin, die jeweilige vierstellige ID-Nummer für das

Haus lässt eine detaillierte Orientierung jedoch nicht zu: So haben zwei benachbarte Häuser völlig unterschiedliche *Eircodes*, und das System entzieht sich komplett der modernen Navigationstechnik. *They do it their way: the Irish way.*

Immerhin: Auch wenn Irland wieder ein Stück gleicher gemacht werden soll, bleibt doch alles anders.

Das Fehlen von Postleitzahlen und eindeutigen Postadressen sorgt in Irland übrigens immer wieder für großartige wahre Geschichten: So gibt es Häuser, die bis zu sieben (!) verschiedene Adressen haben. Zudem firmieren viele Häuser in einer Straße unter derselben Adresse – und wenn dann noch alle Bewohner den gleichen Nachnamen haben (wie die O'Sullivans in unserer Region), dann kann es allenfalls der absolut ortskundige Briefträger ordentlich richten. Man kann sich leicht vorstellen, wie viele Lieferungen von Amazon und Apple bis Zara im irischen Adressdschungel schon verloren gingen oder bewusst verschwanden. Nicht umsonst weigern sich viele britische Firmen, ihre Ware nach Irland auszuliefern. Bemerkenswert auch die Bereicherungsstrategie eines Iren, der sich für ein und dasselbe Haus unter Zuhilfenahme von fünf leicht unterschiedlichen Adressen bei fünf verschiedenen Banken erfolgreich fünf Großkredite beschaffte. Lang lebe Ned Devine – ob mit oder ohne Postleitzahl! *{m}*

19. GRUND

## Weil einer der schönsten Orte der Welt in Irland liegt: Skellig Michael

Wenn ich über meine Top Five-Orte weltweit nachdenke, dann ist einer immer dabei: Skellig Michael, der bizarre Klosterfelsen im Atlantik, zwölf Kilometer vor der Küste Kerrys. Ich habe das aus dem 7. Jahrhundert stammende Kloster 180 Meter über dem Meer auf der Spitze des Inselfelsens mehrfach besucht und fühle mich im Bann dieses Ortes. Ich bin nicht alleine: Manche Menschen halten die Skelligs – es gibt unweit von Skellig Michael noch den kleinen Skellig-Felsen, ein streng abgeschirmtes Vogelschutzgebiet mit Zigtausenden brütenden Tölpeln und Papageientauchern – für das alte Atlantis, andere wollen die vorchristliche Geschichte des Mönchsfelsens kennen, und verschiedene Künstler widmen Jahre ihres Schaffens diesem faszinierenden Ort.

Der anstrengende Weg zu der einzigartigen UNESCO *World Heritage Site* führt hinauf auf steilen ungesicherten Steintreppen. Über 600 unregelmäßig in den Fels gehauene und platzierte Stufen sind zu bewältigen – auch im Wind, und an den meisten Stellen ohne Halt. Bemerkenswerter noch der Weg zurück: Mit Blick in den atlantischen Abgrund ist ein ausgeprägter Gleichgewichtssinn beim Abstieg gefragt.

Zurück auf dem kleinen Fährboot, das jeweils maximal zwölf Besucher von Portmagee zu »Michaels Felsen« bringt, erkundige ich mich beim Bootsmann über die Sicherheitsverhältnisse auf der Insel. Ich bekomme zur Antwort, dass alles komplett sicher sei – und dass auf der Insel nie etwas Schlimmes passiert sei. Später kaufe ich einen Skellig-Führer und lese all die gruseligen Geschichten von den vielen Leuchtturm-Wärtern, deren Kindern und Besuchern, die im Lauf der Jahrhunderte auf dem heiligen Felsen zu Tode kamen. Die Schicksale steigern seine Faszination nur noch.

Die Zahl der täglichen Besucher auf Skellig Michael ist zum Schutz der Insel streng begrenzt und beträgt pro Jahr nur rund 11.000. Während der Saison von April bis September dürfen täglich nur wenige kleine Boote mit Lizenz die Insel ansteuern, ein Team des staatlichen *Office of Public Works* verwaltet und kontrolliert die 22 Hektar große Insel und seine Besucher streng, nachdem dort Anfang der 2000-er Jahre mehrere Touristen zu Tode gestürzt waren.

Trotz aller Schutzbedürftigkeit konnte die irische Regierung im Jahr 2014 nicht an sich halten und gab Skellig Michael für einen großen Coup frei: *Star Wars* auf Skellig Michael. Im Juli belagerte eine wuchtige Filmcrew aus Hollywood drei Tage lang die bislang streng geschützte Klosterinsel und filmte dort Szenen für *Star Wars Episode 7*.

Die irische Regierung hatte die Drehgenehmigung heimlich erteilt, die UNESCO *World Heritage Site* von einem Marine-Patrouillenboot absperren lassen und Hollywood Tür und Tor geöffnet zu einer der wichtigsten und gleichzeitig fragilsten frühchristlichen Stätten der Welt. Für mehrere Tage war Skellig Michael für Touristen gesperrt, auf dem Klosterfelsen wurde ein Zeltdorf aufgebaut, Hubschrauber kreisten, und die Bootsunternehmer von Portmagee hatten Hochbetrieb, um das Arbeitsmaterial auf den Felsen zu schaffen.

Wer einmal auf Skellig Michael war, weiß, wie verletzlich und wie leicht zu beschädigen der heilige Ort ist. Man muss kein Christ sein, um den Spiritus Loci auf dem Klosterfelsen zu erfahren – und man fragt sich, warum dieser bedenkenlose Umgang mit einem der einzigartigsten Orte der Welt sein muss. Die Antwort ist wahrscheinlich: Weil es ihn gibt und weil es möglich ist. Hill of Tara, Wild Atlantic Way, Skellig Michael, Galway Bay, Corrib, Porcupine …: Das Spiel der irischen Gegenwart hießt: ausbeuten und ausgebeutet werden – materiell, ideell, spirituell. Die Währung: Aufmerksamkeit und harter Profit in Euro und Dollars.

Doch zurück zum authentischen Erlebnis auf Skellig Michael: Dort oben, hoch über dem Atlantik, zu stehen, den Wind in sich aufzunehmen, der Wind zu sein und sich zu fragen, wie die frühchristlichen Mönche vom 7. bis zum 12. Jahrhundert in den steinernen bienenkorbartigen Mönchszellen gelebt haben mögen, wie sie ganz weit an den äußersten Rand der damaligen Zivilisation drängten, wie sie unter schwierigsten klimatischen Bedingungen isoliert und umringt vom Atlantik lebten, um ihrem Gott so nahe wie möglich zu sein: Eine bessere Zeit- und Fantasiereise gibt es kaum. *{m}*

20. GRUND

## Weil fast jede Landfrau in Irland irgendwann einmal ein B&B eröffnet hat

Was gibt es Schöneres, als irgendwo anzukommen und mit dampfendem Tee und selbst gebackenen Leckereien begrüßt zu werden? Dieses herzliche Willkommensritual war vor 20 und mehr Jahren der angenehmste Grund, ein traditionell geführtes Bed and Breakfast (B&B) für die nächtliche Erholung zu buchen. Oder noch schöner: es spontan auf der Reise anzusteuern, je nachdem, wie einem die Lage und Umgebung gefällt. Zudem waren auf diese Weise preiswertere Ferien möglich als in den Hotels des Landes.

Fast jede irische Landfrau hat – leicht übertrieben formuliert – schon einmal ein kleines B&B eröffnet. So konnte ein karges Familieneinkommen etwas aufgebessert werden. Die Gäste aus der schier unerreichbaren Ferne des Kontinents brachten neben dem Geld auch Abwechslung und interessante Geschichten in den vielleicht manchmal etwas eintönigen Alltag. Manche B&B-Gastgeberinnen nehmen sich auch heute noch die Zeit und erkundigen sich über das Herkunftsland ihrer Besucher, sie informieren sich über die bereits gemachten Reiseerfahrungen und überhaupt, ein kleiner Chat ist für sie das Größte.

Der Reisende erhält im Austausch wertvolle Insider-Informationen über »geheime« Orte abseits der Touristen-Rennbahnen, auch besondere Restaurants und Pubs werden gerne empfohlen. Vielleicht erhält man sogar Zugang zu nicht-öffentlichen Sehenswürdigkeiten. Wir kennen und schätzen viele dieser sympathischen Frauen, die mit viel Hingabe und Liebe zum Detail ihr Mini-Hotel führen, die für das Frühstück leckere Scones (spezielle hefefreie »Rosinenbrötchen« mit und ohne Rosinen) und herzhaftes Brown Bread (Vollkornbrot auch ohne Hefe) backen. Sie versuchen, ihrem Gast jeden Wunsch vom Gesicht abzulesen, und es scheint ihnen nie zu viel Aufwand zu sein, auch Sonderwünsche zu erfüllen.

Der Bauboom mit dem vermeintlich ausgebrochenen Wohlstand am Anfang des neuen Jahrtausends hat diese liebenswerte Institution allerdings sehr angegriffen. Die Iren wollten sich auf ihren heimatlichen Rundreisen nun auch modern fühlen und in den überall aus dem Erdboden gestampften schicken Hotels (und Bars!) unterkommen. Je mehr Hotels es gab, desto mehr fühlten sich auch Touristen, die möglicherweise der englischen Sprache nicht mächtig waren, zu dieser eher anonymen Art der Beherbergung hingezogen. Die Preise haben sich aufgrund des Überangebotes an Bettenburgen angeglichen, sodass ein besonders gutes Bed and Breakfast heute so teuer sein kann wie ein Hotel.

Auch erschweren immer strengere Auflagen zu Sicherheit und Ausstattung den Betreiberinnen der kleinen B&Bs das Leben. Anders als vor Jahrzehnten noch dürfen beispielsweise die Gäste nicht mehr im Familien-Esszimmer oder gar in der Küche ihr Frühstück serviert bekommen. Es musste also angebaut werden und ein separates Speisezimmer sowie eigene Toiletten und Bäder eingerichtet werden. Die emsige Hausfrau verschwindet dann in ihrer Küche, sodass die guten alten Schwätzchen immer seltener wurden.

Die Betten in den traditionellen B&Bs mögen manchmal nicht mit orthopädischen Matratzen ausgestattet sein, an den Wänden hängen vielleicht röhrende Hirsche, fromme Marias oder selbst gemalte Landschaften, und die plüschigen Teppichböden leuchten oft in absonderlichen Farben und Mustern, doch jeder dieser Orte ist buchstäblich einzigartig. Oft sprechen wir noch Jahre später über unsere Erlebnisse in dem einen oder anderen B&B: »Weißt du noch, dort lauschten wir der Lebensgeschichte der netten Witwe Bridget« oder »bei Kathleen bekamen die Kinder eine Extra-Portion«, auch »wie es wohl inzwischen Mairead geht, die uns so einen angenehmen Urlaub auf ihrer Insel ermöglicht hat«.

Solche schönen und manchmal auch skurrilen Erinnerungen bleiben nach einer Übernachtung in weltweit standardisierten Hotelzimmern meistens nicht hängen. Darum versuchen wir auf unseren Reisen über die Grüne Insel noch heute, möglichst oft in B&Bs zu übernachten. Wir unterstützen Familien, die vielleicht auf ein Zubrot angewiesen sind, wir hören schöne Geschichten über Land und Leute und wir haben auch Jahre später noch etwas zu erzählen. *{e}*

KAPITEL III

# DIE MENSCHEN

21. GRUND

## Weil millionenfacher Dank für Kleinigkeiten glücklich macht

Es kann ja mal vorkommen: Man rempelt oder stößt jemanden, etwa im Supermarkt oder in der Kinoschlange. Ein halbwegs höflicher Deutscher/Schweizer/Österreicher entschuldigt sich, vielleicht mit einem »Entschuldigung!« oder »Sorry!«. Mehr als häufig kommt es jedoch in Irland vor, dass sich die angerempelte Person entschuldigt, als ob es ihr leidtue, dass sie mir im Weg stand. Wieder und wieder verblüfft mich diese nette Art, miteinander umzugehen.

Lustig finde ich auch immer wieder den tausendfachen – nein millionenfachen – Dank wegen einer Nichtigkeit. Man bezahlt mit passendem Kleingeld, man lässt jemandem an der Kasse den Vortritt, man tut irgendjemandem einen winzigen Gefallen und wird überschüttet mit einem mehrfachen »tänks ä million« (irische Aussprache). Vermutlich muss diese überschwängliche Floskel nicht persönlich genommen werden, sie ist in einigen Gegenden weit verbreitet und man braucht sich auch ganz bestimmt nicht einzubilden, dass man besonders beliebt ist.

Die Umgangsformen auf der Grünen Insel erscheinen uns bisweilen sehr formell und standardisiert. Sie bergen jedoch den liebenswerten Vorteil, dass man sich schneller (halbwegs) integriert fühlt, wenn man einfach mitmacht. Es ist freilich hilfreich, wenn es einem gelingt, einige Geheimnisse der erfolgreichen sozialen Interaktion zu lüften. Klar, dass in jeder noch so kurzen Begrüßung das Wetter erläutert und bewertet werden muss. Bisweilen erhält man eine Antwort, die eine andere Bedeutung hat als die wörtliche Übersetzung. Als ich beispielsweise nach einer fast ewigen Periode von Sonnenschein den einsetzenden Regen willkommen hieß, indem ich auf die dürstenden Pflanzen hinwies, kam die Antwort: »Let's hope for the best!« Ich ging davon aus, es sei der Wunsch nach einem nur kurzen Regenschauer geäußert worden. Erschrocken wurde ich vom mithörenden Insider aufgeklärt, dass eher »F*** you, was redest du für einen Blödsinn!« gemeint war.

Überhaupt wird viel in Rätseln und Codes gesprochen, sodass selbst ein Englisch-Profi erst mal dahintersteigen muss, was hinter einzelnen Floskeln stecken könnte. Die Äußerung eines Handwerkers, der einen Großauftrag bei uns im Garten ausführte, »you might not see me this week«, übersetzte ich seinerzeit wörtlich (mag sein, dass ich diese Woche nicht mehr erscheine). So dachte ich folglich, der Mann kommt dann eben nächste Woche wieder. Doch gemeint war damit, dass der Auftrag für ihn erst einmal erledigt war (auch wenn ich mit meinem germanischen Hang zum Perfektionismus sicher war, dass einige Arbeiten überhaupt noch nicht abgeschlossen seien).

Es gibt auch strenge Rituale, beispielsweise bei den Jugendlichen, wenn der Abschlussball naht (der lustigerweise im Herbst zum Start des letzten Schuljahres stattfindet, anstatt nach vollbrachter Leistung im folgenden Frühling): Der junge Mann sollte seiner Tanzbegleiterin tunlichst einen teuren Blüten- und Perlenkranz für das Handgelenk kaufen und überstreifen. Die Mutter des Mädels, das nicht zwangsläufig seine Freundin sein muss, sollte auch bitte schön eine Schachtel Süßes von ihm mitgebracht bekommen. Es ist ein Ding der Unmöglichkeit, diese Rituale nicht ernst zu nehmen, auch wenn das Taschengeld des jungen Mannes noch so knapp sein sollte.

Auch wenn manche Freundlichkeit ein leicht vergiftetes Lob enthält oder die schönste Weise ist, getadelt zu werden: Ich mag die Freundlichkeit der Iren, sie macht das Zusammenleben auf der Insel sehr angenehm. *{e}*

22. GRUND

## Weil Iren ein entspanntes Verhältnis zu winterlichen Temperaturen pflegen

In Irland habe ich gelernt, mich wieder richtig zu kleiden. Also weder schick noch modisch, sondern passend zum Wetter. Wenn es regnet, warte ich – genau wie die Iren – erst ab, oft legt sich der Schauer blitzschnell, und ein paar Tropfen abzubekommen macht mir nichts aus. Ich trage drinnen wie draußen meistens Wolljacken oder Wollpullover, die schützen besser als so manche Plastikjacke. Falls der Guss nicht nachlässt, greife ich zur Regenjacke und steige dazu im schlimmsten Fall in meine sogenannten »Wellies«. Das ist die Abkürzung für »Wellington Boots«, benannt nach dem Duke of Wellington (1769–1852): Ich spreche von den guten alten Gummistiefeln. Einen Regenschirm habe ich in Irland noch nie benutzt, man sieht diese inselwetteruntauglichen Dinger nicht sehr häufig (wenn es wirklich heftig regnet, dann ist der Wind oft zu stark für einfache Regenschirme).

Wenn es Winter wird, zieht man sich in Irland meistens warm an. Beliebt ist die »Long John«, das ist der Name für die altmodisch wirkende lange Unterhose. Man leidet selten an überheizten Räumen und trockener Raumluft, denn die Häuser werden selten rund um die Uhr geheizt, und als Ire lebt man gut bei 16 Grad, es kommt auch schon vor, dass man wesentlich kühlere Wohnzimmer vorfindet. Sinnvoller (und umweltfreundlicher) ist es, sich angepasst anzuziehen, das spart Torf und Heizöl und bekommt den Atemwegen besser.

Einfache Geschäfte werden oft gar nicht geheizt. In unserem kleinen Lieblings-Supermarkt stehen die Kassiererinnen im Winter meistens mit dicken Westen und Handschuhen hinter ihrem Tresen. Als Kunde leidet man in Kaufhäusern und Einkaufszentren selten, da man erstens nicht so dick eingepackt wie auf dem

Kontinent aus dem Haus geht und zweitens nie das Gefühl hat, im Backofen einkaufen zu gehen.

Wir überlegen zu Hause immer wieder, ob wir bei 17 Grad auf dem Thermometer tatsächlich den Bollerofen oder die Heizung anwerfen sollen; meistens empfinden wir erst 15 Grad als ungemütlich und treten dann in Aktion. Einer unserer Söhne konnte als Kleinkind bei gut gemeinten 16 Grad nicht einschlafen: »weil mir so warm ist«. So lernten wir schnell, dass man Kinder nicht in Watte packen muss, dass sie sich schnell anpassen und dass sie sich auch wohlfühlen, wenn sie bei diesen Temperaturen nur mit kurzem T-Shirt bekleidet stundenlang und unbeweglich in den Computerbildschirm starren. Und dass sie eher seltener krank sind als in der alten Heimat.

Würde man zu Hause eine sogenannte »Zimmertemperatur« von 20 Grad pflegen (wer hat eigentlich festgelegt, dass diese die »perfekte Temperatur« sein soll?), hätte der Junior in der Schule nichts zu lachen, er würde dort womöglich noch mehr frieren. Eines Wintertages kam er heim und jammerte, dass es nicht erlaubt sei, seine Jacke über dem hellblauen Uniform-Pulli mit Wappen zu tragen. Ich wunderte mich, warum unser Hitzkopf plötzlich mit Frösteln zu tun hat, und gab ihm daraufhin ein Thermometer mit in die Schule. Tatsächlich sind die meisten Klassenzimmer in der nagelneuen Schule allenfalls überschlagen geheizt, denn in den meisten Räumen zeigte der Zeiger gerade mal auf 15 Grad.

Eine Mode mache ich allerdings nicht mit: Spätestens ab dem 1. Februar, der in Irland als Frühlingsanfang gilt, schlendern viele Menschen mit kurzen Ärmeln und ohne Jacke durch die Stadt, manchmal in Sandalen und ohne Strümpfe. Die Röcke der Mädels sind noch kürzer, die Dekolletés noch tiefer als sonst. Man gewinnt den Eindruck, dass durch viel Haut-Zeigen auch wärmere Temperaturen herbeibeschworen werden. Tatsächlich kann es jedoch bis rund um den St. Patricks Day am 17. März noch ziemlich kalt sein. Danach ist dann aber wirklich Frühling, egal was da draußen passiert. Dann werden Pflanzensetzlinge auf dem Markt verkauft, Kartoffeln kommen in die Erde und die Häuserfassaden bekommen einen neuen Anstrich. *{e}*

23. GRUND

## Weil Gespräche mit Iren manchen wunderlichen Verlauf nehmen

Auch nach fast 15 Jahren in diesem großartigen kleinen Land höre ich den Menschen manchmal ungläubig staunend zu. Bin ich *Lost in Translation* auf Irisch oder handelt es sich einfach nur um kulturell-kommunikative Vielfalt? Auf jeden Fall ist es amüsant.

Paul ruft an, Telefonverkäufer bei unserer Lieblings-Telekom *Eircom*. Paul kündigt ein Super-Angebot an, das unschlagbar sei und deshalb ein Muss für uns. Bevor wir ins Geschäft kommen, will sich Paul allerdings erst einmal über unsere aktuellen Konditionen beim Konkurrenz-Provider schlaumachen. Nach fünf Minuten Wort-Ping-Pong gratuliert mir *Eircom*-Paul zu unserem Vertrag, der sei wirklich cool: »Du hast das Beste, was du derzeit bekommen kannst, wir haben da nichts Besseres für dich.« Schade eigentlich – mir wird wieder einmal klar, warum manche Iren gerne als Ankündigungs-Weltmeister beschrieben werden.

Wenn es Probleme mit der Wasserversorgung gibt, ist Mike der richtige Mann. Mike lacht gerne und viel. Manchmal weiß man nicht genau worüber. Mike wartet unseren Tiefbrunnen und die mittlerweile betagte Wasserpumpe auf sparsamste Weise. Seit einiger Zeit bereitet uns niedergeschlagenes oxidiertes Mangan in den Leitungen Kopfzerbrechen. Unserer besorgten Frage, wie das Problem zu lösen sei, entgegnet Mike mit einem langen Lachen und dem vielsagenden Satz: »Woher soll ich das wissen?«, nur um nachzuschieben: »Das weiß ich genauso wenig wie du.« Ich deute

Mike an, dass ich ihn doch anrufe, weil er der Experte ist und mehr Erfahrung hat mit derlei Erscheinungen. Doch das lässt er nicht gelten. Der Tiefbrunnen sei nichts anderes als ein tiefes Loch im Boden, in dem Wasser zusammenläuft. Reinschauen könne da im Moment keiner von uns beiden. Stimmt irgendwie.

Mike macht sich also an die Arbeit und fragt im entscheidenden Moment, wie er die Reparatur denn nun angehen soll: mit oder ohne (mehr Erfolg versprechendem) Risiko? Mein Hinweis, er sei der Experte, kontert Mike locker: »Aber es ist deine Pumpe.« Nun denn, wir haben es zusammen ausgewürfelt, dabei noch viel gelacht und siehe: Das Ergebnis ist gut.

Der Polizist, der mich mit 120 Sachen im Tempolimit stoppt, erweist sich als netter Mann. Nach einem ausgiebigen Schwätzchen und gegenseitigen Sympathiebekundungen spielt es doch keine Rolle mehr, dass ich gerade mal 40 Stundenkilometer zu schnell gefahren war, im Überholverbot überholt und dabei eine markierte Sperrfläche überfahren habe. Der freundliche Verkehrspolizist entlässt mich mit dem dezenten Tadel: »Junge, ich geb dir noch mal eine Chance.« An der Stelle bei Inishannon fahre ich seitdem immer ganz nach Vorschrift.

Ich bringe 150 – wie sich beim Wiegen herausstellt – unterfrankierte Werbebriefe meiner zahlen-legasthenischen Frau Eliane zur Post. Der freundliche Postbeamte weist mich darauf hin, dass auf den Briefen zu wenig Porto klebt, ich antworte bedauernd: »Das wird meine Frau ganz schön ärgern, sie war so froh, dass die Briefe leicht genug für das preiswerte Porto sind.« Worauf der freundliche Postbeamte seine ganze geballte Nettigkeit ausspielt: »Na, dann wollen wir deine Frau mal nicht enttäuschen.« Nimmt die 150 Briefe und wirft sie neben sich in den Postausgangskorb. *{m}*

24. GRUND

## Weil der klügste Hund der Welt der typische irische Haus- und Hofhund ist

Da fährt man fast ein bisschen träumend durch Irlands abgelegenste Sträßchen, und ganz plötzlich wird man – oder eher der Autoreifen – von einem bellenden Vierbeiner »angegriffen«. Man schaut einem Hund in die schönen braunen (oder blauen) Augen und weiß als Insider: Dieser gutmütige Hütehund hat nichts zu tun, ihm ist ganz schrecklich langweilig. Er will Schafe und Rinder zusammentreiben, will auf sie aufpassen, das liegt seit ewigen Zeiten in seinem Blut. Er will rennen, kilometer- und stundenlang, er möchte sich für seine menschliche oder tierische Familie nützlich machen. Für den Border Collie sind sich bewegende Objekte seine ganze Leidenschaft, er kann nicht anders.

Diese Hunderasse ist zwar genau so wenig irisch wie die meterhoch wachsenden Fuchsien oder die überall erhältlichen Sandwiches, doch gelten diese meistens schwarz-weißen eher langhaarigen Tiere als der typische irische Hund. Der Stammvater der Borders hieß Old Hemp und stammte aus Northumberland, dem Grenzland zwischen England und Schottland – von der geografischen Herkunft im Grenzland hat er offensichtlich auch seinen Namen. Das Schafe hütende Naturtalent Old Hemp lebte im letzten Jahrzehnt des 19. Jahrhunderts und zeugte über 200 Nachkommen.

Der Stammvater war übrigens dreifarbig, schwarz-weiß-braun. Bis heute wird der Border Collie aufgrund seiner Arbeitsleistung definiert und identifiziert und nicht aufgrund seines Aussehens. Dennoch hat sich die schwarz-weiße Variation dieses Hundes weitgehend durchgesetzt. Als *sheepdog* leistet er wertvolle Dienste auf Schaf-Farmen, wo er das Wollvieh ruhig und unaufgeregt zusammenhält. Keine Arbeit ist ihm zu viel, nichts ist ihm zu langweilig, er braucht Beschäftigung und mentale Anregung wie die Luft zum Atmen.

Wir waren kaum mit Sack und Pack und Umzugswagen in unserer neuen irischen Heimat angekommen, als unser Babysitter-Mädchen uns anflehte, einen ungeborenen Welpen zu adoptieren, denn die Hündin ihres Reitstall-Besitzers war trächtig. Anika wusste, dass den tierischen Neugeborenen das Schicksal des Ertränktwerdens drohte, wie in Irland leider noch immer üblich und geradezu selbstverständlich, wenn ein Tier keinen Nutzen (mehr) hat. Fährt ein Windhund keine satten Gewinne bei Hunderennen mehr ein, assistiert ein Jagdhund seinem Herrn nicht mehr zuverlässig bei der Jagd oder taugt der Hütehund nicht mehr für eine erfolgreiche Karriere in der Landwirtschaft, wird oft nicht lange gezögert und »kurzer Prozess« gemacht. Vor gut zehn Jahren noch wurden laut der deutschen Hundeaktivistin Beatrix Urban über 20.000 Hunde eingeschläfert – auf staatliche Kosten in den *Pounds*, den Hunde-Abgabestellen. Jedoch hat sich die Einstellung zum Tier auf dem Weg von der Agrar- in die Freizeitgesellschaft gewandelt, das Haustier hat immer mehr Konjunktur, und von dieser neu erwachten Tierliebe profitiert auch das Nutzvieh.

Doch zurück zu unserem Border Collie. Nach erster Absage an die tierliebende Babysitterin ließen wir uns doch erweichen, denn der Wurf aus neun Hunden war in einem Sack im Fluss gelandet, und unsere Anika konnte fünf der kleinen Kerlchen retten. So erweiterten wir unsere Familie um ein niedliches schwarz-weißes Hunde-Knäuel, sobald es der Mutterzitze entwachsen war. Diesen Schritt haben wir nie bereut, denn Tommy wurde ein ungewöhnlich hübscher Vertreter seiner Rasse, er war freundlich, anhänglich, klug und (meistens) sehr gehorsam. Nur den wirklich sehr sympathischen Briefträger konnte er auf den Tod nicht ausstehen (siehe Grund 12).

Tommy verstand viele Kommandos, fuhr für sein Leben gerne im Auto mit, er konnte Rechts von Links und Hinten von Vorne unterscheiden, er war ein prima Begleiter auf allen Wanderungen und wählte sogar einen selbstbestimmten Tod, als er im Alter von zwölf Jahren unheilbar an einer Nierenkrankheit litt: Sehr gut verständlich für seine menschliche Familie »bat« er eines Tages um Ausgang, und es war ganz klar, dass er nun zum Sterben von dannen ziehen musste. Wir haben ihn nie wieder gesehen.

Und so wurden wir mehr als zwei Jahre immer wehmütig, wenn uns ein weitläufiger Vetter unseres treuen Aufpassers über den Weg lief (oder unsere Autoreifen anbellte). Wir überlegten hin und her, ob nicht doch wieder so ein schlaues Tier zu unserem Haushalt passen könnte. Kürzlich hat allerdings ein ausgesetzter Jack Russell Terrier die goldene Karte gezogen, als er am Straßenrand in mein Auto hüpfte und mich freundlich angrinste, fast so als jubelte er: »So, du bist nun adoptiert!« Doch der sympathische kleine Geselle, unser Zweithund, konnte einfach nicht über den Verlust des schwarz-weißen Collies hinwegtrösten, und so wurde es Zeit für Hund Nummer 3. Das quirlige Border-Collie-Mädchen übt noch, aber es könnte ihr gelingen, das mit Abstand klügste Tier in unserem Haushalt zu werden. *{e & m}*

25. GRUND

## Weil die Iren die besten Verlierer der Welt sind

»Da ist Gras drüber gewachsen«, sagt eine deutsche Redensart, wenn eine böse alte Geschichte sich aus dem Gedächtnis geschlichen hat. Eine böse Geschichte für Irland ereignete sich im Juni 1602, als englische Truppen Dunboy Castle, die Haupt-Burg von Donal Cam O'Sullivan Bere, auf der Südseite der Beara-Halbinsel, stürmten und sie dem Erdboden gleichmachten. Da Irland seine Niederlagen feiert wie andere Nationen ihre Siege, wurden die Zerstörung Dunboys und der anschließende Große Rückzug (*The*

*Great Retreat*) Donal Cam O'Sullivans ins 400 Kilometer entfernte Leitrim von den Iren immer in bester Erinnerung behalten. Bis heute ist bekannt, wo und wie die über 1.000 Menschen, die sich auf den großen Marsch gemacht haben, auf der Strecke blieben: Donal erreichte sein Ziel im Norden mit nur 35 Getreuen.

Im Jahr 2002 wurde der 400. Jahrestag der Niederlage, die den »letzten Prinz von Irland« um Macht, Reichtum und Wohnsitz brachte, mit Pomp und Gloria gefeiert. Die Ruine von Dunboy Castle präsentierte sich zum Jubiläum aufgeräumt und mit Gedenkplaketten aufgehübscht. Der große Clan der O'Sullivans trug das Seine dazu bei, dass Donal, der letzte unabhängige gälische Stammesführer, nicht in Vergessenheit geriet. Wo andere Nationen Gras drüber wachsen lassen, polieren die Iren den nackten Fels der Erinnerung.

Auch andere geschichtliche Großereignisse, wie »die Flucht der Grafen« (*Flight of The Earls*) im Jahre 1607, als die beiden letzten gälischen Chef-Aristokraten Hugh O'Neill und Rory O'Donnell vor den Engländern aus dem Land flüchteten und nie zurückkehrten, werden in Irland gerne und feierlich erinnert, und möglicherweise steckt hinter dem alten irischen Motto, die Niederlagen zu feiern, als wären es Siege, nichts anderes als ein ewig langer Atem. Denn immerhin waren all die Demütigungen, die Niederlagen und verlorenen Schlachten am Ende nur Stationen auf dem Weg zu einem gewonnenen Krieg und zur Unabhängigkeit.

Wenn diese Vermutung stimmt, dann müsste Irland allerdings irgendwann im Jahr 2500 Fußballweltmeister werden – oder zumindest Europameister, sofern es dann ein Europa, wie wir es kennen, noch gibt. Denn auch Irlands Fußballfans sind weltweit schrecklich nette Verlierer. Erinnern Sie sich vielleicht an den vieltausendfachen Leprechaun-Gesang im EM-Stadion in Danzig? 14. Juni 2012. 20.000 irische Fußballfans singen in Polen ab der 89. Minute minutenlang die Hunger-Hymne *Fields of Athenry* ab und feiern Irlands Nationalteam, das bei der EM gerade mit 0:4

gegen Spanien untergeht. Viel ist geschrieben und gesagt worden über das tolle, das wunderbare, das außergewöhnliche, das so menschliche, das herausragend friedliche und fröhliche irische Publikum. Man konnte sogar lesen, dass die *Fans in Green* ihrer Insel kostenlos eine wirkungsmächtige Multimillionen-Image-Kampagne spendiert hätten. Wirklich? Warum hält die halbe Welt die Iren für grundsätzlich sympathischer als Menschen anderer Nationen?

Die Iren scheinen beim Feiern von Niederlagen ganz bei sich, es ist vielleicht ihre zweite Natur, sich mit dem Misserfolg zu verbrüdern und ihn feierlich zu besingen. 800 Jahre Unterdrückung, Schmerz und Niederlage rufen sanft nach einer Zukunft. Schon bei der WM-Qualifikation 2010 konnte Irland gar nichts Besseres passieren, als durch die doppelte Hand Henrys ungerechtfertigt auszuscheiden. Und dann bei der Fußball-EM war Dabeisein schon mehr als genug. *The Great Defeat at Gdansk* hat das Zeug, auch in 20 Jahren noch gefeiert zu werden. Diese friedfertige Genügsamkeit, diese sanft präsentierte Massen-Resignation machen einfach sympathisch. So wird man Everybody's Darling – allerdings auch Everybody's Depp. Als Punktelieferant, als sympathischer Looser, als Meister des unteren Mittelmaßes. Eine »Viertelfinals-Mentalität« hat der Kolumnist John Waters seinen Landsleuten einmal bescheinigt: Warum denn nach dem Finale trachten, Viertelfinale ist doch auch super.

Im Fall der EM 2012 reichte es gerade einmal für die Vorrunde, doch man war zufrieden. Die singenden Fans haben es preiswürdig gerichtet. Die netten Verlierer von der Insel, die mit ihrem Schicksal Versöhnten. Nur Irlands ewiger Fußball-Rebell Roy Keane wollte wieder einmal nicht einstimmen in den großen Chor. Er mahnte seine Landsleute im englischen Fernsehen, nicht immer mit dem Zweitbesten zufrieden zu sein. Der ehrgeizige Keane polterte, dass Spieler und Fans ihre »Mentalität« ändern müssen. Es reiche einfach nicht, zum Punkteabliefern und zum Sing-Song ins Stadion zu gehen, moserte Roy. Das wiederum brachte dem ewigen Fußball-Rebellen aus Cork schwere mediale Prügel ein: Keane verstehe die irische Psyche nicht mehr, schrieb Michael Clifford im *Irish Examiner*: Keane habe nicht kapiert, dass der Fan-Gesang »zwei Teile Feiern und ein Teil Beerdigung« war, und er habe völlig vergessen, dass Iren bei jeder Gelegenheit gerne singen: sei es bei Geburten oder bei Beerdigungen, sei es im Bad, bei Fußballspielen, bei Siegen. Oder eben bei Niederlagen. Dort aber ganz besonders schön. *You'll never beat the Irish (in singing funeral songs).* {m}

26. GRUND

## Weil halb Irland ein Trödelmarkt ist und Iren oft so wunderbar altmodisch

Man weiß nicht genau, ob es an Geldmangel, an Zeitknappheit oder an fehlendem Bewusstsein für Innendekoration liegt: In Irlands Häusern, Hotels, Pubs und Behörden kann man häufig wunderschöne Schätze aus längst vergessenen Zeiten entdecken. Mein Trödlerherz schlägt höher, wenn eine Kneipe nur mit »altem Plunder« dekoriert ist, im Geiste überlege ich bisweilen, wie viel Geld für das verrostete Bügeleisen von Urgroßmutter im Internet geboten würde und wo sich die entzückende alte Kommode mit dem abgeplatzten Lack im eigenen Heim gut machen würde. Traumhafte Schiffslaternen mit Patina würde ich am liebsten mitnehmen, schnörkelige Stühle mit Wonne stibitzen, rustikale Farmhaustische klammheimlich entwenden. An vielen öffentlichen Orten hängen zudem wunderbare alte Fotos oder Stiche in meist schlichten Rahmen, die an das Leben in der jeweiligen Region erinnern. Ich stelle mir vor, wie der Herr mit dem gezwirbelten Schnauzbart auf genau dem Stuhl saß, den ich gerade benutze, oder wie die kräftige, schwarz gekleidete Frau vor dem reetgedeckten Haus ihren selbst gebrannten *Poteen* (siehe Grund 35) an die vorbeifahrende Kundschaft verkaufte.

Betritt man manche Behörden oder wird ein Krankenhausbesuch unumgänglich, schlägt einem bisweilen das Flair der frühen 60er- und 70er-Jahre entgegen. Wacklige Stühle mit Plastiklederbezug schmücken Wartezimmer, braun und orangefarbene Gardinen wehen an den leicht undichten Fenstern, so mancher Teppichboden hat schon bessere Zeiten gesehen. Blumig-plüschige Sessel auf charmanten Linoleumböden sind so hässlich, dass sie schon wieder richtig hübsch erscheinen. Fast immer brüllt einem ein dicker Röhrenfernseher entgegen, oder zumindest ein viel zu laut eingestelltes Radio unterbricht die Stille und kreiert eine ganz eigene Klangkulisse. Ich weiß in solchen Situationen manchmal wirklich nicht, ob mich dieses Flair aus einer anderen Zeit abstößt oder ob ich wohltuend berührt sein soll, weil der globalisierte Einheitsschick hier noch keinen Einzug gefunden hat.

Ich habe noch keine einzige Arztpraxis gesehen, die irgendwie an die professionelle Einrichtung kontinentaler Behandlungsräume erinnert. Weder wirken solche Räume steril-modern-sauber noch zweckmäßig-aufgeräumt, schon gar nicht design-orientiert. Sie waren bislang allesamt mit einem Sammelsurium uriger Möbel, scheinbar ausgedienter medizinischer Instrumente, schief angebrachter Vorhänge und veralteter Untersuchungsliegen bestückt. Sie wirken immer ein bisschen so, als ob man sich in einen Film der 50er- oder 60er-Jahre verirrt haben könnte. Dafür ist der »Service« nett und persönlich, ein Arzt nimmt sich deutlich mehr Zeit, als man es vom Kontinent gewohnt ist. So kann man die museale Atmosphäre in vollen Zügen genießen.

Kurios war in den ersten Wochen in unserer neuen Heimat auch die Bitte unserer Notarin, die damals übrigens inmitten eines unbeschreiblichen Chaos von Papierstapeln und Kartons saß, doch bitte mal schnell die lose Türklinke festzuschrauben. Diese war beim Öffnen der betagten Bürotür in der Hand gelandet. Das ist schließlich unpraktisch, und wofür hat man männliche Kunden … Ein ehemaliger Steuerberater war auch in einem ähnlichen Papierlager anzutreffen, dieses hatte eine Raumgröße, die kaum einen zweiten Stuhl für den Kunden zuließ, geschweige denn für den dritten Besucher.

Sprachlich prallt man auch schon mal einige Jahrzehnte zurück: Es kommt tatsächlich noch vor, dass Ehefrauen zu hören bekommen, sie sollen dem »Master« doch bitte schön viele Grüße ausrichten. Im gebräuchlichen Begriff des Hauptschlafzimmers oder Master-Bedrooms in einem Wohnhaus oder einer Wohnung spiegelt sich auch noch dieser Begriff von Unterwerfung.

Sollte man als Frau in die Verlegenheit kommen, sich mit einem Handwerker etwa über die Anbringung von Steckdosen oder über sonstige baulich-technische Details unterhalten zu müssen (weil beispielsweise der »Master« mal kurz außer Haus ist), ist damit zu rechnen, dass genau dieses Gespräch bei nächster Gelegenheit mit dem Herrn des Hauses noch einmal geführt wird, exakt so, als wären die Wünsche und Vorschläge der Frau nie besprochen worden. Das kann durchaus Vorteile haben: Frau muss sich erst gar nicht bemühen, Gedanken über technische Dinge und Reparaturen zu verschwenden, und kann ihre Zeit anderweitig einsetzen. *{e}*

27. GRUND

## Weil es an der einzigen Seilbahn Irlands interessante Erfahrungen zu machen gibt

Neulich am Dursey Cable Car: der einzigen Seilbahn Irlands. Sie überbrückt im Westen des County Cork den von gefährlichen Strömungen durchfluteten atlantischen Meereskanal Dursey Sound und führt von der Spitze der Beara-Halbinsel hinüber auf die vorgelagerte Insel Dursey. Die abenteuerlich konstruierte und dennoch sehr sichere Seilbahn, eine technische Berühmtheit auf der Insel, transportiert maximal 30 Menschen pro Stunde und Richtung.

Gebaut, um die Inselbevölkerung zu versorgen, transportiert sie angesichts der fast vollendeten Abwanderung der Insulaner und der Schönheit der Landschaft zunehmend Tagesgäste auf die Insel, welche die Kelten einst für das Ende der Welt hielten. Sich in die Warteschlange am Dursey Cable Car einzureihen ist immer eine Erkenntnis erweiternde Erfahrung. Deshalb die Frage: Wie würden Sie reagieren?

Nehmen wir einmal an, wir stehen extra früh auf, wir wollen einen Ausflug auf die herrliche Insel draußen vor Irlands Südwestküste machen. Wir fahren über eine Stunde, um rechtzeitig die Seilbahn über den Sund zu nehmen. Als wir ankommen, empfängt uns der Seilbahnwärter mit der Nachricht: »Wir haben technische Probleme. Die Seilbahn ist ausgefallen, sie fährt heute nicht.«

- Das ist jetzt mein dritter vergeblicher Versuch, nach Dursey Island zu fahren. Ich darf wohl noch ein viertes Mal an diesen schönen Ort kommen.
- Jeesuz, ich bin froh, dass die Bahn gleich heute Morgen ausgefallen ist und wir nicht auf der Insel gefangen sind.
- Schade, aber das gibt uns die Möglichkeit, etwas anderes zu machen.
- So ein Pech. Das verdirbt uns den ganzen Tag.
- So ein M***, typisch, nichts funktioniert hier richtig.
- Ich würde völlig anders reagieren, nämlich ...

Freitagmorgen, ein Tag im August, pünktlich um neun Uhr am Cable Car am Dursey Sound. Die Seilbahn fährt heute nicht. Mal wieder technische Probleme. Enttäuschte Gesichter. Die Reaktionen 1 bis 3 stammen von verhinderten Fahrgästen aus Irland, Reaktion 4 von einem Urlauber aus Deutschland. Reaktion 5 von einem in Irland lebenden Deutschen. Und wie reagieren Sie? *{m}*

28. GRUND

## Weil Verschlafen, Verspäten und Verschieben selten zu Ärger führen

Ich verspäte mich gerne und regelmäßig. Ich mag es auch, wenn Gäste etwas später als verabredet vorbeischauen. Der minimale Anteil an deutschen Pünktlichkeitsgenen, den meine Eltern mir mitgegeben haben, wurde durch eine Kindheit in Südamerika gelöscht. Dass für Iren der Begriff »Pünktlichkeit« fast nicht existiert, macht sie mir darum ganz besonders sympathisch (siehe Grund 10: verlorene Zeit). Dieser lockere Umgang mit der Uhr ist Medizin für gehetzte Zeitgenossen, er ist wie ein Häppchen Yoga im Alltag, er schont das Herz und reduziert die Stresshormone. Diese Gelassenheit ist allerdings nur sehr langsam zu erlernen, wenn man den Drill bereits stark verinnerlicht hat.

Vor langer Zeit rollte einst gegen 22:30 Uhr ein Auto in unsere Einfahrt, und ich wunderte mich über Kinderstimmen, die daraufhin zu hören waren. Die Mutter von einer großen Auswahl an Schulkameraden stieg aus und lud unseren Junior zum Kindergeburtstag ein. Wann? Klar doch, am nächsten Nachmittag. Rauft die deutsche Mutter verzweifelt die Haare und fragt sich, wie sie denn so schnell ein Geschenk für den kleinen Racker auftreiben soll. Einige Feste später dämmerte uns, dass möglicherweise ohnehin der Umschlag mit einem Scheinchen, welches das Alter des Kindes zeigt, viel lieber angenommen wird.

In Irland wohnt man als Student in der Regel nicht für die Länge seiner Hochschulzeit im selben Zimmer oder Haus. Fast alle Studenten verbringen zumindest die langen Sommerferien zu Hause oder unterwegs (manchmal auch die Winterferien), somit spart man sich die Miete für viele Monate (sie ist auch so hoch genug). Also kam es bereits mehrfach vor, dass wir unserem Großen kurz vor Semesterbeginn Dampf machten, doch bitte schön endlich eine neue Bleibe zu suchen. Besonders nervös waren wir, als er in gewohnter Manier keine zehn Tage vor dem Aufbruch zu einer Praktikantenstelle nach Deutschland stand und noch nicht wusste, wo er schlafen würde (und doch bekam er eine schöne und bezahlbare Wohnung). Ebenso schüttelten wir den Kopf über seine Freundin, die eine Woche vor dem neuen Semester mal wieder nicht wusste, wer ihr ein Dach über dem Kopf bieten würde. So fuhren Mutter und Tochter wild entschlossen los, und siehe da, abends war das Thema erledigt.

Auch offizielle Termine wie die Schulversammlung oder das Meeting des Tourismusvereins werden oft extrem zeitknapp verkündet, Veranstaltungen manchmal sehr zeitknapp vorbereitet (oder gar nicht). Nicht schlecht staunte ich letztes Jahr, als ich zehn Minuten zu früh beim Wohltätigkeitsflohmarkt der Schule ein paar Dinge kaufen wollte, da ich noch einen anderen Termin zu bedienen hatte. Es war kein einziger Mensch auf dem Schulhof, dennoch startete die Veranstaltung fast pünktlich, wie ich später erfuhr. Zum Ausgleich ist einem niemand böse, wenn man beispielsweise nicht rechtzeitig mitbekommt, dass der Heizöltank leer gelaufen ist. Dann wird eben morgen geliefert – ohne Aufschlag, ohne schwer verdauliche Bemerkungen und pünktlich.

Einen offiziellen Termin zu oft zu verschieben ist peinlich und geschäftsschädigend. Wirklich? Ich stand mindestens viermal mit fast knurrendem Magen bereit, um in der neuen Yoga-Schule Entspannung zu lernen, bekam jedoch jeweils eine Stunde vor dem geplanten Treffen eine Absage. (Vielleicht ist genau der gelassene Umgang mit einer Absage das eigentliche Yoga!). Gerne werden auch Reparaturen, die aus unserer Sicht dringend erforderlich sind, verschoben. »Ach, mit diesen Reifen kannst du noch mindestens 1.500 Meilen fahren!«, meinte nicht nur einmal einer der netten Mitarbeiter im Reifen-Center. Ebenso wurde die stotternde Kupplung als noch lange nicht fällig diagnostiziert. Vielleicht entspringt diese irische Gelassenheit dem Mangel an Konkurrenz in unserer

Gegend. Denn auch verschlafende Taxifahrer, die dann einfach mal nicht die Morgenfahrt zum Flughafen, wie am Vorabend vereinbart, antreten, sind sich anscheinend sicher, dass so ein Verhalten ihrem Geschäft nicht wirklich schadet. Reparierende Spezialisten wissen freilich ganz genau, dass wir früher oder später ohnehin wieder vor der Tür stehen und Geld bringen werden.

Nur eines schätzen Iren nicht besonders: Wenn man in einem Bed and Breakfast oder in einem kleinen Hotel vor acht Uhr (oder für 8 Uhr) das Frühstück erwartet. Oder im kleinen Tante-Emma-Laden die Brötchen kurz vor acht abholen möchte. Das tut weh, das wird einem in den meisten Fällen freundlich ausgeredet. (e)

29. GRUND

## Weil die Iren einfach immer nett sein wollen, auch wenn es wehtut

Das kleine Dorf im Glen ist ein Paradies für Spaziergänger und Wandersleute. Als eines der wenigen Dörfer in Irland verfügt das Dorf im Glen seit vielen Jahren schon über ein ausgedehntes Wanderwegenetz. Der prächtigste, der schönste und historisch interessanteste Weg mit weitem Ausblick über die Bucht ist allerdings seit vielen Jahren gesperrt. Die Tore tragen Verbotsschilder, die Wegweiser sind abmontiert, der Weg wächst zu. Spaziergänger, die ihn dennoch benutzen, treffen möglicherweise auf einen selbst ernannten Wegewart, der ihnen bedeutet, dass sie dort nichts verloren hätten – und der sie zum Umkehren zwingt.

Das Dorf im Glen ist stolz auf seine schönen Wanderwege. Regelmäßig zählen die Tourismusverantwortlichen im Dorf die Meilen ihres Wanderwegenetzes zusammen und beschreiben die Vorzüge der Wege und Pfade in bunten Broschüren. Dass der schönste und interessanteste aller Wanderwege rund um das Dorf nicht mehr dabei ist, dass er seit drei Jahren geschlossen ist, wird in kleinen Zirkeln zwar erregt diskutiert. Dass der einzelgängerische Cornelius den Weg eigenmächtig blockiert, obwohl er ihm gar nicht gehört und obwohl dort uralte Wegerechte bestehen, wird dann regelmäßig scharf verurteilt. Ändern aber tut sich nichts. Man lässt es sich gefallen.

Keine Behörde, die einschreiten würde. Keine Bürgerinitiative, die sich engagieren möchte. Ein Einzelner sorgt dafür, dass alle anderen einen Nachteil haben – und alle anderen geben sich geschlagen, nehmen den Nachteil in Kauf. Warum ist das so in Irland? Ist das typisch irisch? Es ist, und der alte Mathematiklehrer Sean, ein Mann, dem man *a fine brain* attestiert, erklärt mit Irlands Geschichte der jahrhundertelangen Unterdrückung, warum das so ist: »Wegen unserer Vergangenheit gehen wir Iren auch mit Delinquenten, Abweichlern und Spinnern meist sehr nachsichtig um. Diese Liberalität nannten wir immer ›leben und leben lassen‹. Wir wollen einfach nett sein. Heute allerdings wird die Nachsicht gerne einmal ausgenutzt für egoistische Alleingänge, zur eigenen Bereicherung, zum eigenen kleinen Vorteil. Das ist schade.« Andererseits aber ist dieser Charakterzug der Zurückhaltung, des Gewährenlassens und der hohen Toleranz ein Gegenpol zum weit verbreiteten rücksichtslosen Ellbogenverhalten.

Sean, der Mann aus der Stadt, kennt auch städtische Beispiele des Prinzips »leben und leben lassen« und relativiert die Bedeutung eines Wanderweges für die Allgemeinheit: »Schau dir an, was in unserer Stadt all die Jahre passiert ist: Hier verhindert eine einzige Familie zum eigenen Vorteil jegliche Entwicklung, jegliche geschäftliche Konkurrenz. Die Stadt steht still, nur weil diese Familie es will. Das ist schwerwiegend. Und doch sind die Verhinderer weiterhin geachtete Menschen in unserer Mitte. Keiner steht gegen sie auf, keiner klagt sie offen an.« Man will halt nett sein, auch wenn es wehtut. Und vielleicht wird man die kleine Stadt irgendwann einmal besonders mögen, weil sie so anders geblieben ist als all die modernen, entwickelten, fortschrittlichen Konsumzentren landauf, landab. *{m}*

30. GRUND

## Weil es in Irland tatsächlich viele Ned Devines gibt

Lang lebe Ned Devine: Der irische Staat hat in den vergangenen Jahren zweistellige Millionenbeträge für Renten an fast 10.000 Tote bezahlt. Darauf kam das Sozialministerium, nachdem einige Beamte eine glorreiche Idee in die Tat umsetzten: Sie stellten eine Verbindung zwischen dem Sterberegister und der Renten-Datenbank her. Das Ergebnis war so niederschmetternd wie belustigend: Zahlreiche Verwandte verstorbener Pensionäre lebten offensichtlich gut von der Altersversorgung ihrer verblichenen Verwandten und ließen sich so über den ärgsten Abschiedsschmerz hinweghelfen.

In einem Fall hat der Staat 20 Jahre lang Rente an einen Toten ausgezahlt, in einem anderen an die Familie eines Verblichenen 30.000 Euro alleine innerhalb von zwei Jahren. Die Angehörigen von 9.840 toten Rentnern besserten sich so gezielt oder aus Schludrigkeit oder billigend in Kauf nehmend die Familienkasse auf.

Der Fall, der in Irland eigentlich niemand so richtig aufregte, erinnert an den Kult-Film *Lang lebe Ned Devine* (*Waking Ned Devine*) aus dem Jahr 1998. Der alte Ned gewinnt den Jackpot im irischen Lotto und stirbt nach der Ziehung der Zahlen vor Aufregung mit dem Tippschein in der Hand vor dem Fernseher. Das ganze Dorf nimmt sich jedoch des Falles und des Gewinns an und täuscht die Lotto-Gesellschaft nach allen Regeln der Kunst, es entwickelt sich eine herrliche irische Geschichte der Irrungen und Wirrungen.

Ist das nun typisch irisch, dass 10.000 Tote Rente erhalten? Sind Iren schlitzohriger, gerissener, bauernschlauer als Deutsche, Schweizer, Amerikaner? Das Image vom schlitzohrigen Paddy ist zwar nett und wird gerne gepflegt, es ist aber zumindest zu vermuten, dass vor allem die Gelegenheit Schlitzohren macht. Welche moderne Staatsverwaltung leistet es sich heute noch, so wenig über ihre Bürger zu wissen wie die irische? Das ist sympathisch, das muss man eigentlich mögen. Muss es also wirklich geändert werden?

Nun, immerhin war die staatliche Nachlässigkeit so etwas wie systematische Beihilfe zum Betrug und ließ die Ehrlichen oft als die Dummen dastehen. Erst mit der viel gehassten Troika fand die EU Mittel und Wege, die zeitweise bevormundete irische Regierung in Richtung einer besseren Überwachung ihrer Bürger zu drängen – und die moderne Computertechnik, die nicht vergisst und fleißig Bürgerdaten sammelt, macht es den vielen Ned Devines auf der Insel zunehmend schwer, ihren Staat nach alter Väter Sitte auszunehmen. *{m}*

KAPITEL IV

# ESSEN UND TRINKEN

31. GRUND

## Weil Kartoffeln in Irland mehr sind als nur Beilage und Möhren noch nach Möhren schmecken

In unserem Gästehaus mussten wir unseren Köchinnen nach und nach beibringen, dass unsere Gäste vom Kontinent gerne Salat essen und deutlich mehr Grünzeug wünschen als zwei dekorative Blättchen am Tellerrand. Eine Mitarbeiterin aus der Küche erklärte uns daraufhin leicht irritiert, dass man ihr einen Berg Salat normalerweise als Aufbauschen der Portionen mit »wertlosem Füllmaterial« vorwerfen würde. Von ihr lernten wir auch, dass Pastagerichte erst seit einem Vierteljahrhundert auf der Insel vertraute Anblicke sind und dass das Essen von Reis bei vielen Familien auch heute noch zu den ganz exotischen Abenteuern gehört, die man eigentlich lieber meidet.

Die bevorzugten Speisen bestanden in den Jahren des ungebremsten Konsumrausches dagegen aus viel tierischem Fett, reichlich Farb- und Aromastoffen und Zucker satt. Möglichst von schicken amerikanischen Food-Konzernen. Langsam zwar, jedoch stetig, scheint etwas Gesundheitsbewusstsein zurückzukehren. Jenes gab es im alten Irland eher unfreiwillig, denn noch vor 25 Jahren war das Angebot schmal und man lebte von dem, was die Insel reichlich bot: Kartoffeln, Grünkohl, Karotten, Äpfeln, Birnen, vollkornigem Sodabread, Spiegeleiern, Würsten und Speck, und einer Sorte Käse (Cheddar in diversen Reifegraden und Härtestufen) sowie anderen eher rustikalen Leckereien.

Es mag seltsam klingen, doch auf der Grünen Insel schmecken die Möhren noch nach Möhren. Sie sind saftig und aromatisch, so wie ich sie aus meiner Kindheit kenne, als ich sie selbst aus dem mit Hühnermist gedüngten Acker ziehen und an Ort und Stelle verdrücken durfte. Karotten wachsen zwar nicht überall, denn das Wurzelgemüse reagiert etwas irritiert, wenn es mit dem vielerorts sauren, flachen und steinigen Boden vorlieb nehmen muss. Doch man kann wirklich köstliche Prachtexemplare aus der näheren Umgebung im lokalen Supermarkt erstehen. Kein Wunder, dass sie manchmal im 10-Kilo-Sack, wie auch die Kartoffeln, angeboten werden.

Auch die Erdäpfel sind ungewöhnlich aromatisch, sie gehören zu wirklich jeder Mahlzeit, am liebsten doppelt und dreifach. Beispielsweise als die obligatorischen Pommes frites, die hier *chips* heißen, dazu wird gerne Kartoffelpüree und manchmal noch Kartoffelsalat gereicht. Oder Kroketten. Oder eine riesige *baked potato.* Für eines der großartigen Nationalgerichte, namens *Colcannon* – es wird gerne am St. Patrick's Day serviert –, wird die gekochte Knolle zerstampft und mit feinst zerschnittenem Grünkohl und Frühlingszwiebeln vermischt. Reichlich Sahne (oder Milch) und einen guten Schwung Butter ins reingedrückte Nest machen diese schlichte Mahlzeit zu einem Hochgenuss. Auch Kohlmuffel kann man mit diesem Gericht überzeugen. Es versteht sich von selbst, dass jede Region Irlands und auch jede Familie auf ihr eigenes *Colcannon*-Rezept schwört.

Ach ja, *kale*, der Grünkohl, das traditionelle Armeleuteessen, muss noch eine eigene Würdigung bekommen. Seit irische Starköche wie Denis Cotter und Darina Allen das derbe Grünzeug aus seinem Schattendasein holten, kennt man etliche botanische Varietäten und kulinarische Varianten der Zubereitung. Denis Cotter, bekannter Kochbuchautor und Inhaber des berühmten vegetarischen Restaurants Café Paradiso in Cork, schreibt ausführlich über die tragi-heroische Geschichte des krausen Gemüses, dem über 100 Jahre der Makel der Armut anhaftete. In den Jahren der grausamen Hungersnot (1845 bis 1849, siehe Grund 40), in denen die Kartoffelernte aufgrund der Braunfäule (einer Art Mehltau) ausfiel, konnte der genügsame Kohl wenigstens noch einen Bruchteil der Mineralstoff- und Vitaminversorgung absichern. Heute gebührt dem Brassica-Gewächs ein besonderer Platz auf dem Speiseplan, da es nachgewiesene antitumorale Wirkungen sowie (meistens) gift- und düngerfreie Herkunft vereint. Somit ist es nur gerecht, dass der grüne Held mit dem feinen Aroma wieder ein bisschen mehr in Ehren gehalten wird. {e}

32. GRUND

## Weil in Irland die Tasse Tee die Lösung für (fast) alles ist

In einer Buchbesprechung las ich, dass der betreffende in Irland spielende Roman unglaubwürdig sein soll, man trinke auf fast jeder Seite Tee. Es mag zwar unvorstellbar und auch lustig klingen, doch die sprichwörtliche Tasse Tee wird tatsächlich überall, immer und dauernd getrunken. Egal wo man auftaucht, es wird einem Tee angeboten. Findet irgendwo eine Zusammenkunft statt: Es wird Tee gereicht. Nach dem Elternabend: Es wird Tee serviert. Schaut mal eben der Nachbar vorbei, erwartet er ein Tässchen Tee. Durchschnittlich bis zu vier Kilo Tee, das sind 1.300 Tassen, trinken John und Mary Jahr für Jahr, also drei bis vier pro Tag.

Als der Zweite Weltkrieg ausbrach, war Irland drittgrößter Importeur von schwarzem Tee weltweit: Es wurden elf Millionen der fermentierten Kamelienblätter eingeführt, immer über den nach Indien orientierten Teehandel in London. Doch Iren finden indische Tees, auch den »Champagner unter den Tees«, den Darjeeling, zu dünn. Zudem sieht er wie Abwaschwasser aus, wenn er – wie auf der Grünen Insel üblich – mit reichlich frischer Milch getrunken wird. So sah man sich nach neuen Quellen um und landete geschmackliche Volltreffer im östlichen Afrika. Ein großer Teil des vollmundigen »irischen« Tees wächst in Ruanda, circa anderthalb Stunden entfernt von der Hauptstadt Kigali.

Auch die Herstellungsmethode des auf der Grünen Insel favorisierten Allheilmittels unterscheidet sich von der »britischen

Methode«, bei der die gepflückten Teeblätter während des Trocknungsprozesses gerollt werden. Für den irischen Markt werden die Blätter zerrissen, so wird das Aroma des Endproduktes intensiver.

In jedem Tante-Emma-Laden und in jedem Supermarkt finden wir viele Marken sowie deren Spezialmischungen, die als Teebeutel und auch als lose Ware erhältlich sind. Man vernimmt dazu bisweilen fast religiös klingende Erläuterungen, welcher Name nun die allerbeste Qualität liefere. Lyons ist mit 36 Prozent definitiv der Marktführer, und viele Teetrinker schwören auf die großartige Qualität. Uns schmeckt indes die nächstgrößte Marke viel besser: Barry's Tea. Das mag daran liegen, dass wir im County Cork zu Hause sind, denn die Stadt Cork ist die Heimat von Barry's Tea, und als zweitgrößte Stadt des Landes trägt die Einwohnerschaft vermutlich stark dazu bei, dass Barry's Marktanteil 27 Prozent beträgt. Die Edelmarke Bewley's kann sieben Prozent des Gesamtmarktes beglücken. Das restliche knappe Drittel teilen sich einige irische Kleinmarken und britische Labels wie Twinings.

Schwarzer Tee muss also immer im Haus sein, auch wenn man mehr auf Kaffee steht. Bitte immer mit ganz viel frischer Milch und oft mit reichlich Zucker. Während wir uns freuen, dass es inzwischen einige Grünteesorten, dazu Rooibushtee sowie viele Kräuterteemarken gibt, haben diese schon manch angewiderten Blick von irischen Gästen auf sich gezogen. Tee muss einfach und stark und schwarz sein. Ob *Gold Blend* (meistens rote Verpackung), *Original Blend* (meistens grüne Verpackung) oder *Irish Breakfast* (Bewley's): Tee ist Medizin in fast allen Lebenslagen. Er hilft beim Warten, versüßt die Langeweile, und er verbindet Menschen. *{e}*

33. GRUND

## Weil Käsekünstler von glücklichen Kühen beliefert werden

Es ist erstaunlich, dass es in einem Land, dessen Weiden von rund drei Millionen Schafen bevölkert sind, kaum Schafskäse zu kaufen gibt. Die doppelte Anzahl an Rindern sorgt nicht nur für überreiche Fleischgerichte auf den Tellern, sondern liefert auch die Milch für den überall in zahlreichen Varianten erhältlichen Cheddar Cheese.

Cheddar gibt es abgepackt in Scheiben geschnitten und auch in kleinen bis großen Blöcken, er ist in jedem Supermarkt sowie im noch so kleinen Dorfladen erhältlich. Er kann hellgelb, dunkelgelb und tief orangefarben aussehen. Bei guten Qualitäten kann man davon ausgehen, dass die dunklere Farbe tatsächlich auf eine längere Reifungszeit hinweist. Bei Billigware suggeriert die Zugabe von Betacarotin ein Alter mit herzhafterem Aroma. Es gibt auch Schmelzkäsevarianten mit eingeschweißten Scheiben oder eine beliebte Markte mit einer Cheddarmasse zum Schmieren.

Doch irgendwann lässt beim Inselneuling möglicherweise die Freude über den vollmundig und gleichzeitig mild-nussig schmeckenden Cheddar, der übrigens aus dem Südwesten Englands stammt, nach. Dann schaut er sich nach anderen Käsesorten um und findet inzwischen auch international bekannte Marken wie Leerdamer, Gruyère, Cambozola, Chaumes, Emmentaler und freilich auch Gouda.

Doch es lohnt sich, die lokal produzierten Marken zu entdecken, denn Kühe, die täglich frisches Grünzeug fressen dürfen (und oftmals traumhafte Ausblicke genießen), liefern den Rohstoff für wundervolle Käsekreationen. Der sogenannte Farmhouse Cheese wird teils von Iren und teils von eingewanderten SpezialistInnen aus Holland, Deutschland und der Schweiz mit traditionellen Methoden hergestellt. Nicht nur erspart man der Umwelt Tausende von Kilometern weit gereiste Milchprodukte, sondern der Gaumen freut sich garantiert über die Abwechslung gegenüber dem stets gleichbleibenden Einheitsgeschmack vieler bekannter international gehandelter Marken.

Unsere Gegend, also County Cork, ist übrigens Irlands Rekordhalter mit 18 kleinen und mittleren Käsemanufakturen, gefolgt von County Clare mit sechs Käsereien und County Kerry mit fünf Betrieben. Nicht weit von uns, sozusagen am »Ende der Welt« – an der Spitze der Beara Peninsula –, stellen Veronica und Norman Steele ihren Milleens Cheese her. Er ist ein vollfetter Weichkäse, der an den aromatischen französischen Munsterkäse erinnert. Veronica gilt als Mutter, Großmutter und Matriarchin des irischen Farmhouse Cheese, denn sie verkauft ihren Speisekammer-Bedufter seit 1978. Tatsächlich war sie es, die zusammen mit den Machern von Durrus Cheese und Coolea Cheese die Renaissance des irischen Käses einläutete.

Jeffa Gill, die vor 1979 im Modebusiness tätig war, produziert den herzhaften Durrus Farmhouse Cheese und die etwas mildere Version namens Durrus Óg (óg = jung) aus Milch von Kühen, die auf der wunderschönen Halbinsel Sheep's Head weiden. Coolea Farmhouse Cheese ist so was wie der Gouda Irlands, er kommt zwar auch aus dem County Cork, doch mehr aus dem Landesinneren (Macroom).

Für unsere Gegend ist eine überregional bekannte Farm von Bedeutung, auf der in sechster Generation Milch produziert wird und die inzwischen auch für ihre ausgezeichneten geräucherten Wurstwaren bekannt ist. Deren exzellenter Käse Gubbeen Cheese schmeckt nach Butter, Nüssen, Pilzen, Wald und Bauernhof, zusammengestellt durch ein einmaliges Bakterium namens *Microbacterium gubbeenense*; er ist auch in einer geräucherten Variante erhältlich.

Die Qual der Wahl hat, wer unter rund 140 irischen Käsenamen seinen Favoriten finden möchte. Ganze elf Käsesorten werden aus Schafsmilch produziert, immerhin 40 Marken beinhalten Ziegenmilch, und seit 2011 gibt es einen hervorragenden irischen Mozzarella, der nichts als rohe Büffelmilch (und Lab) enthält.

Eines jedoch wird man in Irlands Geschäften kaum finden: Quark. Gelegentlich kann der aufmerksame Sucher in gut sortierten Supermärkten fündig werden und kauft eine kleine Menge zum großen Preis. Vielleicht hat man auch das Glück, einen Laden mit polnischen Lebensmitteln in seiner Nähe zu haben (oder einen gut sortierten Supermarkt mit einem gut gefüllten »polnischen Kühlregal«), man suche dann nach »Kwark«. Dem Backen von deutschem Käsekuchen und dem Servieren der guten alten Pellkartoffeln mit Quark steht nun nichts mehr im Weg. {e}

34. GRUND

## Weil es im Kaffee-Entwicklungsland den stärksten aller Kaffees gibt

In Irland ist Teetrinken die beste Medizin für und gegen alles (siehe Grund 32). Insbesondere wenn etwas nicht so läuft wie erhofft, heißt es »Teetrinken und erst mal abwarten«.

Als wir kurz vor der Jahrtausendwende unsere Zelte auf der Grünen Insel aufschlugen, gab es in ländlichen Regionen kaum Möglichkeiten, mal irgendwo einen wirklich leckeren Kaffee zu genießen. Wenn man Glück hatte, gab es ein Gebräu aus Pulverkaffee, der in mehr oder weniger gechlortem Wasser aufgelöst war. Mit noch mehr Glück wurde das Ganze mit einem Schuss Sahne aus der Sprühdose sogar zum »Cappuccino« umfunktioniert. Den einzig wahren mit weißem Häubchen gekrönten Schwarzen gab es im gemütlichen Café auf der Blumeninsel Garinish Island, zehn Minuten per Boot von unserem Dorf Glengarriff entfernt.

An Kapsel- oder Kaffee-Vollautomaten war damals nicht zu denken, selbst altmodische Filterkaffeemaschinen fanden sich kaum in entsprechenden Geschäften. Als ich einst Entkalker für das mitgebrachte Gerät kaufen wollte, schaute man mich verständnislos an. Auf der Suche nach einer anderen Marke als dem berühmtesten italienischen Espressopulver erntete ich ähnliche Blicke. Ob es auch andere (preiswertere) Kaffeefilter als die teuren deutschen Dinger mit dem M gäbe, wagte ich mal zu fragen. Auch da stand die Verwunderung im Gesicht der Verkaufsperson. Fast zwei Euro für 20 Stück zu bezahlen tut mir auch heute noch weh, und so werden wir regelmäßig mit 100er-Packs der papierenen Küchenhelfer von besuchenden Freunden versorgt.

Dennoch gibt es heutzutage durchaus so etwas wie eine gute Auswahl an gemahlenem Kaffee, allerdings meistens in 225-Gramm-Packungen abgepackt und wesentlich teurer als in der alten Heimat. Beim großen deutschen Discounter begegnet man den vertrauten Pfundpackungen zu einigermaßen gewohnten Preisen. Was allerdings mit der Lupe gesucht werden muss, sind ganze Bohnen für den (importierten!) Vollautomaten. Diese gibt es bei uns im ländlichen Städtchen bislang in einem einzigen Laden, und die angebotene Marke schmeckt leider nicht gerade erhebend. Im erstaunlich gut sortierten Bioladen wird man allerdings auch fündig mit einer einzigen Sorte Bohnen, netterweise schmecken diese angenehm aromatisch.

Dass der Weltkonzern mit den Aluminiumkapseln in Irland Fuß gefasst hat, erkennt man daran, dass besagter Discounter seit Kurzem drei Sorten Billigkapseln anbietet. Es muss also landesweit eine wohlhabende Klientel geben, welche die praktischen Verursacher von gigantischen Müllbergen in der Küche oder im Büro stehen haben. Auch die zweite kürzlich eröffnete Boutique für Kaffeekapselfans in Dublin lässt auf neue Gewohnheiten schließen. Vielleicht war bereits unser abhandengekommenes Paket aus Deutschland ein Indikator für den erwachten Wunsch nach mehr Koffein. Dummerweise hatte ich den eleganten Vollautomaten im schick mit dem Inhalt bedruckten Originalkarton versendet. Die Spuren des praktischen Gerätes samt einem Kilo Kaffeebohnen verloren sich nach seiner Ankunft in Dublin. Bei unserem sympathischen Postboten, übrigens ein passionierter Kaffeetrinker, kam das Paket nie an, und so litt er wochenlang mit uns, da er sehr gehofft hatte, die wertvolle Box doch noch ausliefern zu können.

Die jüngere Generation trinkt gerne ihren schwarzen Wachmacher aus schicken Pappbechern, der inzwischen an fast jeder Tankstelle aus Automaten gezapft werden kann. Die Becher finden sich dann leider sehr oft am Straßenrand wieder. Die ältere Generation hat wiederum ihren berühmten Irish Coffee, jenes Gebräu, das fast Tote erweckt. Es wurde 1942 auf dem kleinen Flughafen Foynes in der Nähe von Limerick erfunden. Damals waren noch Zwischenstopps für europäische Flüge in die USA und nach Kanada nötig. Aufgrund des oft miserablen Wetters an der irischen Westküste wurden diese oft unfreiwillig lang.

Der neu angeheuerte Restaurant-Koch Joe Sheridan musste bei einer dieser Gelegenheiten eine müde und durchgefrorene Gruppe von Passagieren aufmuntern und servierte sehr starken mit Whiskey und Zucker aufgepeppten Kaffee, der mit einem Sahnehäubchen garniert wurde. Ein Gast soll gefragt haben: »Hey Kumpel, ist das brasilianischer Kaffee?« Worauf Joe antwortete: »Nein, das ist irischer Kaffee.« Sein Rezept wurde ins Buena Vista Hotel in San Francisco exportiert und ging von dort um die Welt. *{e}*

35. GRUND

## Weil »Wasser des Lebens« viel gesünder klingt als das Wort »Whiskey«

Wir alle sollen viel Wasser trinken, Wasser ist gesund. Wasser heißt *uisce* auf gälisch. *Uisce beatha* (Wasser des Lebens) wurde angliziert und so entstand das Wort »Whiskey«. Also lebt der Whiskey-Konsument gesünder? Freilich nicht, obwohl das irische Feuerwasser nur aus reinstem Quellwasser und gemälztem Getreide, meistens Gerste, und etwas Hefe dreifach destilliert wird. Er wird anschließend mindestens drei Jahre in Eichenholzfässern gelagert, welche entscheidend für den späteren Geschmack verantwortlich sind. Dabei verdunstet bis zu einem Prozent der Flüssigkeit, was als »Spende« an die Engel gilt (*angels' share*).

Wer sich durch eine irische Whiskey-Destillerie führen lässt, lernt auf seiner (mindestens) einstündigen Tour mehrfach, dass der irische Whiskey garantiert besser als sein schottischer Cousin schmecke, denn auf der Grünen Insel wird die Gerste selten mit *peat* (Torf) gedarrt, also das Keimen gestoppt und das Korn getrocknet. So schmeckt das Destillat nicht rauchig wie in Schottland, sondern das fein-getreidig-vanillige Aroma kann sich frei entfalten. Über Geschmack kann man bekanntlich streiten, und jede Whiskey-Provenienz hat sicherlich ihre Vorzüge.

Denn das wirklich wahre »Wasser des Lebens« wird nicht in Großbetrieben hergestellt, sondern eher in der abgelegenen heimischen Küche: heimlich, inoffiziell und illegal. Es heißt *poitín* oder *poteen* (ausgesprochen »potschien«) und wird oft aus Getreide, meistens aber aus Kartoffeln in kleinen Kupfer-Destillen gebrannt. Darauf bezieht sich die Verkleinerungsform für *pota* oder *pot*, der kleine Topf.

Ein richtig guter Irish Coffee muss mit *poitín* gemixt werden (und übrigens mit Pulverkaffee), auf ländlichen Zusammenkünften wie der *station* (katholische Wohnzimmer-Messe), auf Beerdigungen oder sonstigen Versammlungen erweist der Gastgeber seinen Gästen Wertschätzung durch das Servieren von allerbestem *poitín*. Denn Whiskey aus dem Supermarkt kann jeder!

Eine Frau aus dem Dorf hatte einst einen entfernten Verwandten gebeten, für einen Hausgottesdienst ein paar Flaschen *poitín* zu organisieren. Was offenbar kein Problem für ihn darstellte, doch auch auf mehrfache Erinnerungen bekam er das ausgelegte Geld nicht mehr zurück. Als es schließlich zur Konfrontation kam, erinnerte ihn die Dame daran, dass es illegal sei, das Feuerwasser herzustellen und erst recht es zu vertreiben, und somit sei sie ihm gar nichts schuldig. Unnötig zu sagen, dass die beiden seitdem nichts mehr miteinander zu tun hatten und die Familien vermutlich auch auf mehrere Generationen zerstritten bleiben werden.

Nochmals zurück zur Frage, ob ein hoher Konsum des »Wassers des Lebens« gesund ist. Ein so aufwendig gereinigtes und sorgsam gelagertes »Getränk« ist sicherlich gesünder als die (nicht nur) in Irland konsumierten großen Mengen an Zucker- und Süßstoffbrausen. Ein beliebter Energydrink, dessen leere Plastikflaschen in rekordverdächtigen Mengen am Straßenrand zu finden sind, zählt sicherlich auch nicht zu den wirklich gesundheitsfördernden Getränken. Vermutlich ist Whiskey auch wesentlich reiner und schmackhafter als so manches fluoriertes und chloriertes Leitungswasser, das man in städtischen Haushalten zum Tee- und Essenzubereiten nehmen muss. Netterweise bekommt man noch immer in jedem Restaurant sein *jug of water* (Kanne mit Wasser) kostenlos zum Essen gereicht, sodass man sich das Geld für teure Getränke sparen kann. Doch ein Genuss ist das oft nicht, dann doch lieber ein »Wasser des Lebens« … *{e}*

36. GRUND

## Weil in Irland noch Platz für frei laufende Schweine, Hühner und Kühe ist

Jedes siebte Butterstück, das auf deutschen Frühstückstischen landet, enthält die Milch von irischen Kühen. Kaum zu glauben, dass die importierte Marke mit der Kuh auf der grünen Wiese einen Marktanteil von circa 13 Prozent innehat und damit Marktführer in Deutschland ist (Discounter- und Supermarktbuttern nicht mitgezählt). Das sind 168 Millionen Päckchen Butter, die in ein Land kommen, in dem es doch auch reichlich Milchkühe gibt!

Was macht also den Brotbelag des irischen Rindviehs so besonders? Ist es die appetitliche goldgelbe Farbe, die verführerische gesunde Ausstrahlung der Butter? Die Antwort ist banal, wie Onno Poppinga, Rinderzüchter und ehemaliger Professor für ökologische Agrarwissenschaften in einem Interview mit *Zeit Online* verrät. Irische Kühe dürfen nach Herzenslust frisches Gras fressen. Gras, wie es überall in Mitteleuropa gut wächst und wie es die deutschen Wiederkäuer auch gerne fressen würden, wenn sie nur dürften. Denn das deutsche Hornvieh lebt eingesperrt in engen Ställen und bekommt meistens nur Konservenfutter. So bleibt die Butter blass – man sieht ihr förmlich den geringeren Gehalt an Karotin und Omega-3-Fettsäuren an.

Wenn man wie wir in einer sehr abgelegenen ländlichen Gegend Irlands lebt, ist man nicht nur von vielen Schafen, sondern auch von Kühen umgeben. Sie grasen sozusagen überall, manchmal verirrt sich auch das eine oder andere Tier auf eine Straße. Nachbar Mike hat ein paar Kühe, weil sie seinem verstorbenen Vater gehörten und er mit ihnen noch schöne Erinnerungen teilen kann. Denis ist vormittags Postbote und widmet sich nachmittags seiner kleinen Herde. Wieder ein anderer Bewohner unseres Hügels ist Klempner von Beruf und möchte sichergehen, dass in seinen Hamburgern nur bestes Fleisch enthalten ist.

Ob John einem »ordentlichen« Beruf nachgeht, weiß ich gar nicht, ich mag seinen Anblick, wenn er oft stundenlang inmitten seiner grasenden Wiederkäuer auf einem Felsen sitzt und einfach nur Ruhe ausstrahlt. Andere Nachbarn haben glücklich im Schlamm suhlende Schweine, die hier und da Gesellschaft von Hühnern, Enten und sogar Truthähnen haben. So wie Leopold, das Bio-Schwein von Stefan, es ist clever wie ein Haushund und darf sich sein riesiges Revier am Meer mit sechs Ziegenmädels teilen.

Diese schon fast exotisch anmutende Naturbelassenheit scheint auch ins *artisan food* überzugehen: Es gibt nicht nur eine Viefalt an hervorragenden Käsesorten aus kleinen – fast künstlerisch angehauchten – Käsemanufakturen (siehe Grund 33: Käse). Auch sensationelle Hartwurst und Räucherwaren, beispielsweise von der Gubbeen Farm, erfreuen puristische Feinschmecker. Erstaunlicherweise hat gerade die Rezession für neue Ideen und erwachte alte Werte gesorgt: Man erinnert sich als Landeigentümer vielleicht an all seine Apfelbäume und eröffnet eine kleine Firma mit Direktsaft und Apfelessig. Eine andere Idee entsprang der Tatsache, dass es in Irland ungewöhnlich viele Zöliakie-Leidende gibt, und so wurden kleine Firmen gegründet, in denen glutenfreie Leckereien hergestellt werden.

Es gibt ein feines Angebot an hausgemachten Konfitüren und Chutneys, inzwischen sind Schokoladen-Manufakturen auf der Grünen Insel zu finden, und sogar erste Kaffeeröstereien wurden gesichtet. Sehr naheliegend ist auch die Gewinnung von Meersalz und von essbarem Seetang, sodass wir mithilfe von kleinen, aber feinen Marken immer weniger auf Industriesalz angewiesen sind.

Weil die ersten Jahre als Mikrounternehmer in der Regel nicht einfach sind, wurden im Jahr 2014 circa 350 kleine Lebensmittelproduzenten mit Schulungen in Lebensmittelmarketing unterstützt (Food Academy Start), damit diese von irischen Konsumenten gut angenommenen Angebote ausgebaut werden können. Die Branche äußerte sich 2012 recht zufrieden: 82 Prozent der kleinen Produzenten erreichten ihre Ziele und blicken trotz aller Einschränkungen optimistisch in die Zukunft.

Sieben von zehn Verbrauchern kaufen bewusst lokal erzeugte Lebensmittel ein und unterstützen die Pioniere dabei, ihr eigenes Business und die gesamte irische Wirtschaft anzukurbeln. 69 Prozent der Verbraucher gaben bei einer Umfrage (*Good Food Ireland Business Insight Survey*) an, dass ihnen die Verwendung von lokal erzeugter Ware beim auswärtigen Essen wichtig sei. So hat die Rezession auch ihre guten Seiten, denn man besinnt sich wieder auf traditionelle Werte sowie auf lokale und möglichst naturbelassene Leckereien.

Und wer hat's erfunden? Die Slow-Food-Mutter der Nation – aber über diese faszinierende Frau lesen Sie in Grund 38 (Darina Allen). *{e}*

37. GRUND

## Weil Nüchternheit das Leben in Irland verlängert

Irland, das ist weithin bekannt, hat ein kollektives Alkoholproblem: Die Iren bechern gerne und gerne viel. Hier soll nun nicht ein Vorurteil, an dem vieles nachweisbar wahr ist, weiter vertieft werden: dass vergleichsweise wenige Iren vergleichsweise viel trinken, dass diese trinkenden Iren typischerweise nur alle paar Tage, dann aber nach der Methode *Binge-Drinking* gleich eimerweise kippen. All das ist bekannt. In diesem Beitrag geht es jedoch nicht um den schleichenden Alkoholtod, sondern um die akuten Gefahren alkoholischer Vernebelung. Zum Beispiel: Betrunkene Fußgänger leben besonders gefährlich. Die Forensiker des Beaumont-Krankenhauses in Dublin untersuchten in zehn Jahren 1.778 Leichen auf Alkohol und kamen zu erstaunlichen Ergebnissen: Sechs von zehn Fußgängern, die bei Unfällen auf Irlands Straßen ums Leben kamen, hatten unter Alkoholeinfluss gestanden.

Es mag absurd klingen, aber wer betrunken am Straßenverkehr teilnimmt, ist zumindest selber hinter dem Steuer besser aufgehoben: Nur jeder dritte bei einem Unfall getötete Autofahrer hatte Alkohol intus. Die Leichenbeschauer von der Staatlichen Pathologie in Dublin fanden auch heraus, dass die getöteten betrunkenen Fußgänger wesentlich gravierendere Verletzungen an Kopf, Gehirn und Oberkörper aufwiesen als die Leidensgenossen, die nüchtern ums

Leben kamen. Fazit: Trunkenheitsfahrten sind sicherer als Trunkenheitsspaziergänge. Konsequenterweise müsste angesichts der Erkenntnisse aus den Obduktionskammern von Dublin die alkoholisierte Teilnahme am Straßenverkehr zu Fuß verboten werden.

Die Autopsien von Dublin ergaben zudem, dass sich zwei von fünf Selbstmördern das Leben unter Alkoholeinfluss nahmen und dass zahlreiche tödlich endende Schlägereien von Irlands Droge Nummer eins befeuert worden sind. *Sláinte*, zum Wohl. Somit erbringen die Iren den eindeutigen Nachweis für die plausible These: Nüchternheit verlängert das Leben. Kurzfristig genauso wie langfristig. Eine gute Nachricht, die wir eigentlich geahnt haben. *{m}*

38. GRUND

## Weil Irland von zwei Koch-Revolutionärinnen umgekrempelt wurde

Wer sich für *artisan food* (siehe Grund 36: Kühe), nachhaltige Produktion von Lebensmitteln und hochwertiges Essen interessiert, kommt in Irland nicht um die Familie Allen herum. Darina Allen ist mit ihrer Kochschule *Ballymaloe Cookery School* gewissermaßen ein Synonym für die beste Ausbildung zum Koch oder zur Köchin, die man auf der Grünen Insel erhalten kann. Dazu ist sie die Gründerin der Slow-Food-Bewegung, Autorin von wunderschönen und nützlichen Kochbüchern sowie engagierte Botschafterin für naturbelassene Landwirtschaft und artgerechte Tierhaltung.

Doch die Erfolgsstory von Ballymaloe fängt viel früher an, denn Darinas 90-jährige Schwiegermutter Myrtle Allen gilt als die Matriarchin des guten Geschmacks und der neuen irischen Kochkultur. Nach ihrer frühen Eheschließung mit dem Farmer Ivan Allen war sie mit sechs Kindern beschäftigt und schrieb für die bekannte Bauernzeitung *Farmer's Journal* über Kochen und Lebensmittel.

Als die Kinderschar ausgeflogen war und sie das große Haus in der Nähe von Cork fast für sich alleine hatte, eröffnete sie 1964 Ballymaloe House – zunächst als Restaurant und später als Hotel.

In der Mitte der 60er-Jahre war es ungewöhnlich für ein irisches Restaurant, Aufhebens um lokal produzierte Lebensmittel zu machen und sogar die Bauern, Fischer, Hirten, deren Erzeugnisse die täglich wechselnde Speisekarte bestimmten, auf dieser zu erwähnen. Auch war eine saisonale Küche keine Selbstverständlichkeit. Für den renommierten Restaurantkritiker John McKenna kam die Eröffnung dieses Restaurants einem Urknall (des irischen Essens) gleich. Für ihn lag dort der Startschuss, der alles veränderte. Irland war nicht mehr länger das Land, in dem schlechtes Essen die Norm war, sondern wo man nach und nach und an immer mehr Orten ausgezeichnetes Essen genießen konnte.

Myrtle Allen ist nicht nur auf der Grünen Insel eine Institution, weltweit wird sie von Haubenköchen verehrt und war 1986 Gründungsmitglied des internationalen Köche-Verbandes *Eurotoques International* – übrigens an der Seite von Paul Bocuse. Selbstverständlich erhielt sie auch einen Michelin-Stern.

Während Hazel Allen, eine der Schwiegertöchter, seit den frühen 1970ern für die Geschäfte des Restaurants und des Hotels verantwortlich war, gelang einer weiteren Schwiegertochter, Darina Allen, seit Mitte der 80er-Jahre der Durchbruch mit einer Kochschule der ganz besonderen Art – inzwischen zählt sie zu den Top 10 Kochschulen weltweit. Zusammen mit ihrem Bruder Rory O'Connell war es ein frühes Anliegen, dass die Elite-Studenten und -Studentinnen mehr als nur kochen lernen. Auf der großen Farm wird vom Getreide über Obst an Bäumen und Sträuchern bis hin zu Küchen- und Heilkräutern sowie exotischen Pflanzen in Gewächshäusern fast alles angebaut, was auf den Teller kommt. Schweine wühlen vergnügt in der Erde, Kühe grasen auf den weiten Feldern ringsum. Jeder Schritt der nachhaltigen und respektvollen Lebensmittelproduktion wird lebensnah vermittelt, bevor es an die Vorführungen der Zubereitung im großen Saal geht – auch durch Darinas Ehemann und internationale Gastköche.

Darina Allen ist unermüdlich: Sie schrieb über zehn Bücher, wurde ein TV-Star in ihrer Kochshow *Simply Delicious*, sie bändigte die weitläufige Wildnis rund um die Schule, indem sie einen sehenswerten eintrittspflichtigen Park mit Muschelpavillon, Buchsbaumparterren, Heckenlabyrinth und vielen Inspirationen gestaltete; sie gründete das *Farmer's Market Movement* (Bewegung der Bauernmärkte), sie zeigt Grundschulkindern, wie man sich gesund und schmackhaft ernährt, und startete 2013 ein jährliches Kultur-Event namens *Ballymaloe Literary Festival of Food and Wine*.

Darina und Tim haben vier Kinder, und so ist es nicht verwunderlich, dass in der nächsten Generation wieder eine Schwiegertochter das Rampenlicht suchte. Die bildhübsche Rachel Allen war zunächst Schülerin der Kochschule, dann kochte sie im Hotel und startete 2004 eine erfolgreiche Karriere mit Kochshows und inspirierenden Kochbüchern. Mit einigen Fertigprodukten aus Ballymaloe können kochfaule Leckermäuler wie ich ganz einfach schummeln: Darina Allen hat sich mehr auf den »Export« von herzhaften Leckereien wie Pastasaucen spezialisiert, Rachel Allen bedient mehr den süßen Gaumen; diese Produkte sind in gut sortierten Supermärkten erhältlich.

39. GRUND

## Weil in Irland ein Pint noch ein Pint ist

Ist Ihr Glas grundsätzlich eher halb voll oder halb leer? Bei allen weltanschaulichen Differenzen: In beiden Fällen könnte sich das Nachschenken lohnen. Ob bis zum Eichstrich oder bis zum Rand, das ist eine Frage des kulturellen Verständnisses oder des Aufenthaltsortes. In meinem Buch *Irland: Ein Länderporträt* schrieb ich über die Füllhöhe in irischen Biergläsern: »Wer zum ersten Mal Irland besucht, mag die Iren für großzügig und spendabel halten. Er mag damit recht haben und dennoch die falschen Schlüsse gezogen haben. Wer etwa denkt, das Bierglas im Pub sei immer über die Maßen ordentlich gefüllt, weil es fast überläuft, der irrt.«

In das traditionelle irisch-englische Pint-Glas passt nämlich bis zum Rand exakt ein Pint. Das sind 20 flüssige imperiale Unzen, was dem Kontinentalmaß von 0,568 Litern entspricht. Wer deshalb auf der Insel ein Pint genießt, trinkt meist aus einem bis zum Rand gefüllten Halbliterglas – und er trinkt über zehn Prozent mehr als bei einer bayerischen halben Maß. Ist das irische Glas aber normal mit Luft nach oben eingeschenkt, wie man es aus deutschen Wirtshäusern kennt, dann enthält es allenfalls einen halben Liter – was jeden biertrinkenden Iren empören würde.

Kürzlich besuchte ich in München wieder einmal einige der traditionellen Bierhallen. Man kann schon von einigem Glück sprechen, wenn dort eine Halbe mal wirklich eine Halbe war. Die Bayern und deren Besucher lassen sich in vielen Münchner Bierhäusern (gar nicht zu sprechen von der schlecht eingeschenkten Maß auf dem Oktoberfest) schaumige 450 Milliliter Bier unwidersprochen als halben Liter andrehen. Das käme im irischen Pub einer handfesten Beleidigung des Gastes gleich. Deshalb ist in Irland ein Pint noch ein Pint.

Also gut aufpassen: Das Pint Guinness oder Murphy's muss im Zweifelsfall beim Wegtragen tropfen, sonst ist es keines. Zumindest kein Pint. Es sei denn, es kommt im feschen Import-Glas daher, wie es neuerdings in den Pubs auf der Insel auftaucht: etwa im extragroßen Weißbierglas einer bayerischen Brauerei, das deutlich unter dem Rand schon gefüllt ist und das nur bis zum Eichstrich eingeschenkt wird. Am Strich ist zu lesen: *Pint to Line.* Sinngemäß: Wenn Strich erreicht, dann Pint! In diesem Sinne: *Sláinte.* Prost. Zum Wohl.

Dass die »irische Halbe« größer ist als die deutsche, wird übrigens durch den geringeren Alkoholgehalt wieder ausgeglichen:

Das irische Dunkelbier Stout hat mit 4,2 Prozent deutlich weniger Alkohol als das deutsche Export-Bier mit über fünf Prozent.

Das wäre also geklärt. Wenn Sie nun aber von einem Iren im Pub aus heiterem Himmel zum Pint eingeladen werden, dann ist auch das kein Zeichen von Großzügigkeit. Er rechnet fest mit der Erwiderung seiner Einladung. *{m}*

40. GRUND

## Weil irische Kartoffeln den Verlauf der Weltgeschichte beeinflussten

Tulpen stammen aus Amsterdam und Kartoffeln aus Europa. Letztes könnte man noch eingrenzen und meinen, dass Kartoffeln in Irland zu Hause seien, schon immer zu Hause waren. Doch genauso wenig, wie die bunten Frühlingsblüher Europäer sind (sie stammen aus Zentralasien), so falsch ist die Annahme, dass Erdäpfel bei uns zu Hause wären. Ihre Heimat ist das westliche Südamerika, die europäischen Urkartoffeln kamen aus Peru und Chile.

Es gibt vonseiten der Wissenschaft Zweifel am populären Mythos, dass der berühmte Seefahrer Sir Walter Raleigh (1552–1618) das Knollengewächs in den späten 80er-Jahren des 16. Jahrhunderts nach Irland brachte. Auch ist nicht gesichert, dass die Spanische Armada, die 1588 im Westen Irlands die Küsten unsicher machte, Kartoffeln als Nahrungsmittel in ihren Schiffskombüsen mitführte und so den Siegeszug des stärkehaltigen Gemüses in Irland einläutete. Was zunächst allenfalls eine misstrauisch beäugte Beilage war, wurde bald zum Hauptnahrungsmittel der Iren. Kurz vor Mitte des 19. Jahrhunderts soll der Durchschnittsmann zehn bis zwölf Pfund (1 Pfund = 453,6 Gramm) pro Tag verzehrt haben.

Kartoffeln zählen zu den 50 Pflanzen, die unsere Welt verändert haben, behauptet zumindest der Autor des gleichnamigen Buches,

Bill Laws. Hätte die Bevölkerung der Grünen Insel nicht so sehr auf die Kartoffel als Hauptnahrungsmittel gesetzt, wäre möglicherweise die Enteignung ihres ohnehin nicht sonderlich fruchtbaren Landes durch die Engländer nicht so folgenschwer gewesen. Wenn sie auf den wenigen verbleibenden Ackerflächen nicht fast ausschließlich Kartoffeln aus einem eng begrenzten genetischen Pool gepflanzt hätten, wären die einzelnen Pflanzen möglicherweise resistent(er) gegen die Kartoffelfäule gewesen. Wenn diese Pilzinfektion (*Phytophora infestans*) nicht vier Jahre lang (1845–1849) einen Großteil der Ernten hinweggerafft hätte, wäre nicht eine furchtbare Hungersnot mit vielen tödlichen Folgeerscheinungen ausgebrochen. Wenn nicht zwei Millionen Iren auf der Suche nach Essen und Glück ausgewandert wären, hätte der Hungertod noch mehr als eine Million Menschenleben gekostet.

Und wären die Vorfahren von John F. Kennedy (sein Urgroßvater verließ 1848 Dunganstown, County Wexford), Ronald Reagan (der Urgroßvater verließ 1860 Ballyporeen, County Tipperary) und Barack Obama (der Vorfahre Joseph Kearney verließ 1849 Moneygall, County Offaly) nicht in der Neuen Welt angekommen: tja, was dann? Übrigens auch Richard Nixon, Jimmy Carter und George Bush finden Iren in ihren Stammbäumen.

So führte die unscheinbare gesunde Knolle zunächst zu einem ungewöhnlich schnellen Bevölkerungswachstum auf der Grünen Insel, und bald darauf sorgte sie für Leid, Tod und Flucht. Doch da Iren nicht nur historische Siege, sondern auch Niederlagen zu feiern pflegen, hat die Kartoffel nichts an Popularität verloren. Es gibt tatsächlich Mahlzeiten, zu denen neben den allgegenwärtigen Pommes frites (also *chips*) noch Kartoffelsalat und Kartoffelpüree serviert wird. Werden *chips* im weniger gepflegten Ambiente konsumiert, etwa an der Fish-&-Chips-Bude, übergießt man sie gerne mit reichlich billigem Essig.

Kartoffelchips (also *crisps*) werden in Supermärkten und Tankstellen neben Dutzenden von Schokoriegel-Marken in schier unübersichtlicher Auswahl angeboten. Sie sind in kleine handliche Portionstütchen abgepackt, sodass sie trotz hoher Luftfeuchtigkeit immer schön knackig zur Hand sind. Eine der beliebtesten Geschmacksrichtungen befriedigt auch den säureliebenden Gaumen: *salt and vinegar* (Salz und Essig). Egal zu welchem Anlass, *crisps* sind auf jeder Party, in der Schulpause, am Sportplatz, vor dem stundenlang flimmernden Fernsehbildschirm stete Begleiter. Die Marke Tayto ist übrigens der Inbegriff von *Irishness*, sozusagen ein ur-irisches Genussmittel mit Hüftgold-Garantie (laut Firmenauskunft verkaufte Tayto im Gründungsjahr 1954 täglich 347 Tütchen, heute sind es 525 Tütchen pro Minute!).

Die rohe und unverfeinerte Kartoffel, die man gerne im 10-Kilo-Sack kauft, wird im ländlichen Irland übrigens *spud* genannt. Sie kann auch zu Whiskey destilliert werden, doch darüber lesen Sie in Grund 35. *{e}*

KAPITEL V

# KULTUR UND GESCHICHTE

41. GRUND

## Weil Schlossruinen höchstinteressante Geschichten erzählen

Ich wanderte mit irischen Freunden auf einen der schönsten Berge Irlands, den Hungry Hill. Als wir tief hinunterschauten in die Bantry Bay, fragte mich ein junger Mann, ob ich die schönste Schloss-Ruine Irlands gekannt hätte? Kein Zufall: Ganz hinten, fast am Horizont erkannte man Dunboy Castle.

Ich erinnerte mich natürlich an den fabelhaften Ort Dunboy und seine tragische Geschichte. Wer den Beara Way auf der gleichnamigen Halbinsel in Irlands äußerstem Südwesten wandert, kann auf der Etappe zwischen Castletownbere und Allihies einen Abstecher zu diesem irischen Symbolbauwerk der jüngeren Geschichte machen: An einer Seitenbucht der Bantry Bay liegt das geschichtsträchtige Dunboy Castle – ein alter, mehr schlecht als recht konservierter Steinhaufen. Wenige Hundert Meter daneben strahlt Puxley Mansion wie ein Disneyland-Schloss in fast neuem Glanz. Und doch liegt es einsam und verlassen hinter verrosteten Bauzäunen. Puxley Mansion, das ist die Geschichte vom doppelten Größenwahn – und ein Zeichen der Zeit.

Puxley Mansion präsentierte sich Besuchern seit dem Jahr 1921, nachdem IRA-Leute das viktorianisch-gothische Schlösschen angezündet hatten, als prächtige Edel-Ruine. Ohne Dach und ohne Türen diente es Touristen und Filmproduzenten als vorzügliches Fotomotiv und als Filmkulisse. Das änderte sich erst im Jahr 2004, als irische Investoren mit den Namen Harrington, Murphy, Kelly und Dillon ihr Hotelgroßprojekt starteten, nachdem sie der Familie Power das 40 Acres große Grundstück mit der Puxley-Ruine im Jahr 2000 abgekauft hatten.

Ein 60-Millionen-Euro-Superluxushotel und Resort der schier überirdischen 6-Sterne-Klasse samt Hubschrauberlandeplatz für die fett-reiche Golfklientel aus den USA sollte mit neuem irischen Geld aus angloirischen Ruinen auferstehen. Die Idee dazu hatte ein deutscher Hotelier namens Horst Schulze, der am Ende seiner Laufbahn als Boss der Ritz-Carlton-Hotelkette von 6-Sterne-Nobelstherbergen fantasierte. Der einsame Ort auf der einsamen Beara Peninsula liegt fernab von touristischer Infrastruktur – aber dafür gibt es bekanntlich Hubschrauber. Dachten zumindest Herr Schulze und seine Partner. Die Hotelkette Capella sollte das Management übernehmen, die Menschen auf der abgelegenen Halbinsel freuten sich: Endlich Arbeitsplätze!

Dann aber kam alles ganz anders: Tatsächlich investierten die Bauherren 50 Millionen Euro, und heute glänzt die alte sandgestrahlte Fassade des Puxley-Landsitzes als zentrale Frontfassade eines riesigen Gebäudekomplexes. Hinter den Fassaden, auf der Großbaustelle allerdings ruht die Arbeit seit Anfang 2008. Zwischen Weihnachten und Silvester 2007 hatte das Capella Dunboy tatsächlich seine Pforten für ein paar Tage geöffnet: Ein *soft opening* vor Jahresende war nötig geworden, um den Steuersparstatus für das finanziell und zeitlich in Schieflage geratene Großprojekt zu retten. Legendäre Partys soll es gegeben haben in jener Zeit zwischen den Jahren 2007 und 2008. Das Essen lieferten Catering-Firmen in den unausgebauten Rohbau, an mehreren Bars floss der Alkohol in Strömen. Aber mit den ersten Januartagen des Jahres 2008 kehrte Ruhe ein. Unheimliche Ruhe. Friedhofsruhe. Jahrelange Ruhe. Auch sieben Jahre später herrscht auf Dunboy nur eines: Ruhe. Die Schlösser an den Bauzäunen sind verrostet, Handwerker weit und breit keine zu sehen. Mindestens weitere zehn Millionen Euro wären fällig, um den Innenausbau zu finanzieren. Der angekündigte Öffnungstermin im Jahr 2008 jährt sich ein ums andere Mal. Nichts geht auf Dunboy. Nur die Geschichten erzählen sich die Einheimischen auch heute.

Im Jahr 1812 hatte John Puxley, ein englischer Landlord, damit begonnen, in den Minen im benachbarten Allihies Kupfer abzubauen. Einige Jahrzehnte später verwirklichte der dank des Kupfers zu immensem Reichtum gekommene »Copper John« seinen größenwahnsinnigen Lebenstraum. Er baute den besten, größten und schönsten Landsitz weit und breit – manche sagen in ganz Irland. Puxley Mansion geriet zum grotesken Triumph – nur einen Steinwurf vom echten alten Dunboy Castle entfernt, dort, wo das Schicksal des letzten irischen Chieftains Donal Cam O'Sullivan Bere von den Engländern im Juni 1602 besiegelt worden war. Sie hatten die Zentralburg und viele andere Festungen des irischen Fürsten nach der Schlacht von Kinsale dem Erdboden gleichgemacht.

Die IRA beendete die Ära Puxley im irischen Unabhängigkeitskampf im Jahr 1921 auf ihre Weise. Mit der Fackel. Geschichte wiederholt sich, ätzte einst Karl Marx, nur um zu relativieren: allenfalls als Farce oder als Tragödie. Das gescheiterte Millionenprojekt »Capella Dunboy Castle Hotel« jedenfalls erinnert manchen Betrachter an den einstigen Größenwahn der Puxleys – und wahrscheinlich erzählen kommende Generationen einmal von den Ruinen eines Hotels, das nie geöffnet wurde, und vom Größenwahn der irischen Celtic-Tiger-Jahre. Doch die Hoffnung stirbt zuletzt: Die Eigentümer jedenfalls warten noch immer auf den neuen geldstarken Investor mit der genialen Idee, die Dunboy neues Leben einhauchen würde … *{m}*

42. GRUND

## Weil das irische Englisch so anders und manchmal so deutsch klingt

Als ich mich zu Beginn meiner freiwilligen Kontinentalflucht noch in der sprachlichen Schockstarre befand, beruhigte mich ein deutscher Nachbar: »Mach dir nichts draus, das irische Englisch hier im Süwesten hört sich doch sowieso an, als wäre es mit deutschem

Akzent gesprochen.« Als linguistisch nicht schlecht bewanderter Mensch hörte ich mal etwas genauer hin und stellte erstaunt fest, dass man sich hier keine Mühe mit dem leidigen »tieäitsch« (th) geben muss, im Gegenteil, man würde sich mit einer derart prononcierten Aussprache eher als Möchtegern-Ire outen. So spricht jeder den Nachnamen meiner Freundin einfach nur mit »MäcCärtie« (McCarthy) aus. Bedankt sich jemand, kann man ein überschwängliches »tänkju verrrrie mutsch« (*thank you very much* = vielen Dank) vernehmen. Wenn man nach dem öffentlichen Transportmittel in ganz schulenglischem Ton »bass« fragt und diesen übrigens meistens sehr pünktlichen Service lobt, sollte man tunlichst über den »bus« (ja, ganz wie im Deutschen »Bus«) schwärmen, es sei denn, man greift zum üblicherweise verwendeten Wort *coach*. Ist man in Richtung Hauptstadt unterwegs, bewegt man sich nach »Dobblinn« (das U wird also meistens wie das O im Wort »doppelt« ausgesprochen).

Das Auto hört sich eher wie »kärrrrr« an und in vielen Wörtern mit »i« erklingt eher ein »oi«: »ssiesoide« (*seaside* = Küste), »oi loike« (*I like* = ich mag) und »Moik« (Mike). Insbesondere im Südwesten Irlands ist der Akzent für frische Ohren sehr gewöhnungsbedürftig, es wird genuschelt und verschluckt, und es werden Worte benutzt, die auch der routinierteste Anglophile noch nie gehört hat (die er zumindest nicht auf dem Gymnasium gelernt hat). *Spud* meint die Kartoffel, *grub* bezeichnet die Pausenmahlzeit (oder auch die Fressalien) und *punt* ist sowohl die Prä-Euro-Währung (statt pound) als auch ein kleines Bötchen. *Class*, *massive* oder *savage* ruft jemand, der sehr begeistert ist, wobei Letztes je nach Zusammenhang auch genau das Gegenteil bedeuten kann. *Rotten* ist alles, was irgendwie ekelhaft ist, und *gobshite* meint jemanden, der einem so richtig auf die Nerven geht. Im Sommer hört man ständig, dass es *roasting* ist, weil die Temperaturen über 21 Grad Celsius geklettert sind.

Das Verständnis für den Wenig-Versteher ist jedoch fast immer riesengroß, die meisten Iren wiederholen Sätze und Begriffe langsamer, notfalls auch zwei- oder dreimal, sie liefern auch gerne eine Umschreibung, bis der begriffsstutzige Fremde vor Erleuchtung strahlt. Iren macht es eine fast kindliche Freude, den Gast oder Besucher zu beglücken und ihm notfalls mit Händen und Füßen sowie einigen eingestreuten *fuc***s* oder *fec***s* die Lage zu erläutern.

Auch mal etwas Flunkern (»ganz nah«, wenn noch viele Kilometer zu fahren sind) und super-umständliche Wegbeschreibungen (»erst links, an der Ampel rechts, dann um den Platz herum und wieder links …«, obwohl man eigentlich schon fast vor seinem Ziel steht) gehören zum »Handwerk« des Gäste-Happy-Machens.

Ja, das Ausschmücken der Sätze mit den vermeintlichen Fluchwörtern oder auch mit Dutzenden von *like* (ausgesprochen: »loik«) mag den Sprachperfektionisten irritieren, doch auch in diesem Bereich ist Entspannung angesagt, denn letztendlich bedeuten diese Füllwörter nur so was wie unser verlegenes »ähhhh« und sind Ausdruck von höchster emotionaler Beteiligung – entweder vor Begeisterung oder vor Entrüstung. *{e}*

43. GRUND

## Weil jedes Jahr am 17. März die halbe Welt ein wenig irisch ist

Jedes Jahr am 17. März feiert Irland seinen Schutzpatron, den Heiligen Sankt Patrick und den grünsten aller Tage: Jedes Jahr am 17. März ist St. Patrick's Day. Zum irischen Nationalfeiertag, der in Irland seit einem Vierteljahrtausend begangen wird, werden neuerdings überall in der westlichen Welt berühmte Gebäude und Sehenswürdigkeiten in Grün beleuchtet. *The Global Greening* macht auch vor den Pyramiden von Gizeh, dem Sydney Opera House, der Christus-Statue von Rio, dem Schiefen Turm von Pisa, dem Tafelberg von Kapstadt, dem Empire State Building in New York, dem

London Eye, den Niagarafällen an der amerikanisch-kanadischen Grenze, dem Berliner Fernsehturm oder dem Fußballstadion des FC Bayern München nicht halt.

Nur eine alte Dame mit Hut widersetzte sich bislang erfolgreich der Grünen Welle: Queen Elisabeth II. hat dem Ansinnen der irischen Tourismus-Agentur *Tourism Ireland*, den Buckingham Palace grün zu beleuchten, bis heute nicht nachgegeben. Sie schickte stattdessen eine freundliche Absage, während sich der Rest der westlichen Welt gerne vor den grünen Promotions-Karren spannen lässt.

Man stelle sich nur vor, eine andere Nation würde wagen, die Welt zu fragen, ob sie ihre nationalen Symbole einen Abend lang in Rot (China), Rot-Grün (Libanon), Weiß-Blau (Israel) oder Schwarz-Rot-Gold tauchen darf. Warum dürfen die Iren, was man den meisten anderen niemals zugestehen würde? Weil sie so niedlich, so friedlich, so freundlich sind? Die grüne Brille wird zum globalen Phänomen. Manche meinen, die Iren seien derzeit die beliebtesten Menschen auf dem Globus, und da könnte etwas dran sein. Warum das so sein könnte, behandeln wir an anderer Stelle. Sicher ist: In zahlreichen Ländern der Welt wird am 17. März richtig irisch auf die Pauke gehauen. Die größte *Patrick's Day Parade* der Welt findet traditionell in New York City statt, und in Deutschland ist München die Hochburg der grünen Party.

Die weltweite Liste der Gebäude, Monumente, Denkmäler, Sehenswürdigkeiten und Landschaften, die zuletzt in Grün erstrahlten, ist beeindruckend, und sie wird Jahr um Jahr länger. Es fehlt bislang Russland, es fehlt auch China.

Wen aber, beim heiligen Kleeblatt, feiert die Welt mit dem Farbrausch in Grün? Was oder wen zelebrieren wir eigentlich am Paddy's Day? Wir wissen es nicht, aber wir feiern ihn trotzdem, den Heiligen Patrick. Die allgemeine populäre Unkenntnis über den Heiligen Patrizius hat übrigens eine ganz seriöse Verwandte: die wissenschaftliche Unkenntnis. Denn wir wissen eigentlich nur, dass wir nicht wissen, wer Patrick war. Wir wissen noch nicht einmal, ob es einen oder sogar zwei wirklich lebende Patricks gab, wofür einiges spricht. Wir wissen auch, dass nicht er es war, der die Fackel für das Christentum von Rom nach Irland trug und dass er nicht die Schlangen von der Insel vertrieben hat. Aber sonst?

Egal, eigentlich. Am 17. März ist wieder St. Patrick's Day, und dann leuchtet die Welt wieder in Grün. Die Menschen feiern Irland, die Iren, die *Irishness*, sie feiern das Grün, das Kleeblatt, die Leprechauns, das Bier, vor allem aber feiern sie sich selbst. Der historische Sinn von Feiertagen ist längst unwichtig geworden, jeder zimmert sich seinen eigenen Feiertags-Sinn, und sei es den der Sinnfreiheit. Es lebe der Patrick's Day – mit und ohne Patrick. *{m}*

44. GRUND

## Weil ein Ire dem 16. Juni ein literarisches Denkmal gesetzt hat

Der 16. Juni ist in Irland als Bloomsday bekannt. Es ist der eine Tag im Leben des Leopold Bloom, den James Joyce im *Ulysses* beschreibt. Erst mal ein Geständnis: Seit dem 16. Juni 1959 (dem Tag meiner Geburt) ist es mir trotz zahlreicher Anläufe bis heute nicht gelungen, den *Ulysses* von James Joyce in einem Rutsch komplett zu lesen. Eine Aufgabe also für jedes neue Bloomsyear. Vielleicht gelingt dies mithilfe eines Struktur- und Orientierungsschemas, das Joyce seinen Freunden überließ und das jedem Kapitel ein Symbol, eine Farbe, ein Organ und andere Merkmale zuordnet.

*Ulysses* ist ein kolossales Werk. Um den *Ulysses* komplett zu lesen, muss man nicht ein moderner Odysseus, wohl aber ein zeitgenössischer Herakles sein: Die Lektüre darf als 13. herakleische Großtat gelten. Manche Zeit-Diagnostiker meinen, wir verlören angesichts der Dominanz der omnipräsenten und ständig fordernden Onlinemedien die Fähigkeit zur Langstrecke auf dem Papier:

Geduldiges Bücherlesen, das Aufbohren dicker Schwarten sei eine aussterbende Kulturtechnik, mahnen Trendfährtenleser und Lauscher am Puls der Gesellschaft.

Der Sog der Zeit- und Energie-absorbierenden Onlinemedien, besonders des Social Web: Er veränderte unser Leben dramatisch und im Eiltempo. Wer sich entzieht, gewinnt Freiheit und verliert – den Anschluss? Die Zeitgenossenschaft? Durchschnittlich 251 Facebook-»Freunde«? Zurück zum Thema: Bloomsday. Ein Tag, der in Irland und anderswo gerne zelebriert wird, der 16. Juni.

Über den 16. Juni 1904 soll Nora Barnacle später geäußert haben: »Das war der Tag, an dem ich einen Mann aus Jim gemacht habe.« Was sich genau am 16. Juni 1904 im Leben von James Joyce ereignete, bleibt im Dunkel der Geschichte. Historisch gesichert ist, dass er an jenem Tag seine spätere Frau Nora zum ersten Mal ausführte und dass er den 16. Juni 1904 deshalb als Datum für seinen Roman *Ulysses* (Odysseus) verwendete.

Dieser fundamentale und schwer zugängliche Roman beschreibt einen einzigen Tag im Leben des Anzeigenakquisiteurs Leopold Bloom und seiner Frau Molly, einen Tag in Dublin, den 16. Juni 1904. *Ulysses* erschien erstmals 1922 in einer zensierten Version in Paris. Die kolossale literarische Beschreibung von Dublin und einiger seiner Bewohner wurde damals als »obszön« verschrien. Das hat sich im Lauf der Jahrzehnte geändert. Bis heute allerdings gilt Joyce's Hauptwerk als große Herausforderung an Generationen von Lesern: Wo beginnen, wo enden? Weil der *Ulysses* extrem komplex gestrickt ist und weil ihm ein traditioneller chronologischer Handlungsstrang fehlt, verschließt er sich dem schnellen Konsum – und wurde wohl gerade deswegen Kult.

Seit dem Jahr 1954 wird der 16. Juni von Literaten, Lesern und Nichtlesern als Bloomsday (eben nach dem Namen des Protagonisten Leopold Bloom) gefeiert. Damals zog eine kleine Gruppe irischer Schriftsteller zum Martello-Tower von Sandymount, einem im *Ulysses* beschriebenen Schauplatz, um ein großes Trinkgelage zu feiern. Die Literaten beriefen sich auf den 16. Juni 1929: Denn in jenem Jahr lud James Joyce einige Freunde, darunter seine Verlegerin Sylvia Beach und den Schriftsteller Samuel Beckett (*Warten auf Godot*) in das Hotel Leopold in der Nähe von Paris zu einem *Déjeuner Ulysses* ein. Der Abend und die spätere Rückkehr nach Paris gerieten zu einer fürchterlichen Sauftour, in deren Verlauf der sturzbetrunkene Samuel Beckett auf dem Klo einer Kneipe vergessen und zurückgelassen wurde.

Seit Jahren feiert sich auch die Stadt Dublin – die Joyce im Übrigen nicht sonderlich mochte – am Bloomsday. Auf den mit Bronzeplaketten ausgeschilderten Joyce-Touren besuchen heimische Fans und Horden von Touristen die im *Ulysses* verewigten Schauplätze, lesen ein paar Seiten des Romans am Joyce Tower von Sandycove, nehmen dort ein Bad oder geben sich am Strand von Sandymount »unanständigen Sachen hin«, essen wie im Roman beschrieben ein Gorgonzolabrot, trinken ein Glas Burgunder (ursprünglich bei Davy Byrne's in der Duke Street) oder kaufen in Sweny's Apotheke ein Stück Zitronenseife. Das alles kann man machen, ohne jemals eine Zeile von Joyce gelesen zu haben. *{m}*

45. GRUND

## Weil in Irland jeder (irgendwie) gut tanzen kann, und weil jeder, der Beine hat, sie zum Tanz schwingt

Ob noch nicht richtig des Laufens mächtig oder nicht mehr fit auf den Beinen, auf der Grünen Insel können selbst das Kleinkind und der fußlahme Greis ordentlich tanzen. Dies stellten wir fest, als wir das erste Mal zu einem *Céili*-Abend (»käilieh«) im feinsten Hotel unseres Dorfes gingen. Wir Nicht-Tänzer erwarteten eine Art professioneller Veranstaltung à la Riverdance und stellten amüsiert fest, dass die meisten Dorfbewohner – ob blutjung oder steinalt – sich zu einem fröhlichen Tanzabend mit leicht chaotisch anmutendem Touch versammelt hatten. Sie alle tanzten ausgiebig und stilsicher wie nach monatelangem Training zum Rhythmus der traditionellen irischen Musik.

Es wurden Formationen aufgestellt, hier und dort entstanden Reihen von TänzerInnen, es bildeten sich Knoten aus Händen, man hüpfte unter Tunnels aus Armen durch: Alle auch noch so komplexen Bewegungen der irischen Tanzbegeisterten fließen und laufen völlig unverkrampft ab. Es geht nicht um Wettbewerb und schon gar nicht um Perfektion, sondern um die pure Freude am Zusammensein und am Tanz. Heute noch wie damals in den Sixties: Damals allerdings war die auf der Dorfwiese ausgelegte Tanzplattform so ziemlich die einzige Möglichkeit zum ausgelassenen Treffen zwischen Mädels und Jungs (wenn der Priester nicht gerade wieder mit einem Stock dazwischenging).

In der Grundschule der Kinder konnten wir schon bei den Kleinsten verfolgen, wie die Tanzabläufe ihnen anscheinend bereits in die Wiege gelegt worden sind und sich sehr bald faszinierend entwickelten. Sehr typisch und sehr speziell ist der fast steife Oberkörper, während die Beine und Füße extrem schnelle und kompliziert erscheinende Bewegungen vollführen. Für die Geschicktesten gibt es, wenn sie älter werden, Schuhe mit Metallplättchen an Absätzen und Spitzen, sodass der *Irish Tap Dance* (eine Art Stepptanz) mit lautem rhythmischen Geklapper getanzt werden kann. Michael Flatley hat diese Kunst mit seinem Ensemble als perfekte international erfolgreiche Bühnenshow inszeniert: *Riverdance* und *Lord of the Dance* haben weltweit Millionen Menschen begeistern können.

Die irische traditionelle Musik wäre nicht vollständig ohne die schönen und rasend schnellen Einlagen mit der *tin whistle* oder *feadóg* (ausgesprochen »fädóug«). Jedes Kleinkind besitzt diese Blechflöte und lernt sie bereits in der Vorschule zu spielen. Als Solo klingt dieses Billig-Instrument (ab fünf Euro) nicht immer umwerfend, doch wenn die meisten der gut 50 Kinder unserer Grundschule zum Weihnachtskonzert ansetzten, war ich manchmal den Tränen nahe.

Überhaupt spielt Musik in der Schule und auch auf Partys eine wichtige Rolle, es wird viel und gerne gesungen, egal wie begabt man ist. Über schräge Einlagen wird nicht bösartig gelacht, die Akzeptanz scheint grenzenlos. Darum trauen sich auch Menschen in den Vordergrund, die sich einfach nur musikalisch ausdrücken und einbringen möchten, selbst wenn ihnen aus unserer Sicht jedes Talent dazu fehlt. In den Pubs schaut auch kaum jemand blöd daher, wenn ein Gast die Gitarre oder Fiedel des offiziellen Abendprogramm-Gestalters übernimmt und ein Ständchen spielt.

Für Überraschung sorgt immer wieder unser Gästehaus-Busfahrer Martin: Wir heuern ihn gerne für irische Musikabende an. Sein Gitarrenspiel und sein emotionaler Gesang gehen ans Herz und fallen mindestens so professionell aus wie seine Lenkrad-Künste, mit denen er uns und unsere Besucher auch durch die allerschmalsten Feldwege steuert.

Musik ist sicher einer der wichtigsten Bestandteile der irischen Kultur, neben dem »Halbgott« Rory Gallagher (siehe Grund 48) kommen viele bedeutende international bekannte Musiker von der Grünen Insel, was man als durchschnittsgebildeter Mensch nicht in jedem Fall vermuten würde. Manchmal sind sogar mehrere Geschwister einer Familie erfolgreich geworden wie Enya und Moyra Brennan, wie Christy Moore und Luka Bloom, die Corrs oder auch die Kelly Family (die allerdings in der Heimat nicht annähernd so erfolgreich war wie in Deutschland). Hier noch ein paar weitere bekannte irische Musiker und Bands:

Bob Geldof 𝄞 Boyzone 𝄞 Chris de Burgh 𝄞 Clannad 𝄞 Declan O'Rourke 𝄞 Dubliners 𝄞 Gary Moore 𝄞 Hozier 𝄞 Imelda May 𝄞 James Galway 𝄞 Noel & Liam Gallagher 𝄞 Planxty 𝄞 Rea Garvey (Reamonn) 𝄞 Simply Red 𝄞 Sinéad O'Connor 𝄞 The Chieftains 𝄞 The Commitments 𝄞 The Cranberries 𝄞 The Pogues 𝄞 The Script 𝄞 Thin Lizzy 𝄞 U2 (Bono) 𝄞 Van Morrison *{e}*

46. GRUND

## Weil Irland die meisten und schönsten Steinkreise der Welt hat

Irlands Steinkreise, Steinreihen und Monolithe: Sie stehen seit dreieinhalb bis viertausend Jahren in der Landschaft. Sie stehen dort, wie sie immer schon standen, als erste dauerhafte Manifestationen der Zivilisation: Die Hütten, die Einfriedungen, die Kochstellen der frühen Siedler in Irlands Südwesten sind lange verschwunden. Die steinernen Monumente, die ersten architektonischen Zeugen der Zivilisation, sind geblieben – und geben uns Rätsel auf. Es gibt zahlreiche Theorien und Geschichten über die ursprüngliche Funktion der neusteinzeitlichen Monumente in Irland.

Viele Betrachter halten sie irrtümlich für Keltensteine, doch sie waren lange vor der Ankunft der Kelten errichtet worden. Gebaut für kultische und rituelle Zwecke, sagt man gemeinhin. Feinfühlige wollen positive und negative Energien erspürt haben, sinnieren von Menschenopfern, Gerichts- und Ratssitzungen, von Orten der Heilung und des Abschieds. Die Archäologen konzentrieren sich auf die Fakten wie Größe, Zahl der Steine – immer eine ungerade Zahl zwischen fünf und 17 – oder die Ausrichtung der Achse von Portal zu Axialstein – oft in Südwest-Richtung. Über 100 Steinkreise wurden in Irlands Südwesten gefunden. Die Steine mit dem Geheimnis ziehen uns magisch an. Ob sie nur deshalb auch magische Steine sind?

Steinkreise, stehende Steine, Steinreihen, Steinkreuze, Steinherde, Steingräber, Steinmauern, Steinhütten – Irland ist voller alter Steine, die nicht von einem Gletscher, einem Beben, einem Steinschlag oder einer anderen Naturgewalt an die Stelle gehievt wurden, wo sie heute stehen oder liegen. Alte Steine in Irland, das sind die ersten dauerhaften »Verewigungen« des Menschen in der Landschaft. Der Beginn der Architektur in der Zeit, als Menschen auf der Insel das Sammeln und Jagen zugunsten der Landwirtschaft aufgaben und langsam sesshaft wurden. Es sind auch frühe Zeugen religiöser Offenbarung und ein Memento, dass immer schon gestorben wurde – seit es Leben, seit es Menschen gibt.

Vor allem dem auf dem Land bis heute lebendigen tiefen Glauben und ebenso tiefen Aberglauben der Iren haben wir es zu verdanken, dass die alten Steinmonumente weitgehend intakt geblieben sind. Die rituellen Orte der Vergangenheit werden – auch wenn sie keine aktuelle Bedeutung mehr haben – weitgehend in Ehren gehalten und als Orte respektiert, die man in Ruhe lässt und nicht verändert. Es könnte schließlich Unglück bringen, einen Steinkreis zu beschädigen oder einen stehenden Stein zu demontieren …

Der Gang zu einem Ort mit alten Steinen ist eine Zeitreise, zurück in die Zeiten, als diese Steine mühsam und langsam in Position gebracht wurden. Zu Zwecken, die wir bis heute nicht verstehen. Von frühen Bewohnern der Insel, die damals ganz anders ausgesehen haben mag. Von Menschen, die sich anders kleideten und anders benahmen, als wir es heute tun. Von Menschen, die geboren wurden, die lebten und starben. Wie wir. Die ein Leben gestalteten, das anders war als das unsere – und doch so ähnlich. Mit einem Anfang und einem Ende.

Die alten Steine trotzen der Zeit. Eine Zeit lang. Am Ende werden auch sie verschwunden sein. An welchem Ende? Irgendwann. Die Liebe zu Irland ist auch die Liebe zu den alten Steinen. Zur Ewigkeit der Vergänglichkeit. *{m}*

47. GRUND

## Weil Irisch die offizielle Staatssprache ist und trotzdem so mystisch klingt

Als »Mehrsprachlerin« ist es mir durchaus etwas peinlich, dass mein irischer Wortschatz sich auch nach anderthalb Jahrzehnten auf der Grünen Insel auf einige Farben, Größenangaben und Ortsbezeichnungen beschränkt. Irische Wörter sehen für meine Augen so wunderbar geheimnisvoll aus, als wären sie aus einer magischen Hobbitwelt entsprungen. Die Realität ist freilich etwas anders, und selbst sprachbegabte Menschen können sich die Zähne an der fremdartigen Satzstellung (Verb-Subjekt-Objekt) ausbeißen. Die unlogisch klingenden Ausspracheregeln und die Möglichkeit, Verb und Subjekt zu verschmelzen, entwirren zudem nicht unbedingt die linguistischen Knoten.

Aber gerade das macht eben die Faszination aus. Mich verzaubern Namen der Klassenkameradinnen unserer Söhne wie *Siobhán* (»Schivonne« ausgesprochen), *Aoife* (»Eva«) und *Sinéad* (»Schineed«) (siehe Grund 94: Frauennamen). Der Name der Stadt *Portlaoise* (»Portliesch«) lässt mich in meinen Inseltraum abtauchen, durch den Feen, Elfen und grüne Gnome huschen und für eine bessere Welt sorgen. Denn das vielleicht Sensationellste an der irischen Sprache ist die Abwesenheit des Wörtchens »nein«! Das führt zu so wundersamen Antworten, die auch in englischer Sprache abgeliefert werden: *Not too bad.* So lautet das immer wiederkehrende Statement, wenn es bei einer Begrüßung um die Frage nach der Befindlichkeit geht. Es gibt übrigens gleichermaßen kein Wort für »ja«, und so lebt diese poetische Sprache von vielen Umschreibungen, Verzierungen und linguistischen Schnörkeln.

Orte und Ortsteile mit Namen wie aus einem Fantasyroman müssen einen geradezu in das Reich der Sagen und Mythen entführen: Die Höhe der heiligen Pilgerschaft (*Ardaturrish*), Der Wald der gemolkenen Weiden (*Maughnasilly*), Das nasse Land der Ferkel (*Esknamucky*), Der Eichenwald des Blutes (*Derrynafulla*).

Vorbei sind jedoch die Zeiten, in denen wir uns bitterlich verfuhren, weil wir irische Ortnamen nicht mit uns bekannten Ortschaften assoziieren konnten. Mit etwas Übung lernten wir in den frühen Jahren unseres Inseldaseins die irischen Namen etwas nuschelig laut zu lesen, und wussten dann, wohin die Straße uns führt. Seit einigen Jahren sind alle Orte – mit Ausnahme der wenigen Gaeltacht-Regionen (Rein-Irisch-Gebiete) in englischer und irischer Sprache beschildert (siehe Grund 17: Schildbürger).

Vermeintlich englische Ortsnamen sind oft sinnfrei, da sie lautmalerische Übertragungen der irischen Bedeutungen sind. Für Gäste können die vielen Ortsnamen, welche die Silbe *kil* enthalten, mitunter irritierend klingen: Killarney, Kilkenny, Kilbrittain, Kealkil. »Warum lauten so viele Orte auf Töten oder Tod?«, lautet also immer wieder mal die Frage des aufmerksamen Touristen. Augenzwinkernd gebe ich mich dann gerne als Kennerin aus und kläre auf, dass *cill* nichts anderes als Kirche bedeutet und *coill* auf einen Wald in der Nähe deutet. *Kilmichael* ist also nicht ein Aufruf, Michael umzubringen, sondern erinnert an die Kirche des Heiligen Michael (auch wenn dort im November 1920 während der Unabhängigkeits-Unruhen ein berühmtes Massaker stattgefunden hat).

*Limerick* ist die Anglizierung von *Luimneach*, was so viel wie »kahles Land« bedeutet. *Derry* ist die phonetische Übertragung von *doire* und bezeichnet die Eiche oder den Eichenwald: Derrycarna, Derrycreigh, County Londonderry, Derreen Garden. *Bally* kommt von *baile*, das dem Wort »Ortschaft« oder »Siedlung« entspricht: Ballincollig, Ballymena, Ballylickey. *Inis* ist die Insel, und dieses Wort – auch in leicht abgewandelter Form – fließt oft in Ortsnamen ein: Ennis, Inch, Inistioge, Lahinch, Garinish.

*Letter* im Ortsnamen hat rein überhaupt nichts mit dem Brief zu tun, vielmehr beschreibt diese Silbe die Lage eines Ortes, denn *leitir* weist auf den Hügel oder Hang hin: Letterkenny, Lettermore. Auch hat *Glas* bei einer Ortsbezeichnung weder etwas mit dem Trinkgeschirr noch mit dem Fenster zu tun, sondern bezieht sich entweder auf die Farbe Grün (*glas*) oder auf »neu« und »hell«: Ardglass, Aghaglassan, Glasnevin. In der beschaulichen »Literatur-Hauptstadt« Listowel könnte es durchaus sein, dass sich Liz und Elisabeth mit Handtüchern abtrocknen, doch so etwas Alltägliches wird nicht in diesem Ortsnamen festgehalten. *Lis* deutet auf das Vorhandensein eines Ringforts hin, *towel* wird nicht »tauel« gesprochen, sondern »toel« und ist ein Eigenname (*Lios Tuathail*: das Ringfort des Tuathal).

Bei Ortsnamen wie *An Neidín* (das Nestchen) würde allerdings die beste lautmalerische Sprachbegabung versagen, denn die englische Namensgebung lautet auf Kenmare. Das wunderschöne Örtchen am Ausgangspunkt des berühmten »Ring of Kerry« wurde nach dem Mann benannt, der diese Gegend einst regierte und kontrollierte: Lord Kenmare (1726–1795). Doch auch sein Name ist der irischen Bezeichnung *ceann mara* entlehnt, das als »der Kopf des Meeres«, also »das Ende der Bucht«, übersetzt werden kann.

Als Irisch-Dilettantin sorgte ich in den ersten Jahren unseres Aufenthaltes übrigens oft für Lachtiraden bei unseren Söhnen. Immer wenn es ums Vokabelabfragen ging, sorgten meine Aussprache-versuche der fremdartigen Begriffe im irischen Schulbuch für große Erheiterung bei den Jungs, die wie alle Kinder auf der Insel bereits kurz nach der Einschulung mit gut viereinhalb Jahren die irische Sprache in Wort und Bild lernen durften. Immerhin nutzten sie diese lebende Geheimsprache eine Zeit lang, um sich ungeniert – und nicht einmal hinter unserem Rücken – über ihre Eltern lustig machen zu können.

Na denn, *sláinte* (»slontsche« ausgesprochen mit sehr offenem O wie in »offen«), das bedeutet zwar Gesundheit, meint aber am Tresen »Prost!«. *{e}*

48. GRUND

## Weil Gitarrengott Rory Gallagher ein Ire war

Rory Gallagher, der vielleicht beste Rockgitarrist aller Zeiten, gehört zu unseren Haus-Heiligen. *Tattoo'd Lady, Walk on Hot Coals, Cradle Rock, A Million Miles Away, Bullfrog Blues* ... Wer konnte die Fender-Gitarre so sprechen, singen, jaulen, so stammeln, seufzen und jubeln lassen wie Rory? Keiner. Für ihn scheute ich keine Reisen, auch durch ihn lernte ich Irland lieben. Deswegen gehören zumindest ein paar Sätze über den allzu früh verstorbenen Vollblutmusiker in diese Liebeserklärung an Irland.

Wer genau wissen will, wie gut Rory Gallagher auf der Gitarre war, kauft sich am besten ein paar seiner über 15 legendären Alben, schließt sich ein paar Stunden ein, geht auf musikalische Zeitreise und genießt. Wer einen Hauch von Rory und der »guten alten Zeit des Rock« spüren und erleben will, der geht indessen nach Cork in die McCurtain Street. Im Viertel oberhalb des Nordarms des River Lee wuchs der 1948 in Donegal geborene Rory auf; dort lernte er Gitarre spielen, dort verkaufte »Crowleys« bis vor Kurzem Profi-Gitarren und Amps, dort erinnert ein gleichnamiges Pub an Rory, und dort trifft man auch heute noch alte Weggefährten.

Mit 15 Jahren kaufte sich Gallagher in Crowleys Music Shop in Cork die Gitarre, die ihn für den Rest des Lebens begleiten sollte: die Sunburst 1961 Fender Stratocaster (Seriennummer 64351). Rory's Strat, heute eine der berühmtesten Gitarren der Welt, war damals die erste Stratocaster in Irland und ein ungeliebtes Teil: Der Musiker, der sie bestellt hatte, gab sie an Crowley's zurück, weil Fender die falsche Farbe geliefert hatte. Rory nutzte die Chance und kaufte die Okkasion in Crowley's Shop, damals noch am Merchant's Quay, für läppische 100 irische Pfund (heute 127 Euro). Der Rest ist Geschichte. Cork hatte einen großen Rockstar, der mit seiner Stadt eng verbunden war.

Rory's Geburtsort Ballyshannon, seine Heimatstadt Cork, Ballincollig im County Cork, der Ort wo er begraben liegt, und Dublin, die Hauptstadt, halten den großen Gitarristen bis heute in Ehren. Straßen und Plätze sind nach ihm benannt, jedes Jahr werden Festivals zu seinen Ehren gespielt. Gallagher wäre wahrscheinlich selber erstaunt, wenn er heute in seine Geburtsstadt Ballyshannon hoch im Norden in Donegal zurückkehrte und auf der zentralen Kreuzung im Stadtkern eine Skulptur seiner selbst finden würde. Sie trägt den bizarren Claim: *Follow me*. Der Musiker, zu dessen bekanntesten Songs *Too Much Alcohol* gehörte, starb im Juni 1995 nach einer Lebertransplantation in London. Cork weinte, als er zu Grabe getragen wurde, Zehntausende folgten seinem Sarg.

Wer eine Zeitreise in die bluesig-rockigen 70er- und 80er-Jahre ins alte Irland machen will, dem sei das Roadmovie von Gallaghers legendärer *Irish Tour 1974* empfohlen. Der zwei Stunden lange Streifen gibt einen guten Einblick in das Leben des Musikers Gallagher auf Tournee.

Donal Gallagher, der Nachlassverwalter des toten Bruders, reaktivierte übrigens Rorys lange pensionierte Fender Stratocaster im Jahr 2011 für zwei Nächte: Joe Bonamassa, der großartige Bluesmusiker, durfte die Gitarre bei zwei Liveauftritten im Oktober 2011 im Londoner Hammersmith Apollo spielen. Bonamassa lieferte eine brillante Version von Rorys *Cradle Rock* ab – nur das Original spielte den Song besser. Bonamassa hatte indes einen entscheidenden Vorteil gegenüber Rory: Er spielte »live« – er lebte. Über andere irische Musiker lesen Sie in Grund 45. *{m}*

49. GRUND

## Weil in Irland einer der ältesten Zeitmesser der Menschheit steht

Es werde Licht! Die archäologisch interessierte Welt blickt jedes Jahr kurz vor Weihnachten pünktlich bei Sonnenaufgang in eine kleine unterirdische Kammer in einem Hügel in Irlands County Meath: Newgrange. Das 5.100 Jahre alte Hügelgrab aus der Jungsteinzeit ist Irlands bekanntestes Monument: Älter als Stonehenge, älter als die ägyptischen Pyramiden, gilt die 70 Meter durchmessende Grabanlage am Ufer des Flusses Boyne als der erste menschengemachte Kalender auf der Insel: Einmal im Jahr, am Morgen des 21. oder 22. Dezembers, dem Tag der Wintersonnenwende, fällt das Licht der aufgehenden Sonne für 15 Minuten durch eine Luke über dem Eingang in das Innere des Ganggrabes, durchflutet den 22 Meter langen Gang und erleuchtet an dessen Ende die Grabkammer. Wenn die Sonne scheint. Oft freilich macht sich die Dezembersonne rar. Oft verstecken sich die Strahlen der aufgehenden Sonne hinter dichten Wolkendecken. Der Effekt bleibt dann aus, und es bleibt die Hoffnung auf den nächsten Tag oder das nächste Jahr.

An insgesamt 13 Tagen im Jahr kann das Licht der Morgensonne durch die Öffnung oberhalb des Grabeingangs scheinen, an fünf Tagen, vom 19. bis zum 23. Dezember, erreicht es die Kammer am Ende des Ganges in der Tiefe des Hügels – wenn die Wolken mitspielen. Doch nur an einem Tag des Jahres steht Newgrange im Mittelpunkt des öffentlichen Interesses. Dann versammeln sich einige Hundert Schaulustige auf dem Hügel von Brú na Bóinne, und das irische Fernsehen RTE überträgt die entscheidenden Minuten live. Eine kleine Gruppe Besucher, die per Losentscheid ermittelt werden, darf das Licht-Ereignis jedes Jahr kurz vor Weihnachten in der Grabkammer mitverfolgen.

Genau genommen strahlt die Sonne auch im besten Fall heutzutage einen Meter kürzer als zu Zeiten des Baus vor 5.100 Jahren in das Innere des Hügelgrabs von Newgrange. Verantwortlich dafür ist die Präzession, die Richtungsänderung der Erdachse. Erst in etwa 25.000 Jahren wird die Erdachse wieder so stehen wie damals in der Jungsteinzeit, als die frühen Siedler am Boyne mit riesigem Aufwand und einer beeindruckenden sozialen Organisation eine der faszinierendsten Grabanlagen der Welt und einen der ältesten Zeitmesser der Menschheitsgeschichte schufen.

Die teilrestaurierte Grabanlage, wie sie heute existiert, ist unter Historikern und Archäologen jedoch umstritten. Vor allem die in den 70er-Jahren gebaute Fantasie-Fassade und die Betonstützen im Inneren des Grabes werden von Puristen kritisch gesehen. *{m}*

50. GRUND

## Weil Irland das Land der Dichter ist

Ich bin von vielen Büchern umgeben. Hunderte, nein Tausende Bücher in allerlei Sprachen zieren die Wände unseres Häuschens, teilweise sind sie nur mit Leiter oder Hocker hoch unter der Zimmerdecke zu erreichen, bieten Spinnen und anderen Krabbeltieren ein gemütliches Zuhause. Lesen und Schreiben sind mehr als Hobbys. Das Leben auf einer inspirierenden Insel schreit geradezu danach, Naturereignisse, Begebenheiten mit Menschen, kuriose Gerüchte aus dem Dorf, schlichte Impressionen und so vieles mehr mithilfe von Buchstaben (oder auch Farben) festzuhalten, an Ideen mangelt es einer kreativen und schreibwütigen Person niemals.

Wir Deutschen sollen ja zum Stamm der Dichter und Denker gehören, doch auch etliche irische Dichter haben Weltruhm erlangt und – in vier Fällen – sogar den Nobelpreis für Literatur erhalten. Dieses kleine Inselvölkchen hat zahlreiche sehr erfolgreiche Autoren und Autorinnen hervorgebracht: von einigen weltberühmten Herz-Schmerz-Autorinnen wie Maeve Binchy (1940–2012) bis zu herausfordernden internationalen Literaten wie James Joyce (1882–1941) (siehe Grund 44: Bloomsday), dazu viele Genres irgendwo dazwischen. Die Grüne Insel bringt Lesefutter für jeden Bücherfreund hervor:

- Cecelia Ahern (*P. S. Ich liebe dich*)
- Claudia Caroll (*Der männliche Makel*)
- Flann O'Brien (*Das harte Leben*)
- Frank McCourt (*Die Asche meiner Mutter*)
- George Bernard Shaw, Nobelpreisträger 1925 (*Pygmalion*, verfilmt als *Jahrmarkt der Eitelkeiten*)
- Hugo Hamilton (*Jede einzelne Minute*)
- James Joyce (*Ulysses*)
- Jonathan Swift (*Gullivers Reisen*)
- Joseph O'Connor (*Irrlicht*)
- Maeve Binchy (*Tara Road – Ein Haus in Irland*)
- Marian Keyes (*Der hellste Stern am Himmel*)
- Oscar Wilde (*Das Bildnis des Dorian Gray*)
- Roddy Doyle (*Die Commitments*)
- Samuel Beckett, Nobelpreisträger 1969 (*Warten auf Godot*)
- Seamus Heaney, Nobelpreisträger 1995 (*Die Amsel von Glanmore*)
- William Butler Yeats, Nobelpreisträger 1923 (*Die Vision*)

Es würde vermutlich ein ganzes Leben dauern, um sich durch die breit gefächerten Werke der irischen Literaten zu lesen. Allein *Ulysses* von James Joyce ist eine harte Nuss auch für extrem bibliophile Menschen – dabei spielt die Handlung dieses Wälzers an einem einzigen Tag! (siehe Grund 44). Ich belasse es gerne bei »Tauchgängen« in einzelne der Bücher und bin immer wieder aufs Neue erstaunt über die Vielfalt der Themen und über die Kreativität der schreibenden Inselbewohner. *{e}*

KAPITEL VI

# NATUR UND GEOGRAFIE

51. GRUND

## Weil die Luft so frisch und sauber ist

Es fühlt sich einfach gut an, auf einer Klippe am irischen Atlantik zu stehen und die frische saubere Luft langsam und tief einzuatmen. Eine bessere Luft als an Irlands Westküste gibt es kaum anderswo in Europa. Den Grund dafür nennen Klimaforscher »Advektion«: Der stetige Transport von frischer sauberer Luft vom Nordatlantik funktioniert bestens. Westlich von Bantry, Killarney, Killibegs, Inishmore, Westport, Belmullet oder Malin More stehen keine Fabriken, fahren keine Autos und heizen keine Kraftwerke.

Westlich der Westküste erstreckt sich 5.000 Kilometer weit bis hinüber nach Nordamerika der Nordatlantik. Über diesem Ozean, dem großen maritimen Reinluftgebiet, entstehen die maßgeblichen Wettergebiete, die dann Richtung Irland geschickt werden und hier das Klima bestimmen. Auch über zu wenig Wind kann man sich in Irland nicht beklagen, und so hat die Luft – sieht man von einigen Ballungsgebieten wie Dublin ab – keinerlei Chance, sich durch Verbrennungsprozesse am Boden dauerhaft verschmutzen zu lassen.

Der ständige Luftaustausch ist garantiert, und sogenannte Inversionswetterlagen, bei denen sich schadstoffgesättigte Blasen in den untersten Luftschichten bilden, die Richtung Boden gedrückt werden, können deshalb so gut wie nie entstehen. Selbst die Bewohner im Ballungsraum Dublin, in dem sich die meisten Wirtschaftsbetriebe des Landes befinden und in dem etwa jeder dritte Ire lebt, können über schlechte Luft nicht wirklich klagen. Im Luftqualitäts-Vergleich mit den Metropolen der Welt belegt Dublin immer einen Rang in den Top Ten.

Wer nun aber denkt, die Grüne Insel sei ein gesundes und unbelastetes Umweltparadies, der irrt sich. Schon bei unserem wichtigsten Lebensmittel, dem Wasser, hört die Vorbildfunktion auf: Die Wasserversorgung und die Abwasserreinigung im Land sind in einem schlechten Zustand. Vielerorts leiden Menschen unter verunreinigtem Trinkwasser, sie müssen das Wasser kaufen, zumindest aber abkochen. Die Verunreinigungen stammen vor allem von der Land- und Viehwirtschaft und von ungeklärten Abwässern und sind bakterieller Natur.

Die irische Umweltbehörde EPA hatte im Jahr 2012 herausgefunden, dass 46 Prozent der kommunalen Kläranlagen im Land nicht richtig funktionieren. 46 Prozent, also fast jede zweite der vorhandenen Anlagen, erfüllen die europäischen Richtlinien nicht. Seit dem Jahr 2012 wurde viel geredet, aber wenig getan. Erschwerend kommt hinzu: Zehntausende Häuser im Land sind gar nicht erst an das Abwassernetz angebunden, weil es auf dem Land vielerorts gar kein Abwassernetz gibt. Mancherorts an der Küste wird noch immer das Meer mit der Kläranlage verwechselt, und in zahlreichen Gärten schaut irgendwo das Rohr der mehr schlecht als recht funktionierenden Hausklärgrube aus dem Boden. Deshalb lebt man gut mit der Verhaltensregel: Nasenflügel weit öffnen und die Lunge kräftig blähen – sich vor dem Genuss von Leitungswasser aber erst mal schlaumachen. *{m}*

52. GRUND

## Weil in Irland der berühmteste Delfin Europas lebt

Das schöne Städtchen Dingle auf der gleichnamigen Halbinsel im County Kerry feiert in regelmäßigen Abständen seinen berühmtesten Bewohner und gleichzeitig größten Gönner: Die Celebrity schwamm vor über drei Jahrzehnten erstmals in den geschützten Hafen der Stadt und hat den Leuten von Dingle seitdem einige Millionen Besucher und viele Millionen Euro Einnahmen beschert: Fungi, der Delfin – genau genommen der große Tümmler oder *Tursiops truncatus*.

Das wilde Tier, das sich aus freien Stücken den Menschen im Südwesten Irlands anschloss, ist nebenberuflich der größte Förderer des Tourismus auf der Dingle-Halbinsel im Westen Kerrys. Fungi hatte im Jahr 1983 oder 1984 – hier widersprechen sich die Aussagen – aus bislang unerfindlichen Gründen beschlossen, sich den Menschen anzuschließen. Seitdem lebt der Tümmler im Hafenbecken von Dingle und zieht jedes Jahr um die 100.000 Besucher an, die mit dem Tier schwimmen oder es zumindest vom Ausflugsboot aus beobachten.

Fungi scheint auch nach über 30 Jahren noch immer Spaß an der Zirkusnummer zu haben und verweigert sich selten. Die Bürger von Dingle haben ihrem »schwimmenden Glücksschwein« schon vor Jahren ein glänzend-metallenes Denkmal gesetzt – direkt vor der Tourismus-Information. Im Jahr 2013 feierten sie das Fungi-Festival zum 30. Jubiläum der Ankunft – möglicherweise ein Jahr zu früh, aber die anhaltende Wirtschaftskrise vermochte den kleinen Rechenfehler zu entschuldigen.

Man fragte sich immer wieder, warum Fungi tut, was er tut – vor allem aber auch, wo er sein früheres Leben gelebt hatte. Ein in Dingle ansässiger Vermarkter von Meeresbewohnern will die »wahre Geschichte von Fungi« kennen: Kevin Flannery vom Meeresaquarium Oceanworld in Dingle behauptete gegenüber dem *Irish Independent*, Fungi sei ein Brite. Flannery will wissen, dass Fungi in den frühen 80er-Jahren aus einem britischen Delfinarium, möglicherweise in Brighton, entkam oder entlassen wurde.

Tatsächlich standen die Delfinarien seit den frühen 80ern zunehmend in der Kritik, und Tierschützer öffneten vielerorts die Tore, um Delfine zu befreien. Auch andernorts tauchten in jener Zeit Delfine auf, welche die Nähe des Menschen suchten: Freddie in Northumberland, Donal in Cornwall und Jean Luc in Frankreich. Diese tierischen Bekannten des Menschen haben allerdings längst wieder das Weite gesucht. Nur Fungi ist geblieben – es muss am schönen Dingle liegen. Ist Fungi also ein britischer Flüchtling mit Alterswohnsitz in Irland? Letzte Beweise fehlen noch.

Fungi wurde auf alle Fälle Mitte der 70er-Jahre geboren und gilt mit 40 Jahren längst als betagter Herr. Große Tümmler werden Wissenschaftlern zufolge üblicherweise 25 bis 30 Jahre alt. Es ist also abzusehen, dass Dingle in nicht allzu ferner Zukunft ein Festival zum Abschied von Fungi, dem berühmtesten Delfin Europas, feiern muss. *{m}*

53. GRUND

## Weil Pflanzenenthusiasten es nach Irland näher haben als in die Subtropen

Warum filmt eine große deutsche Fernsehanstalt im Südwesten Irlands, wenn das Drehbuch eine Handlung in Neuseeland vorsieht? Die subtropische Natur entlang des Golfstroms macht die kleine Täuschung ganz leicht möglich. Warum also als Tourist in die Ferne schweifen? Keine zwei Stunden von den meisten deutschsprachigen Flughäfen entfernt können Argentinien, Chile, Japan und Tasmanien gleichzeitig erlebt werden. Wollte man schon immer mal unter einem Riesenexemplar der edlen Japanischen Sicheltanne (*Cryptomeria japonica*) stehen? Ab nach Irland! Muss mal ein Neuseeländischer Manukabaum (*Leptospermum scoparium*) für das Heilkräuterbuch fotografiert werden? Ab nach Irland! Möchte ein Gourmet mal das frische pfefferige Aroma des argentinischen Pfefferbaumes (*Tasmannia lanceolata*) live auf der Zunge spüren? Ab nach Irland! Möchte ein Künstler die eigenartigen Blüten des chilenischen Laternenbaums oder gar die Blumen des aufregenden Feuerbusches zeichnen (*Embothrium coccineum*)? Ab nach Irland!

Die Flora im südwestlichen küstennahen Irland ist so exotisch-vielfältig, dass jeder Pflanzenfreund auf seine Kosten kommt. Er könnte zwischen April und Juni geradezu eine Mikro-Weltreise unternehmen und mit den seltensten blühenden Gewächsen der

Subtropen in vielen Varianten vertraut werden. Diese Vielfalt haben wir einer interessanten Modeerscheinung in einer Zeit zu verdanken, in der viele Pflanzenjäger Naturschätze aus aller Welt nach Europa, insbesondere nach London, brachten. Einerseits diente dieser boomartige Wettbewerb im 19. Jahrhundert kommerziellen Zwecken, denn neu gegründete *nurseries* (Pflanzenschulen) mussten mit immer exotischeren Gewächsen ihre Geschäfte sichern. Andererseits hatte das »Jahrhundert der Klassifizierung« wissenschaftliche Spuren hinterlassen, und Botanik wurde zur anerkannten Wissenschaft.

So fassten auch sehr empfindliche Gewächse in Europa Fuß, insbesondere in milden Gegenden, die von der natürlichen »Fußbodenheizung« namens Golfstrom klimatisch begünstigt werden. Da es weder sehr heiß noch sehr kalt in Irland wird, zudem ein mehr oder weniger konstanter Niederschlag und reichlich saure Erde für ideale Bedingungen sorgen, wuchern sehr seltene Rhododendren, Kamelien, Kalmias, Skimmien und Gewürzrindenbäume auf der Grünen Insel. Ja, sie wachsen oftmals wesentlich höher als ihre Cousins in der alten Heimat.

Die vielerorts als Windschutzgürtel gepflanzten Monterey-Kiefern (*Pinus radiata*) sowie die ungeheuer breiten und immer für Bewunderungsausrufe sorgenden Monterey-Zypressen (*Cupressus macrocarpa*) gedeihen besser als am Ort ihrer grünen Ahnen in Kalifornien und werden hier wesentlich breiter und höher.

Übrigens äußern viele Gäste Erstaunen über die pflanzliche Pracht und Vielfalt, denn Irland liege ja so weit oben im Norden. Das mag auf einer zweidimensionalen Landkarte oder im Atlas so erscheinen, jedoch ein Blick auf den Globus korrigiert die falsche Annahme. Unser Örtchen Glengarriff beispielsweise befindet sich auf dem Breitengrad von Dortmund! Von Berlin oder Hamburg aus betrachtet, wohnen wir also im Süden. *{e}*

54. GRUND

## Weil es in Irland noch einsame, wilde Orte gibt

Wir beginnen zu verstehen, dass wir, die sogenannten Zivilisierten, die Wilden und die Wüsten sind – und wir müssen uns gleichzeitig entschuldigend vor den Wilden verbeugen, weil wir ihren Namen genauso beschmutzen, wie wir die Natur und unseren Lebensraum auf der Erde verschmutzen. Die Begriffe sind verräterisch: Hier der nicht-zivilisierte Mensch, der wilde Ureinwohner, und dort der sogenannte zivilisierte Mensch, ich, du, unsere Freunde, Nachbarn. Doch wo ist Hier und wo Dort?

Es gab eine Zeit, da haben die »Zivilisierten« und die Kolonialisten die »edlen Wilden« gefeiert – ein wenig wie seltene Tiere. Die Möglichkeit aber, Zivilisation als Entwicklung zum Schutz alles Lebendigen zu begreifen, blieb ungenutzt auf der Strecke, genauso wie die Wildnis als Lebensraum der Wilden und wie der Lebensraum für uns.

Die alten Wilden sind weitgehend verschwunden. Wir neuen Wilden haben die Welt eingerissen und bis an den Rand der Erlebbarkeit zerstört. Heute sehnen wir uns nach der Rückkehr der Wildnis. Wir beginnen zu verstehen, dass wir nur an der Oberfläche Kultur und Zivilisation sind. Wir tragen sie wie bunte Funktionskleidung aus Mikrofaser (schnell trocknend und atmungsaktiv). Wie dick mag diese kulturelle Schicht sein, wie tief darunter liegt der alte Wilde in uns verborgen? Manche sagen, maximal drei bis vier Tage dick sei diese Schicht.

Wir »Zivilisierten« beginnen zu verstehen, dass wir lange in der falschen Richtung unterwegs waren. Wir rufen nach der Rückkehr der Wildnis. Selbst die Politiker in Brüssel schlagen die Trommel für die Wildnis und kündigen an, bis zum Jahr 2020 in Europa eine Million Hektar Land an die Wildnis zurückzugeben und wieder Wildnis werden zu lassen. In Irland soll ein einsamer Landstrich im

County Mayo uneingeschränkt an die Natur zurückgegeben werden: Das Territorium um die Nephin Beg Range nannte der irische Naturalist Robert Lloyd Praeger im Jahr 1938 »the loneliest place«, also den einsamsten oder abgeschiedensten Ort Irlands. (Einsam allerdings kann ein Ort nur dann sein, wenn sich ein Einsamer dort von der Zivilisation und gleichzeitig von der Wildnis getrennt erlebt. Oder würde sich ein Ort selbst jemals einsam fühlen?)

Das Nephin-Wildnis-Projekt jedenfalls ist das erste seiner Art in Westeuropa. In den kommenden eineinhalb Jahrzehnten soll das menschenleere 11.000 Hektar große Gebiet im irischen Westen, durch das auch heute kaum Wege führen, in eine Wildnis zurücktransformiert werden. Dafür wird die Landschaft aktiv geschützt, der bestehende Wald wird bei der Umwandlung in einen ver-*wild*-erten Zustand unterstützt. Danach soll die Landschaft völlig sich selbst überlassen und jegliche menschliche Nutzung ausgeschlossen werden.

In Irland, der Insel am westlichen Rand Europas, gibt es auch heute zahlreiche Landschaften, in denen der Mensch keine Rolle (mehr) spielt. Weitab der Touristenpfade an der rauen atlantischen Westküste, in den entvölkerten Bergen hoch über dem Meer und in menschenleeren Flusstälern findet der Ortskundige wilde Landschaften. Sie sind wild, sie sind allerdings deswegen noch keine Wildnis. Der Grund: Menschen nutzen sie auf die eine oder andere Weise, unter anderem für die Schafzucht.

Ob die Nephin-Wildnis in einigen Jahrzehnten ihren Namen und das Prädikat »Wildnis« verdient, ob sich einst dort verbreitete wilde Tierarten und Pflanzen neu ansiedeln können, ob der Mensch seinen Einfluss wirklich zurücknimmt oder ob die »wilde Natur« in Mayo doch nichts anderes sein wird als vom Menschen subtil kontrollierte Landschaft – das ist die spannende Frage hinter dem Projekt. *{m}*

55. GRUND

## Weil Irland grandiose Sandstrände hat

Was ist Irland, wie ist Irland, wie sieht Irland aus? Mit diesen Fragen beschäftigen sich heutzutage vor allem Werbe- und Marketingmenschen, um uns dann das am besten verwertbare und in bare Münze umsetzbare Bild vom Reiseziel Irland zu suggerieren. Bilder von Orten, von Ländern entstehen langsam und werden über Jahre und Jahrzehnte geprägt. Wir fragen Gäste regelmäßig, wie sie sich das Land vorgestellt haben, bevor sie ankamen, und wie sich dieses Bild nun von der Realität unterscheidet. Dabei erstaunt mich immer wieder, was Irland-Neulinge auf der Insel so gar nicht erwarten: Berge einerseits, vor allem aber Sandstrände. Sie sind regelmäßig erstaunt über Gebirge wie Cahas, die MacGillycuddys oder die Twelve Bens, noch mehr aber über Strände wie Barley Cove, Bettystown, Inch, Dollymount, Thallabawn, Ballymastocker oder Golden Strand. Die Irland-Werbung jedenfalls hat es bis heute nicht geschafft oder nicht gewollt, das Grüne-Wiesen-Schafe-Whiskey-Land nachhaltig auch als die Insel mit beeindruckenden Sandstränden in den Köpfen der Menschen zu verankern. Auch wenn sie da und dort die »wilden« Pferde des irischen Westens über den einsamen Strand galoppieren lässt – da bleibt noch einiges zu tun.

Richtig ist natürlich, dass Irland keine genuine Bade-Destination ist und dass der Begriff »kühles Nass« für den Atlantik auch im Hochsommer gilt. Selten steigen die Wassertemperaturen über 16 Grad, und im Winter fallen sie bisweilen unter fünf Grad Celsius. Mir ist jedenfalls nie jemand begegnet, der zum Badeurlaub über die Irische See oder den Atlantik auf die Insel reiste. Und die Einheimischen freunden sich erst seit Kurzem richtig mit ihren Stränden an und genießen sie in den Monaten Juli und August als Bade-, Erholungs- und Freizeit-Oasen.

Richtig ist aber auch: Irland hat Hunderte schöne Sandstrände, Dutzende lange und ausgedehnte und viele, viele kleine sandige Buchten. 76 Strände der Inselrepublik genossen im Jahr 2014 übrigens das Prädikat »Blue Flag Beach« – die »Blaue Flagge« wird nur an Strände vergeben, die sicher, überwacht und sauber sind und wo das Wasser den Qualitätsrichtlinien der EU-Badewasser-Richtlinie entspricht. Auf der Website *www.blueflagireland.org* kann man sich eine App für das Smartphone herunterladen, die alle Blue-Flag-Strände und den Weg zu ihnen genau beschreibt.

Wer zum Strand geht, muss dort im Übrigen nicht unbedingt baden gehen. Lange Strandspaziergänge haben eine ganz eigene Qualität. Im Sand sitzen und aufs Meer schauen, der ewigen Bewegung der Wellen zusehen, wirkt beruhigender aufs Gemüt als Pillen, und wer nach Adrenalin-schweren Abenteuern sucht, ist am Strand auch richtig: In Irlands Westen und Nordwesten finden Surfer mit die besten und höchsten Wellen Europas. In der Wellenreiter-Gemeinde gelten Irlands Küsten in Donegal, Sligo, Mayo, Clare oder Kerry deshalb als heiße Insider-Tipps. Also, Irland-FahrerInnen: Badesachen oder Surfbrett einpacken!

PS: Auch die vielen Kies- und Felsstrände der Insel sind nicht zu verachten. Wer sich vom Vorurteil freimachen kann, dass ein Strand mit weißem, gelbem oder vielleicht noch grauem Sand ausgelegt sein muss, kann ein Bad an der Felsenküste oder den Spaziergang an gänzlich unbevölkerten Kieselstränden genießen. Immer gilt allerdings: Achten Sie auf Ihre Sicherheit! Der Atlantik ist kein Swimmingpool. *{m}*

56. GRUND

## Weil Erdbeeren in Irland auf den Bäumen wachsen und Birnen unter der Erde

»Jaja«, ertönte es süffisant von einem Gast, »bei euch wachsen die Erdbeeren auf den Bäumen.« Ich wollte ihm gerade ein Prachtexemplar eines *Arbutus unedo* zeigen, eben des Erdbeerbaumes. Man kann dessen rote kugelige Früchte zwar essen, doch wie der Name *unedo* sagt, »ich esse eine«: Zu langweilig ist der Geschmack der frischen Frucht, wie auch der kritische Besucher befand. In ihrem anderen Heimatland wird diese »Baum-Erdbeere« gerne konsumiert, denn sie wird zu einem Likör namens *medronho* verarbeitet.

Warum hat der knorrige Baum eine zweite Heimat? Vor Urzeiten, lange vor der Kontinentaldrift, klebten Portugal und Irland sozusagen zusammen; so kommt es, dass auf der Grünen Insel etliche Gewächse zu bewundern sind, die es sonst nur auf der Iberischen Halbinsel gibt.

Bei uns im Garten wächst hingegen ein anderer Strauch, dessen preiselbeerähnliche Früchte wie Erdbeeren schmecken und von denen man ganz bestimmt mehr als nur eine Frucht essen möchte. *Ugni molinae*, auch *Myrtus ugni* und im englischen *strawberry myrtle* genannt, ist ein chilenischer Verwandter der Myrte. Das Aroma der leckeren roten Beeren erinnert auch an Zuckerwatte, Kaugummi und Kiwi. Königin Victoria war dermaßen entzückt von diesem ungewöhnlichen Geschmack, dass sie die Früchte des bis zu zwei Meter hohen Strauches jeden Winter vom milden Cornwall nach London bringen ließ.

Auch die in unserer Region wuchernden Anden-Myrten (*Luma apiculata* oder *Myrtus luma*) tragen im Winter ihre blau-lila-rötlich schimmernden Früchte, die im rohen Zustand sehr herb schmecken. Man kocht sie besser wie in ihrer Heimat Chile zu einer Art schnittfester Marmelade (*dulce de arrayán*).

Was in teuren Restaurants ein dekoratives Gourmet-Früchtchen ist, wuchert wie Unkraut in unserem Gewächshaus: die Kapstachelbeere (*Physalis peruviana*). Wir haben die hellorangefarbenen, in ihrem schönen »Lampion« verpackten Beeren tatsächlich im Überfluss, sie lassen sich auch vom kältesten irischen Winter nicht klein kriegen. Im Gegenteil, man muss sie mehrmals jährlich stutzen und bisweilen sogar ausreißen.

In diesem Dschungel gedeiht ein weiterer Exot aus Peru, den bereits die alten Inkas kultivierten: Yacon (*Smallanthus sonchifolius*), eine Art unterirdische Birne, die extrem saftig ist und leicht süß schmeckt. Laut Fitnessaposteln sind die eiweißreichen Knollen das ultimative Antiaging-Food, zudem sollen sie Diabetikern aufgrund ihres Inulingehaltes nützlich sein. Ich hege und pflege Yacon im Gewächshaus und erfreue mich an ihren riesigen und interessant geformten Blättern, mit etwas Schutz würde die gesunde Südamerikanerin jedoch auch draußen wachsen. Doch die vielen Steine in unserem Garten würden dieser »Erd-Birne« vielleicht nicht besonders gut gefallen. *{e}*

57. GRUND

## Weil Irlands herrliche Berge uns locken

Den Genuss eines erhebenden Ausblicks vom Berggipfel hinunter über den Atlantik muss sich der Gipfelstürmer erarbeiten, erlaufen, erwandern. Während meine Frau Eliane die baum- und krautreichen Gegenden in Meeresnähe vorzieht, steige ich gerne in die Höhe, in die Caha Mountains, die MacGillicuddys Reeks. Sie kann dieses Tun gar nicht verstehen, immerhin aber wirft ihr Unverständnis die spannende Frage auf: Warum steigen wir (Männer) so gerne auf Berge? Es ist sicher keine Modeerscheinung. Bekanntlich frönte schon der alte Moses in alttestamentarischer Zeit dem

Bergwandern. Francesco Petrarca, Dichter und Vater des Alpinismus, fand im Berg und nah am Himmel im 14. Jahrhundert keinen Geringeren als Gott. Wieder andere versuchten, auf dem Berg die Welt zu erkennen.

Verhaltenswissenschaftler wollen im Bergsteiger das ewig balzende Männchen erkennen oder dessen Auseinandersetzung mit dem väterlichen, männlichen Prinzip. Und manche suchen am Berg, der Alltagswelt entrückt, sich selbst. Bergwandern als Selbstfindung, als angewandte naturtherapeutische Selbstheilung. Wer es weniger psychologisch mag: auf dem Gipfel ist oben. Und wer dort oben steht, hat den Überblick. Das ist es, was wir suchen und finden: Freiheit für einen Nachmittag und das Gefühl der Erhabenheit. Aber warum müssen wir fast zwanghaft Inseln besuchen, und weshalb zieht es uns ans Meer? Bleiben wir noch einen Moment in den irischen Bergen: Warum steigen Menschen auf Irlands herrliche Berge?

Weil sie müssen, die einen. Weil die Berge da sind, die anderen. Ich habe im Laufe der vergangenen 15 Jahre immer einmal wieder Menschen auf den Berggipfeln von Kerry und Cork getroffen, die dort oben auf der Suche nach ihren Schafen waren. Die Schaffarmer sind die eigentlichen Könige der Berge. Könige in Gummistiefeln. Sie kennen das Land, ihr eigenes Land, wie kein anderer.

Schaffarmer nehmen die Berge als Kapital und als Ernährungsfläche wahr. Wie viele Schafe würden wie lange dort oben Futter finden? Wie viele Tieropfer würde der Berg in diesem Jahr fordern? Wie viel würden die Lämmer an Gewicht zulegen? Diese Fragen beschäftigen den Farmer.

Wanderer und andere Touristen gehen in die Berge und freuen sich über die unvergleichbare Aussicht, die Farben und die ästhetische Wucht des irischen Hochlands. Sie stehen und staunen – manchmal trunken vor Ergriffenheit und von der Einmaligkeit des Augenblicks dort oben in den Sphären des »Außerweltlichen«.

Der Farmer kann über derlei Romantik allenfalls lächeln. Kürzlich traf ich Dan in Kerry, einen der Männer, denen Irlands höchste

Berge gehören. Dan hat Verständnis für Bergwanderer, nimmt für sich aber in Anspruch: »Wer vier- oder fünfmal im Jahr dort hoch muss, um seine Schafe zu suchen, blickt realistisch von den Gipfeln herunter.« Immerhin schätzt Dan die Höhen von Carrauntoohil, Caher oder Benkeeragh aus anderem Grund: »Schafe, die dort oben ihre Heimat finden, haben die beste Fleischqualität.«

Mit einheimischen Farmern gemeinsam auf deren Berggipfeln zu stehen – auch die Berge Irlands sind größtenteils Privateigentum – macht deutlich, warum ein und dieselbe Bergtour in ganz unterschiedlichen Erfahrungswelten stattfindet. Noel sagt mir: »All diese Schönheit kauft mir kein Brot.« John resümiert: »Die Zäune sind in Ordnung, der Nachbar wird sich nicht beklagen müssen.«

Einmal ging ich mit Pauline hinauf auf den Beara-Berg Maulin. Sie war das erste Mal dort oben und genoss die weite Aussicht auf die Bantry Bay. Pauline kann beides: Pauline ist Schaffarmerin, die in die Berge gehen muss, und sie genießt die grandiose Natur ihrer Heimat auch bei einem zweckfreien Berggang von Herzen. Sie ist eine Ausnahme. *{m}*

58. GRUND

## Weil man in Irland hervorragend Delfine und Wale beobachten kann

Um Wale zu sehen, reisen Menschen aus Europa gerne nach Cape Cod an der amerikanischen Ostküste, nach Mexiko, Alaska oder auf die Azoren im Südatlantik. Die mächtigen Meeressäuger lassen sich jedoch auch im europäischen Nordatlantik vor der Küste Irlands gut beobachten. Seit die irische Regierung ihre Hoheitsgewässer in den frühen 90er-Jahren zum Schutzgebiet für Wale und Delfine erklärte, hat sich ganz allmählich ein Walbeobachtungsgewerbe in Irland entwickelt.

Besonders behutsam nimmt ein Mann in West Cork Kontakt mit den faszinierenden Tieren auf: Nic Slocum hat das vergangene Jahrzehnt ganz der Walbeobachtung gewidmet, er hat klare Regeln für den verantwortungsvollen und korrekten Betrieb von Walbeobachtungsunternehmen entwickelt, um den Schutz der Wale und Delfine in den Küstengewässern Irlands sicherzustellen, und er beschränkt sich ganz auf Whale-Watching-Touren. Sein Schiff, der Katamaran Voyager, läuft in der Wal-Saison zweimal täglich mit maximal zwölf Gästen von Baltimore an Irlands Südküste aus.

Nic Slocum stieg im Jahr 2004 aus einem geschäftigen Businessleben aus und siedelte von Großbritannien nach Irland über. *Lifestyle change* nennt man das. Bald danach baute er Whale Watch West Cork auf, und seit 2005 bietet Nic die Walbeobachtungs-Touren mit der Voyager an. Wir fragten Nic, was man auf Walbeobachtung in irischen Gewässern zu sehen bekommt. Er selber beobachtet Wale und Delfine seit fast 30 Jahren. In den Gewässern Süd-Irlands hat er bislang zehn verschiedene Walarten gesehen und identifiziert, darunter Zwergwale, Furchenwale, die großen Buckelwale, Schweinswale, Tümmler, verschiedene Delfine, manchmal auch Orcas oder große Tümmler, dazu Haie, zwei Arten Seehunde, zahlreiche Seevögel, Sonnenbarsche und Schildkröten, und nicht zu vergessen den bizarren kreisrunden Mondfisch – aber natürlich nicht alles zu jeder Zeit. Das Schöne am Lebensraum Ozean: Er funktioniert nicht auf Knopfdruck, es gibt keine Sichtungsgarantie, er bietet uns Überraschungen, und er lässt uns respektvoll sein. *{m}*

59. GRUND

## Weil man sich an Irlands Küste keine Illusionen über den Klimawandel machen muss

Ob in Irland oder anderswo: Es gibt noch immer eine Menge Menschen, die den Anstieg des Meeresspiegels gleichgültig ignorieren oder ihn gar für ein Märchen halten. Klar, auch die seriösen Klimaforscher streiten noch über das Phänomen rasch ansteigender Meere – allerdings nur über die Ursachen und nicht über die Tatsache als solche. Sind es nur die von Menschen gemachten Auswirkungen der Erderwärmung, die die Meere anschwellen lassen oder sind auch noch andere Kräfte am Wirken? Fakt ist: Im späten 19. und im 20. Jahrhundert ist der Meeresspiegel innerhalb von 100 Jahren um mehr als 20 Zentimeter gestiegen, bis zum Jahr 2100 eskaliert die Lage an den Küsten mit allergrößter Wahrscheinlichkeit: 90 bis 150 Zentimeter wird der Anstieg mindestens betragen. Das prognostiziert selbst der konservative Klimarat der Vereinten Nationen.

Wer an der Küste lebt, muss nicht theoretisieren, sondern nur genau hinschauen. Man kann die Auswirkungen des Klimawandels auf die Meere in den vergangenen Jahrzehnten mit wachem Auge gut studieren – und manchmal sind es ganz kleine Veränderungen, die uns die Augen öffnen. Zum Beispiel die Schwäne von Dromkeal. In einem kleinen ruhigen Meeres-Seitenarm der Bantry Bay leben seit Generationen Schwanenpaare auf einem kleinen grünen Hügel, der auch bei Flut gewöhnlich aus dem Meerwasser herausragte. Hier hatten die Schwäne zur Freude der Anwohner immer ihr Nest, hier zogen sie ihre Brut auf, ihr zweites Element, das Wasser, umgab und schützte sie.

Um die Millenniums-Wende allerdings fiel den Bürgern der Coomhola Borlin-Region auf, dass der Schwanenhügel immer öfter bei Flut, bei Vollmond und Springflut im Meer verschwand, erst bei starker Flut, und dann ganz regelmäßig. Die Schwäne blieben aus, ihre Gelege waren auf dem gefluteten Schwanenhügel nicht mehr sicher. Die Menschen von Coomhola Borlin und Dromkeal wussten, wem sie die Vertreibung der Schwäne zu verdanken hatten: dem steigenden Meeresspiegel, am Ende dem Menschen, uns allen, sich selbst. Ein Häufchen Naturfreunde und Idealisten wollte das nicht akzeptieren. Die Anwohner taten sich zusammen, bestellten etliche Lastwagenladungen Erde und erhöhten den Schwanenhügel um zwei Fuß. Heute ragt er wieder rund um die Uhr aus dem Wasser – die Schwäne sind zurückgekehrt und vermehren sich auf dem Swan Hill fleißig wie zuvor.

Die Schwäne von Dromkeal erinnern uns beim Vorbeifahren immer wieder an die Menschen auf den Malediven, auf den tellerflachen Pazifikinseln oder an den ebenfalls vom steigenden Meeresspiegel bedrohten Küsten der Niederlande, Italiens … Irlands … Der Kampf um den Schwanenhügel wird weitergehen – und nicht nur dieser. *{m}*

60. GRUND

## Weil auf einer Insel zu leben gut für die Gesundheit sein kann

Eine Insel ist *per definitionem* von Wasser umgeben. Wasser reflektiert das ultraviolette Licht. Das ist insbesondere im Winter sehr praktisch und sogar ziemlich gesundheitsförderlich, denn so haben die trüben Winterwochen kaum eine Chance, zu einem ausgeprägten Winterblues zu führen. Die graue Jahreszeit ist meistens kurz, der Frühling startet früher als auf dem Kontinent und gibt mir bereits Mitte Januar die wohltuende Gewissheit, dass wir das Schlimmste geschafft haben, dass die Natur erwacht.

Kaulquappen paddeln dann durch unseren Teich, der Graureiher lässt sich wieder blicken, manchmal blühen in den ersten drei oder vier Wochen des Jahres bereits einige Narzissen, und die in fast jedem Vorgarten stattfindende Kamelienblüte startet mit ein paar noch etwas schüchtern erscheinenden Blüten. Man ist der Natur näher als an vielen anderen Orten und bekommt relativ gut mit, wie jeder Tag wieder ein bisschen länger wird. Das tut der Seele gut.

Der Golfstrom, der die Grüne Insel mit seiner milden Luft verwöhnt, spielt ein wundervolles Spiel mit der verstärkten Lichteinstrahlung, welche Wachstum und gute Laune erleichtert. Spätestens am 1. Februar steht das Vieh wieder auf der Weide, und viele Menschen flanieren nun demonstrativ im kurzärmligen T-Shirt oder Kleidchen durch die Sträßchen (siehe Grund 22: winterliche Temperaturen). Aufbruchstimmung kommt auf, die Geschäfte packen Gartengeräte, Samentütchen und allerlei Dünger in den Vordergrund, es juckt den Hobbygärtner in den Fingern. Wegen des (so gut wie) nie zufrierenden Bodens kann man tatsächlich den Spaten tanzen lassen und seiner GärtnerInnen-Kreativität Ausdruck verleihen.

Nur wenige Wochen später muss schon die Sonnencreme ausgepackt werden, denn das vom Meer reflektierte Sonnenlicht kann ganz schnell zu hochroten Nasen führen. Gewöhnt man sich langsam und verantwortungsvoll daran, steht einer guten und regelmäßigen Vitamin-D-Versorgung nichts im Weg. Dieses Vitamin ist in den letzten Jahren als wichtiges Antiaging- und Antikrebs-Vitamin identifiziert worden. Für einen hohen Gesundheitswert sorgt freilich auch die meistens wehende Brise: Schlechte Luft oder gar Smog ist in Irland so gut wie unbekannt. Die salzige und jodhaltige Luft kann für Menschen mit Atemwegsbeschwerden sogar zur Therapie werden.

Nicht umsonst war unser Dorf Glengarriff in der ersten Hälfte des 20. Jahrhunderts bekannt als weithin empfohlener Luftkurort. Das altehrwürdige Eccles Hotel wurde im Ersten Weltkrieg von einer reichen angloirischen Dame namens Violet Bryce kurzerhand zum Rekonvaleszenz-Heim umgebaut. Sie sorgte dafür, dass verwundete und an Infektionen leidende britische Offiziere wieder zu Kräften kamen. Die mit schweren Depressionen kämpfende Virginia Woolf war 1934 Gast im winzigen Luftkurörtchen mit den magischen Meeresausblicken. Auch die von vielen kleinen Wehwehchen geplagte Autorin der berühmten Kinderbücher *Mary Poppins*, Pamela Travers, kam regelmäßig ans südwest-irische Meer, um sich zu stärken, sie wurde 96 Jahre alt. So alt wie etliche Personen aus unserem Bekanntenkreis. *{e}*

KAPITEL VII

# STADT UND LAND

61. GRUND

## Weil man in Irland so herrlich auf Zeitreisen gehen kann

Es ist ganz leicht, in Irland das Kind im Erwachsenen zu wecken. Man braucht nur eine kleinere Expedition ins Grüne zu machen und kann geheimnisvolle Dinge entdecken. Vorausgesetzt allerdings, man hat die Erlaubnis, den verlassenen Schlosspark, den abgelegenen Berg oder die weitläufige Farm der Eigentümer zu erwandern. Denn in Irland gibt es wenig Land, das der Allgemeinheit gehört, darum muss man für seine Erkundungen auch oft fremde Tore öffnen und über Zäune klettern. Oder auch mal ein Flasche Whiskey springen lassen.

Ich erinnere mich gerne an das aufregende Gefühl, als wir uns aufmachten, ein angebliches früheres Waffenlager der IRA zu finden, es sollte sich in einem weit abgelegenen Höhlensystem eines kaum zugänglichen Berges befinden. Kindliche Freude kam auf, als wir den mit Grünzeug überwucherten, kaum sichtbaren Eingang entdeckten. Wir erkundeten das Innere des feuchtmodrigen dunklen Raumes mit Handy-Taschenlampen. Die Aufregung stieg, als wir auf einem Felsvorsprung ein Kästchen fanden, das Kästchen wurde von einem Rosenkranzkettchen zusammengehalten, leider war es mit einem winzigen Vorhängeschloss verriegelt. Das Herz schlug prompt schneller beim unerwartet spannend werdenden Abenteuer: Ein Foto eines attraktiven jungen Mannes zierte den geheimnisvollen Gegenstand, und Daten, welche offensichtlich Geburts- und Todestag markierten, wurden abfotografiert. Später konnten wir im Internet recherchieren, um wen es sich handelte; dass der irischstämmige Mann erst vor wenigen Jahren sehr jung verstorben war und dass seine Vorfahren genau auf diesem Berg einst gelebt hatten.

Einer unserer Erkundungsausflüge führte uns in einen verlassenen weitläufigen Park, der vor über 100 Jahren einer adligen Familie gehörte. Wir hatten von einer unterirdischen Kammer gehört, diese wollten wir finden. Im inzwischen zur Ruine verkommenen dazugehörigen Schlösschen hatte sich bis in die 70er-Jahre des vergangenen Jahrhunderts ein Hotel befunden. Wir fanden alte Wege, blühende Spuren eines vermutlich traumhaften Gartens, eine verrottende alte Kutsche, gruselige Überreste von Gemäuern, und fielen irgendwann doch tatsächlich fast in das »Oberlicht« der geheimnisvollen Kammer. Die Fantasie machte Purzelbäume, und bei jedem Fund stellten wir uns vor, wer wann und warum hier gebaut und gehaust haben könnte.

Auf den vielen kleinen Inseln, welche die Küste unserer grünen Heimat umgeben, gibt es noch viel mehr zu entdecken. Auf Whiddy Island kann man eine kleine verlassene Schule, die man durch eine blühende Dornröschen-Hecke betritt, erkunden. Die verstaubten Schulbänke sehen so aus, als ob sie gleich nach Neustart der stehen gebliebenen Zeit wieder eine Schar von barfüßigen Schülern in schlichter Kleidung, dafür mit Lederranzen, beherbergen könnten.

Eine weitere Schulruine war das Objekt unserer Neugierde auf einer anderen Insel, wo wir uns über die durch eine Mauer getrennten Zugänge zu zwei Donnerbalken-Toiletten im Freien amüsierten. Selbst kleine Jungen und Mädchen sollten wohl damals nicht auf dumme Gedanken kommen. Auf Bere Island können gleich mehrere alte Monumente erkundet werden. Einer der schönsten prähistorisch genutzten Plätze, der drei Meter hohe und von Weitem sichtbare Gallán Standing Stone (Stehender Stein), steht exakt auf der Mitte der elf Kilometer langen Insel. Wie haben die Urzeit-Ingenieure so eine Präzision zustande gebracht?! Die von den Engländern 1899 gebaute militärische Wehranlage Lonehort Battery mit ihrem fünf Meter tiefen Festungsgraben fasziniert auch heute noch. Auf dieser Insel, wie vielerorts im küstennahen Irland, prägten die zunächst sehr aggressiv agierenden Wikinger vor über 1.000 Jahren den Bau von Siedlungen. Nun kann der Besucher wieder sein Kopfkino starten und sich vorstellen, wie es damals zuging.

Da aufgrund der weniger werdenden Zuschüsse und Privilegien viele der Inseln nach und nach entvölkert wurden, wird das Zeitreisen auf diesen entlegenen Fleckchen Erde vermutlich noch lange möglich sein und eher aufregender werden. Wir haben schon so manches vor 20 und viel mehr Jahren verlassene Gebäude erkunden können. Oft steht noch ein Großteil der Einrichtung, vieles ist freilich von Moos bewachsen und von schützenden Spinnennetzen umwoben. Andere Häuser bestehen kaum noch aus Außenmauern, geschweige denn einem Dach, vielleicht erkennt man noch eine Kochstelle und die typischen ausgehäufelten Kartoffelfelder in der Umgebung. Solche kindlichen Erkundungstouren bieten jedes Mal reichlich Stoff, um im Kopf Filme zu starten. An manchen Orten meint man fast Stimmen zu hören und die Schicksale derjenigen zu spüren, die lange vor uns hier wandelten. *{e}*

62. GRUND

## Weil es in Irland ganz alerte Nachbarschaften gibt

Wer schon einmal auf Irlands Straßen unterwegs war, wird die Schilder gesehen haben: *Community Alert Area* – und sich vielleicht gefragt haben, was diese Tafeln am Straßenrand bedeuten. »Gemeinde-Alarm-Gebiet« – werden hier etwa irgendwelche Manöver abgehalten? Ist die Gemeinde alarmbereit? Und wenn ja, warum?

*Community Alert* kann man auch als »Wachsame Gemeinde« übersetzen, und hinter den Schildern stehen örtliche Vereine, wachsame Menschen, die sich um die Sicherheit in ihrer Gemeinde sorgen und kümmern. Die Schilder selber sprechen eine stumme Warnung an alle aus, die Übles im Schilde führen: In dieser Gemeinde gibt es aufmerksame Menschen, die sich in einem Verein organisieren und die mit ihrer Aufmerksamkeit und Wachsamkeit über die Sicherheit in ihrer Ortschaft wachen. Die dem gemeinen Ein- und Verbrecher das Leben möglichst schwer machen.

Genau genommen sind die Community-Alert-Vereine und deren Mitglieder die verlängerten Arme der Polizei in Irlands ländlichen Gebieten (die Schwester-Organisationen in den Städten heißen *Neighbourhood Watch*). Sie melden verdächtige Leute, unbekannte Autos, ungewöhnliche Ereignisse an die nächste Garda-Station. Sie passen auf ihr Haus und das ihrer Nachbarn auf und sehen nach den hilfsbedürftigen Menschen in der Nachbarschaft. Das gibt den Vereinen, die eng mit der Polizei kooperieren, ihren sozialen Sinn. Was manchen Zugezogenen an Blockwarttum und Denunziation erinnert, ist im besten Sinne gelebte Verantwortung für die Gemeinschaft, in der man wohnt. Dass sich in den Community-Alert-Vereinen auch übereifrige Ortsspitzel austoben können, liegt in der Natur der Sache.

Neulich im örtlichen Community-Alert-Verein: Jahreshauptversammlung. 15 überwiegend ältere Dorfbewohner treffen sich im Hinterzimmer der Gemeindehalle. Dazu gesellen sich drei Uniformierte. Es war ein sicheres, also ein gutes, wenn auch wiederum langweiliges Jahr in unserer Gegend. Die Kriminalitätsrate im Westen des County Cork ist die niedrigste in ganz Irland, lässt uns der Verbindungsbeamte der Garda wissen. Immerhin: Zuletzt gab es in der Gegend drei Einbrüche, die Täter kamen aus der Stadt und konnten aufgrund der Wachsamkeit alerter Bürger gefasst werden. West Cork ist also kein Ort für Diebe und Einbrecher.

Mehr Sorgen bereitet der Polizei das häufigste Verbrechen in der Region: Der Diebstahl von Benzin und Diesel. Seit der Euro in Irland nicht mehr ganz rund rollt, hat der Benzin-Klau auf dem Land massiv zugenommen. Die Heizöl-Tanks, die in Irland meist im Freien stehen, sind nicht mehr sicher. Auch der Altmetall-Klau hat dramatisch zugenommen, und Suff-Schlägereien und Drogendelikte haben ebenso Konjunktur in der Gegend. Ansonsten aber ist die Welt hier auf dem Land doch noch weitgehend in Ordnung. *{m}*

63. GRUND

## Weil im irischen Krankenhaus der Mensch noch Mensch ist

Zugegeben, dem Thema Hygiene scheint man in irischen Krankenhäusern entweder viel zu wenig oder viel zu viel Beachtung zu schenken. Vor der Kaiserschnitt-Entbindung seines Töchterchens musste ein lieber Freund erst einmal die verkrustete Nachttisch-Schublade der werdenden Mama putzen. Auch musste das verklebte Fenster so weit bearbeitet werden, dass die abgestandene Luft im Hospitalzimmer in Bewegung gebracht werden konnte. Baby Sina ist vor zehn Jahren nicht in einem Provinzkrankenhaus auf die Welt gekommen, sondern in der zweitgrößten Stadt des Landes.

Inzwischen gab es einige Krankenhausskandale, und ein gewisser Reinlichkeitsfanatismus ist ausgebrochen. So kann es vorkommen, dass man als Patient mitten in der Nacht einen Staubsauger dröhnen hört oder dass jemand mit dem Schrubber um die Betten wuselt. Auch werden heutzutage in ganz kontinentaler Manier Berge von Müll produziert, um Verbands- und Untersuchungsmaterial so steril wie möglich anwenden zu können.

Indes wird die Freundlichkeit der Pflegenden und vieler Ärzte immer wieder in den höchsten Tönen gelobt. Oft nehmen sie sich trotz Zeitdruck und Personalmangel Zeit, um zu reden und zu trösten. Selbst wenn vier oder mehr Personen in einem Zimmer liegen, nur durch dünne bunte Gardinchen getrennt, wird zugehört, so gut es eben geht. Auf den Fluren irischer Krankenhäuser herrscht immer wieder dramatische Überfüllung, doch irgendwie führen solche Zustände nicht zum Verlust eines Minimums an Menschlichkeit.

Erst kürzlich war den Medien zu entnehmen, dass irische Ärzte klagten, sie hätten keine Viertelstunde mehr für ihre Patienten übrig. In Deutschland war ich oft froh und fühlte mich geehrt, wenn

Herr oder Frau Doktor mir überhaupt fünf Minuten zuhörte, ohne mehr oder weniger diskret auf die Uhr zu schauen.

Ich habe sogar eine junge Zahnärztin, die unglaublich rücksichtsvoll mit meiner Angst vor dem Bohrer umgeht, die deswegen alle Behandlungsschritte mit mir bespricht und sich wirklich Zeit für mich nimmt. Ob die Zahnfüllung groß oder klein, kompliziert oder primitiv zu bewerkstelligen ist, sie kostet 90 Euro und ich bekomme etwas für mein Geld geboten, das eigentlich nicht bezahlbar ist: Respekt und Menschlichkeit. Man spricht Arzt und Ärztin übrigens beim Vornamen an – wie auch Notare und Polizisten, daran muss man sich erst einmal gewöhnen. *{e}*

64. GRUND

## Weil das ländliche Irland ein kleiner Raum der Freiheit ist

Irland ist anders, las ich kürzlich im *Irish Examiner* – zumindest das ländliche im Vergleich zum urbanen. Castletownbere ist anders als Kildare, Doolin anders als Dublin. Na klar. Überraschend ist allerdings die Diagnose des Reporters, warum das ländliche Irland so anders sein soll: Das ländliche Irland sei gewissermaßen klassenlos. Da gibt es wenig Status-Unterschiede und kaum soziale Ausgrenzung. Da kann der Arbeitslose problemlos Vorsitzender eines Ortsvereins sein und sich als Mensch großer Wertschätzung erfreuen, auch wenn es beruflich nicht hinhaut bei ihm. Stimmt. Das Leben auf dem irischen Land trägt egalitäre Züge: Es ist nicht so wichtig, was du bist, was du trägst, wie deine Wohnung aussieht oder was du besitzt, um akzeptiert zu sein.

Das irische Land ist deshalb – ohne es verherrlichen oder die rigiden Formen sozialer Kontrolle schönreden zu wollen – auf seine Weise ein kleiner Raum der Freiheit. Eine alte aus Deutschland zugezogene Nachbarin, die es kleidungstechnisch stets extrem locker angehen ließ, pflegte diesen Lieblingsspruch: »Nicht so wichtig, wir sind doch hier in Irland.« In Ordnung, dachte ich mir – auch angesichts der vielen Vorbilder in meiner dörflichen Nachbarschaft –, die Freiheit nehme ich mir doch gerne. Früher musste ich mich mit mühselig konstruierten Glaubenssätzen im rechten Licht behaupten: »Leute, die viel schreiben, haben keine blitzblank geputzten Häuser« – sei es, weil die Zeit, die Aufmerksamkeit für das staubige Detail oder das Geld dazu fehlt. Oder diesen hier: »Männer spülen nicht ab, die weichen ein.« Oder den: »Wer Ordnung hält, ist zu doof, das Chaos zu verstehen.« Heute sage ich nur: »Wir sind doch hier in Irland.« Geht doch. Die Abwaschberge in der Küche rufen auch nur ganz, ganz leise. Viel, viel leiser als die Kerry-Berge da draußen. *Here I come!* {m}

65. GRUND

## Weil es in Irland Orte gibt, die uns mit der Vergangenheit verbinden

Es gibt Zeiten, da möchte ich aus der Menschheit austreten und mich einem großen wogenden Wald anschließen, oder einer Tierherde, die mehr oder minder friedlich durch die Savanne streift. Mit den Wildgänsen ziehen oder mit dem Atlantischen Lachs. Mit diesen Gedanken bin ich aufgewacht. Ukraine, Minsk, Athen, Brüssel, Nigeria, Irak, Syrien, Washington, Moskau, München, Frankfurt am Main. Irgendeinen Krisenherd vergessen? Keine Spezies tut sich schwerer mit dem friedlichen Zusammenleben als wir Menschen. Mein Gott, was hättest Du besser gemacht, wenn es Dich gäbe? (Version für den gläubigen Menschen: Mein Gott, warum ist Dir Dein »Meisterwerk« beim Schöpfen, am Nachmittag des sechsten Tages muss es gewesen sein, so aus dem Ruder gelaufen?)

Dann richten sich die Gedanken in Richtung der nahen Berge, der Blick gleitet langsam über den weiten Atlantik – und ich beschließe wieder einmal zu bleiben. Mensch, das Leben ist wunderbar. Trotzdem. Erste Male sind besondere Erlebnisse. Vorgestern bestieg ich zum ersten Mal einen Berg, den ich seit 15 Jahre kenne. Ich bin so oft an ihm vorbeigefahren, er lag stets vor mir als immerwährende Möglichkeit – ein großer rundlicher Klotz aus zerfurchtem alten Sandstein – über der Bucht auf der Beara-Halbinsel. Nur 350 Meter hoch und doch ein solider Brocken: der Mountain. Still grüßt er die Autofahrer, die Richtung Lands End unterwegs sind oder über den Pass kurven. Er liegt dort seit Ewigkeiten, er hat viel mitgemacht, ist weit gereist, war schwer unter Druck, hat tief eingewirkte Falten und Furchen, ist gar ein wenig heruntergekommen im Vergleich zu früheren majestätischen Höhen – und doch liegt der steinalte Solitär gelassen, souverän und im Frieden mit seinen Nachbarn in der Landschaft der Cahas.

Man sieht es auf der Küstenstraße: Hoch oben, unterhalb der 300-Meter-Linie, leuchtet ein mächtiger Kiesel im Fels in den Farben Rot-Weiß und irritiert Touristenaugen. Seit einigen Generationen steigen jedes Jahr Menschen mit Farbeimern auf den Berg. Sie gehen im nassen Moor und kraxeln über Sandstein-Kaskaden, steuern zielstrebig den mächtigen Findling an, der wie ein archaisches Tier, mal Fisch, mal Vogel, mal Säugerschädel, auf einer Felskante ruht – zur Weiterreise bereit, aber seit einem Wimpernschlag der Erdgeschichte ohne Mitfahrgelegenheit. Der letzte große Gletscher hatte den erratischen Block vor 10.000 Jahren dort hingeworfen, ihn bei seinem tränenreichen Rückzug am Ende der Eiszeit liegen lassen. Der Findling verbindet uns mit der Zeit, als die Meeresbucht dort unten noch ein Tal war, eine grüne Talaue mit einem Süßwassersee in der Mitte, dem Bantry Lough.

Was motiviert Menschen, einen einzelnen Steinblock hoch oben in der Einsamkeit einer bizarren Felslandschaft mit roter und weißer Farbe zu bemalen? Sind das archaische Riten, vorchristliche

Bräuche? Wussten und wissen sie um eine tiefere Bedeutung des Ortes?

Der Mensch ist nicht nur feindseliger Krieger. Wenn er friedlich kämpft, wird er zum Spieler. *Homo ludens.* Sport ist deshalb so etwas wie die Weiterführung des Krieges mit friedlichen Mitteln. Die Menschen mit den Farbeimern waren, sie sind Anhänger des Spiels. Der Berg grüßt in den Farben der Mannschaften von Cork: Rot und Weiß. Die Krone des Gaelic Football für die Kämpfer von Cork (siehe Grund 79). *Up the Rebels.* Rot-Weiß vor Grün-Gelb. Der All Ireland Pokal will nach Hause geholt werden, jedes Jahr aufs Neue.

Im Spätwinter herrscht noch Ruhe auf den knöcheltief nassen Footballfeldern Irlands. Doch bald steigen die Kellys von Beara wieder hoch hinauf, um das steinerne Urtier zum Leuchten zu bringen. Weithin sichtbar die Farben der Unschuld und des Blutes. Lasst uns spielen. *{m}*

66. GRUND

## Weil Irland nicht Dublin ist

Die Dubliner, die Bewohner der irischen Hauptstadt, halten ihre viel besungene *City* für den Nabel der Welt und trotz der Randlage an der Ostküste für das Zentrum der Grünen Insel. Die alte irische Redensart, derzufolge »Irland nicht Dublin ist«, lässt allerdings darauf schließen, dass es außerhalb dieses prächtigen Zentrums, draußen an der Peripherie, noch ein anderes Irland geben muss: das eigentliche Irland eben. Das ländliche Irland. Das Irland der Postkarten und der Urlaubersehnsüchte.

Von diesem Irland ist in diesem Buch überwiegend die Rede, und das ist kein Zufall. Wir, die Autoren, leben beide gerne, bewusst und freiwillig auf dem Land, weitab der großen Metropolen, der Autobahnen und der Flughäfen, der Gewerbegebiete, der Amüsiermeilen und der Shopping-Malls. Dort, wo schon eine 3.000-Seelen-Gemeinde »Stadt« genannt wird, wo die Straßen eher schlecht sind und die Möglichkeiten, Geld auszugeben, begrenzt. Wo die Farmer noch den Alltag bestimmen und die Kleiderordnung keine Bedeutung hat, wo der Wind, kläffende Hunde, schreiende Esel und mähende Schafe den Ton angeben – und wo die Natur noch so schön, faszinierend und unverbraucht ist wie kaum irgendwo sonst im überentwickelten Europa.

Dieses ländliche Irland ist ein stiller Rückzugsort, der vielen Menschen viel zu wenig Unterhaltung und Ablenkung bietet, an dem es wenig Arbeit und nicht immer Hochkultur gibt, und das man sehr mögen muss, um all die vielen Nachteile, Hindernisse und Unzulänglichkeiten des Alltags ohne Frustrationen wegstecken zu können.

Es ist auch das Irland, das man gerne für ein, zwei oder drei Wochen bereist, um sich den Träumen von einem anderen Leben hinzugeben, von einem idyllischen Leben fernab von Stress und hektischer Arbeitsroutine, einem Leben in Ruhe und Frieden, mit Tieren, Pflanzen und blau gestrichenen Fenstersimsen.

Für uns ist das ländliche Irland an der Atlantikküste seit dem Jahr 2000 die neue Heimat. Davor lebten und arbeiteten wir in den Städten Deutschlands – und nach dem Umzug zog es uns eher wenig in die wenigen großen Städte Irlands: nicht nach Dublin, kaum nach Galway, Limerick oder Waterford, eher notgedrungen dann und wann in das 80 Kilometer entfernte Cork.

Es dauerte fast zehn Jahre, bis die zwangsläufigen Fahrten in das Behörden-Zentrum Cork auch positive Gefühle in mir auslösten. Eigentlich konnte der Begriff »Nicht-Mögen« das antipathische Verhältnis zur County-Hauptstadt nicht hinreichend ausdrücken. Doch nach einer Dekade der zwangsläufigen Reisen in die zweitgrößte Stadt der Inselrepublik begann ich mich anzufreunden, begann ich, die lieblichen, die interessanten, die verborgenen Seiten der irischen Süd-Metropole am River Lee zu beachten, zu schätzen, ja, zu mögen. Es war eine Liebe auf den zehnten Blick – doch auch das gibt es.

Wenn also Irland und Stadt angesagt sind, dann breche ich immer eine Lanze für Cork, die heimliche Hauptstadt, die an sonnigen Tagen so mediterran anmutende kleine Großstadt mit gerade einmal 120.000 Einwohnern, die man gut zu Fuß erkunden kann, die sich ihren ganz eigenen und eigenwilligen Charakter erhalten hat. Die Stadt mit einer großartigen Musikszene, mit einem kleinen inselgleichen Stadtzentrum zwischen den beiden Armen des Flusses Lee, mit der Haupteinkaufsstraße Patrick's Street (Lokal: »Pana«), durch die bis heute munter der Verkehr fließt und die (noch) nicht von den Shops der großen globalen Handelskonzerne dominiert wird.

Doch endlich zur Sache: Was wäre ein Irland-Buch ohne diesen bedeutenden Rest von Irland, die Hauptstadt, den Ballungsraum, in dem fast jeder dritte Ire und jede dritte Irin leben: Dublin. Ich gestehe meine Unwissenheit, was diese ferne Schönheit angeht, und reiche die Feder für vier gute Gründe weiter an meinen Freund Dirk Huck, der seit vielen Jahren als Berater in der Baile Átha Cliath, in der Hauptstadt Dublin lebt und arbeitet, der die Stadt liebt und sie in seiner Freizeit gerne durchfährt und durchwandert. Ring frei für unseren Gastautor Dirk. *{m}*

67. GRUND

## Weil Dublin eine kosmopolitische Metropole mit Kleinstadt-Charme ist

Francisco aus Spanien, Pilvi aus Finnland, Aurore aus Frankreich, Ricardo aus Portugal, Maria aus Malta, Daniele aus Italien, Thierry von der Elfenbeinküste, Balaji aus Indien, Gabriel aus Brasilien, Harly von den Philippinen – sie alle haben eines gemeinsam: Sie leben in Dublin. Nirgends zeigt sich die gewaltige Veränderung, die Irlands Bevölkerung in den vergangenen zwei Jahrzehnten erfahren hat, deutlicher als in der Hauptstadt. Vormals nicht mehr als eine provinzielle Kleinstadt, in der Iren unter sich waren und sich Ausländer allenfalls in der Gestalt von Touristen zeigten, ist Dublin heute eine kosmopolitische Metropole mit 15 Prozent Ausländeranteil (landesweit zwölf Prozent).

Der »Keltische Tiger« holte nicht nur viele ausgewanderte Iren zurück, er lockte auch zahlreiche ausländische Arbeitskräfte. Vor allem die großen US-Unternehmen, die ihre Europazentralen in Dublin betreiben, benötigten dringend fremdsprachiges Personal. Plötzlich wurde die eigene Muttersprache zur nachgefragten beruflichen Qualifikation. Und so kamen sie von überall aus Europa, aber auch aus Afrika, Asien, Amerika. Fast jede Nationalität der Erde ist heute in Irland vertreten, wie die Volkszählung 2011 ergab. Der Großteil davon lebt im Raum Dublin, dem wirtschaftlichen Zentrum Irlands.

Mit den Einwanderern kamen auch neue Einflüsse und eine bis dahin unbekannte Vielfalt, die Dublin in die Moderne katapultierten. Früher noch undenkbar, gibt es heute polnische und chinesische Lebensmittelläden, Sushi-Bars, indische und mongolische Restaurants und gar Afro-Friseure. Supermärkte führen deutsche Fleischwurst, französischen Käse und exotische Gewürze. Man trinkt jetzt nicht mehr nur Tee oder Kaffee, sondern Chai, Mokka, Latte oder Frappuccino. Eis-Cafés, bei denen man bei gutem Wetter draußen seinen Eisbecher genießen kann, brachten europäisches Flair nach Dublin.

Der Großteil der Neuankömmlinge ist jung. Sie finden in der Regel schnell Anschluss, denn mit 36 Prozent Anteil stellen die 20- bis 39-Jährigen die größte Gruppe in Dublins Bevölkerung. Anfangs kamen Francisco, Ricardo, Maria, Daniele und die anderen vielleicht in erster Linie der neuen Berufschancen oder eines Studiums wegen nach Dublin. Doch sie wurden auch mit offenen

Armen empfangen. Der besondere Humor, die Selbstironie, die allgemein lockere Art der Dubliner half den Neuankömmlingen bei der Integration. Viele junge Einwanderer fanden hier in Dublin ihren ersten Job, standen zum ersten Mal auf eigenen Beinen. Neben dem Einblick in eine andere Kultur bietet Dublin ihnen neue Erfahrungen, die Möglichkeit der Neuorientierung und Entfaltung, der Selbstfindung. Dublin hat dafür die perfekte Größe: groß genug, um Rückzugsmöglichkeiten zu bieten und eine gewisse Anonymität zu garantieren, aber wiederum nicht zu groß, um darin verloren zu gehen und sich isoliert zu fühlen, und so klein, dass man regelmäßig unverhofft auf jemanden trifft, den man kennt. Kein Wunder, dass sich die meisten Zuwanderer in Dublin schnell heimisch fühlen und länger bleiben, als sie ursprünglich vielleicht vorhatten.

Heute repräsentiert Dublin alles, was eine europäische Hauptstadt auszeichnet: multikulturell, modern, pulsierend, ein anspruchsvolles Kulturprogramm, ein attraktives Nachtleben, und trotzdem ist die Stadt immer noch freundlich, ruhig und gelassen mit dem Charme einer Kleinstadt.

Man darf gespannt sein, welche Entwicklung Dublin in den kommenden zwei Jahrzehnten erfahren wird. Mit den Kindern der Einwanderer wächst die nächste Generation Dubliner heran, so multikulturell wie keine andere vor ihr …

68. GRUND

## Weil Dublin eine beeindruckend kreative Stadt ist

Ist es die frische Seeluft? Das leise Murmeln der Liffey? Oder doch das jeden Tag frisch gebraute Guinness? Was immer es ist, es scheint die Kreativität besonders zu beflügeln. Scheinbar mühelos bringt Dublin als kulturelles Zentrum Irlands immer wieder bekannte Schriftsteller, Musiker, Schauspieler und Künstler hervor, die sich über die Landesgrenze hinaus einen Namen machen. Obwohl im Grunde eine Kleinstadt, hat sich Dublin mit seinen zahlreichen Theaterbühnen, Konzerthallen, Museen, Galerien und Festivals längst einen Namen unter Europas Kulturmetropolen gemacht.

Geht es um das geschriebene Wort, hat Dublin beachtliche Referenzen vorzuweisen. Mit William B. Yeats, George Bernard Shaw, Samuel Beckett und Seamus Heaney führt man gleich vier Literatur-Nobelpreisträger. Auch sonst liest sich die Riege der Schreiber und Poeten, die in der Stadt wirkten oder noch wirken, teilweise wie ein Who's Who der Weltliteratur, auch ohne die vielen ausländischen Schriftsteller hinzuzurechnen, die in Dublin Inspiration suchten und fanden, unter ihnen Namen wie Rudyard Kipling und Graham Greene. Und vergessen wir nicht James Joyce, der Dublin mit seinem *Ulysses* ein literarisches Denkmal setzte. Ihm zu Ehren feiert die Stadt jedes Jahr am 16. Juni »Bloomsday«, weltweit das einzige Festival, das einer fiktiven Romanfigur huldigt.

Das Wort spielt eine große Rolle in Dublin. Die Iren lieben es zu erzählen und die Dubliner haben es perfektioniert. Nicht umsonst lautet die häufig verwendete Begrüßungsfloskel: »What's the story?« Die vielen Jahre wirtschaftlicher Not und harter Entbehrungen haben aus den Dublinern Trinker, aber auch Lebenskünstler, Denker und Dichter gemacht (zuweilen auch trinkende Dichter oder dichtende Trinker). Ihnen eigen ist ihre besondere Sicht auf die Welt und das Leben im Allgemeinen, die sie mit ihrem oft scharfzüngigen, mit Sarkasmus angereicherten, pointierten Sprachwitz schlagfertig zum Ausdruck bringen; Oscar Wilde, der König der Zitate, machte damit in den vornehmen Kreisen in London Karriere. Wird heute in der Stadt ein neues Objekt oder eine Statue errichtet, hat der Volksmund schnell den passenden, oft anrüchigen Namen parat; siehe Molly Malone, »The Tart with the Cart«.

Auch was Musik angeht, setzt der Geburtsort von Riverdance immer wieder Akzente. Wer kennt nicht U2, Boyzone, Chris de Burgh, Thin Lizzy, die Chieftains und natürlich The Dubliners?

Dublin ist ein wahrer Schmelztiegel für Musik aller Richtungen. Wer auf traditionelle Folkmusik steht, ist z. B. im Pub Cobblestone bestens aufgehoben. Im Whelan's wiederum findet man alles von Rock über Punk bis zu Singer/Songwritern, live dargeboten von aufstrebenden oder etablierten Musikern. Vergessen wir auch nicht die vielen Straßenmusiker. Bestimmt fällt Ihnen auf, wie viele Menschen mit einem Instrument herumlaufen, auf dem Weg zum Musikunterricht oder zum nächsten Auftritt. Kurz: In Dublin ist man überall von Musik umgeben.

Dublin liebt Kunst und stellt seinen Schatz stolz zur Schau. Ob klassische, zeitgenössische oder eher abstrakte Kunst, jeder Stil ist vertreten. Museen und Galerien wie die National Art Gallery, die Hugh Lane Gallery, das Irish Museum of Modern Art (IMMA), die Chester Beatty Library oder die eher weniger bekannte Graphic Studio Gallery bieten beeindruckende Sammlungen. Immer wieder zieht es Künstler aus dem Ausland nach Dublin, um dort mit alternativen Kunstformen zu experimentieren.

Temple Bar, das bekannte Viertel, bietet einen hervorragenden Einblick in Dublins bunte und pulsierende Kulturszene. Doch Vorsicht: Hier hat der Kommerz zugeschlagen. Man setzt auf Massenabfertigung. Wer gerne einmal Künstlern in den Ateliers über die Schulter schauen möchte, besucht am besten eine der vielen Veranstaltungen im Rahmen der jährlichen *Culture Night*. Lassen Sie sich inspirieren. Vielleicht entdecken Sie ja sogar Dublins Kreativitäts-Geheimnis.

69. GRUND

## Weil in Dublin Geschichte allgegenwärtig ist

Von den Wikingern gegründet, von den Normannen befestigt, von den Engländern prachtvoll ausgebaut und von den Iren (fast) verschandelt – Dublin weist eine turbulente Vergangenheit auf, die ihresgleichen sucht. In seiner mehr als 1.000 Jahre langen Geschichte hat Dublin Kriege, Plagen, Hungersnöte und Feuersbrünste erlebt, mauserte sich zwischenzeitlich zur zweitschicksten Stadt des britischen Empire, um anschließend als unliebsames Anhängsel fallen gelassen, vernachlässigt und sogar bombardiert zu werden. Wenn Mauern reden könnten, würde die Liffey heute nicht Wasser, sondern einen nicht enden wollenden Schwall an Wörtern führen.

Dublin wurde nie völlig zerstört und musste deshalb nie von Grund auf wieder aufgebaut werden. Über die Jahrhunderte entwickelte es sich gemäß seiner eigenen Dynamik: mal zu langsam, mal zu schnell, manchmal mit Bedacht und Planung, oft genug ohne jedes Konzept. Wie bei einer Zwiebel legte sich Schicht um Schicht, ohne die vorherigen gänzlich zu ersetzen. Jede Epoche hinterließ ihre Spuren im Stadtbild, die heute noch gut sichtbar sind und sich dem aufmerksamen Besucher beim Stadtbummel offenbaren.

Am Wood Quay zum Beispiel wandelt der Besucher auf den Spuren der Wikinger, die dort im 9. Jahrhundert eine befestigte Siedlung errichteten – die Grundsteinlegung für Dublin. Spuren für die Archäologen hinterließen sie eigentlich reichlich. Doch wo sich heute ein bedeutendes Besucherzentrum über die Wikinger außerhalb Skandinaviens befinden könnte, steht stattdessen der schmucklose Betonbau der Dubliner Stadtverwaltung – nur ein Beispiel für die vielen Bausünden irischer Stadtplaner.

Oberhalb von Wood Quay erhebt sich die Kathedrale von Christchurch. Im Mittelalter war dies der Dreh- und Angelpunkt der Stadt. Das Umfeld mit seinen teils engen und gewundenen Straßenzügen lässt noch heute das dichte Gedränge im mittelalterlichen Dublin erahnen: Über die bergauf führende und gewundene Fishamble Street schoben die Fischhändler ihre Karren vom Hafen hinauf zum Marktplatz. Ebenfalls aus dem Mittelalter stammt das nur einen Steinwurf entfernt liegende Dublin Castle, 1204 von den Normannen erbaut und bis zu Irlands Unabhängigkeit 1922 der beständige Sitz der englischen Herrscher über Irland – das sind 718 Jahre, wie Ihnen jeder Ire schnell vorrechnen wird.

Trinity College, gegründet 1592, wurde seinerzeit vor den Toren der mittelalterlichen Stadt errichtet und leitete die Expansion nach Osten ein. Einen wahren (Bau-)Boom erlebte Dublin in der Epoche der vier unmittelbar nacheinander regierenden englischen Könige George I. bis IV., von 1714 bis 1830. In dieser Zeit entstanden die meisten Prunkbauten, die Dublin zu bieten hat: das Gerichtsgebäude Four Courts etwa, das alte Custom House, die City Hall, das Parliament House oder das heutige Parlamentsgebäude Leinster House. Und es entstanden die weiten, modern anmutenden Straßenzüge mit den äußerlich schlichten und ebenmäßig proportionierten Reihenhäusern mit ihren farbenfrohen *Georgian Doors*, für die Dublin so berühmt ist.

Nach dem georgianischen Boom kam der Abschwung, der Armut und rote Backsteinreihenhäuser für die Arbeiterklasse brachte. Erst mit dem als »keltischer Tiger« bekannt gewordenen wirtschaftlichen Aufschwung der Neuzeit kehrte auch die Bauwut zurück. Das International Financial Services Centre (IFSC) und das an eine Waschtrommel erinnernde Convention Centre in der Architekturlandschaft aus Glas und Beton im alten Hafengebiet sind nur zwei Beispiele aus der jüngsten Phase in Dublins turbulenter Geschichte.

Wikinger, Normannen, Engländer, Iren – sie alle prägten Dublin und machten es zu dem, was es heute ist. Wohin man auch blickt, welchen Pfaden man folgt, überall verspürt man den Hauch der Geschichte, findet man ein (nicht immer harmonisches) Nebeneinander von Vergangenheit und Moderne vor. Zu entdecken gibt es überall etwas. Das macht den besonderen Charme von Irlands Hauptstadt aus.

70. GRUND

## Weil Dublin jede Menge Kuriositäten parat hält

Jede Stadt hat ihre kleinen Kuriositäten, das Überraschende, das Ungewöhnliche. Oft erzählen die Geschichten hinter ihnen mehr über die Stadt und ihre Bewohner als die in den Reiseführern angepriesenen Hauptattraktionen. Dublin als alte Stadt mit turbulenter Vergangenheit hat zahlreiche kuriose Details zu bieten. Nachfolgend eine kleine Auswahl:

In der Mitte der westlichen Brüstung der O'Connell Bridge werden Sie eine bronzene Plakette entdecken. Sie erinnert an den Priester Pat Noise, der 1919 bei einem Kutschunfall auf der Brücke ums Leben kam. Das Problem: Father Pat Noise, dessen Konterfei auf der Plakette zu sehen ist, hat nie gelebt. Es dauerte seinerzeit eine ganze Weile, bis die Stadtverwaltung von der Plakette erfuhr. Anschließend rätselte man, wer sie in Auftrag gegeben hatte. Irgendwann dämmerte es, dass es sich bei dem angegebenen Stifter HSTI um ein Anagramm von SHIT handelt – tatsächlich hatten Witzbolde die Plakette angebracht, um der Stadt einen Streich zu spielen. Als die Plakette entfernt werden sollte, gab es einen öffentlichen Aufschrei. Längst war Father Pat Noise zu bekannt und gehörte zur Stadtgeschichte, als hätte er wirklich gelebt. Die Stadt fügte sich, die Plakette blieb. So ist Dublin.

In der Kildare Street, Ecke Nassau Street, finden Sie am Sockel der Säulen am roten Backsteingebäude kunstvolle Steinskulpturen, darunter Blumen, einen Adler, einen Hund, der einen Hasen jagt, und – Achtung! – drei Affen, die Billard spielen. Geschaffen haben diese eigenartigen Skulpturen die Gebrüder O'Shea, die sich Mitte des 19. Jahrhunderts einen Namen als kunstfertige Steinmetze gemacht hatten. Ähnliche Skulpturen mit Affen hatten sie auch für ein Museum im englischen Oxford angefertigt. Dort jedoch mussten sie im Zuge der heftig geführten Diskussionen um Darwins gerade erst veröffentlichte Thesen über die Abstammung des Menschen wieder entfernt werden – sie galten als zu anstößig. In Dublin hingegen erregten die Billard spielenden Affen weniger Aufsehen, weshalb sie bis heute erhalten blieben.

Neben dem Gebäude des Natural History Museum steht, leicht versteckt zwischen hohen Büschen, ein Denkmal für Prinz Albert (1819–1861), Gemahl von Englands Königin Viktoria. Dass der Prinz dort steht, ist durchaus bemerkenswert. Nach Erlangen der Unabhängigkeit 1922 schritt die neue irische Regierung nämlich energisch zur Tat, alle Überbleibsel des englischen Königreichs zu beseitigen. Sämtliche Statuen wurden von ihren Sockeln geholt. Dabei wurde die Regierung auch von »inoffiziellen Kräften« unterstützt. Spektakulärster Denkmalsturz war 1966 die Sprengung der 40 Meter hohen Granitsäule von Admiral Nelson auf der O'Connell Street durch die IRA. Königin Viktorias Statue, die als »Dublins hässlichste Statue« galt und 1947 eingemottet wurde, wurde 1987 nach Australien abgeschoben, als »Geschenk« verpackt. Und Prinz Albert? Der entging aus unerfindlichen Gründen jeglicher Aufmerksamkeit und steht noch immer auf seinem Sockel, als letzter »Überlebender« der englischen Königsfamilie in Dublin.

Weitere Kuriositäten, die erwähnenswert sind: die mumifizierten Körper einer Katze und Ratte in der Christchurch-Kathedrale; Marsh's Library, Irlands älteste öffentliche Bibliothek (fragen Sie nach den Büchern mit den Einschusslöchern); Sweny's Pharmacy am Lincoln Place, die in Joyces *Ulysses* erwähnt wird; die Steinköpfe englischer Bobbys und Offiziere an den Torbögen der Polizeistation in der Pearse Street; und *last but not least* das Natural History Museum, Dublins Naturkundemuseum, eröffnet 1857, das eigentlich selbst in ein Museum gehört.

Sie sehen, Dublin hält viele Kuriositäten parat. Wer auf einem Stadtbummel genau hinschaut, interessante Details hinterfragt und sich überraschen lässt, entdeckt eine weniger bekannte, aber äußerst charmante Seite von Dublin.

KAPITEL VIII

# IRISCHER LEBENSSTIL

71. GRUND

## Weil in Irland am Ende vieles doch ganz gut funktioniert

Herzlichen Dank, Dirk, für deine ausführliche Beschreibung von Dublin! Kehren wir in die irische Provinz zurück: Kürzlich war ein großer Tag in unserem kleinen Haus in Irland. Wir hatten ein großes Problem, und auf ganz irische Weise gab es dafür eine kleine Lösung auf dem kleinen Dienstweg. Wer Perfektion erwartet, wird wahnsinnig, wer keine Geduld hat, flüchtet, wer aber die Improvisation schätzt, hält Irland für den Himmel auf Erden. Hier mein Bericht:

*Eircom* hat sie gegeben, der Sturm hat sie genommen: unsere Kommunikationsbrücke zur Welt, unsere Telefonleitung. Doch heute kommt vielleicht der Telefon-Techniker, der Heils- und Leitungs-Rückbringer, der Hüter des heiligen irischen Kommunikationsgrals. Heute kommt Dermot, der örtliche *Eircom*-Techniker, und vielleicht repariert er heute unsere drei Haupt-Telefonleitungen, die nun seit dem Monstersturm vor genau zwei Wochen (14 Tagen) in beide Richtungen beharrlich schweigen. Ja, er kommt. Vielleicht. Zumindest stand ich gestern vor ihm, einem wirklichen Menschen mit Schnurrbart und breiten Schultern, einem gestandenen Mann aus Fleisch und Blut – und sein Mund sagte die Worte: »Ich komme morgen zu dir.« Nur Liebeserklärungen könnten schöner klingen. Zumindest wenn man seit zwei Wochen kommunikativ von der Außenwelt völlig abgeschnitten ist.

Ich habe Dermot gestern gesucht und gefunden. Er prüfte in der örtlichen Telefonzentrale im Dorf, einem unscheinbaren Häuschen gleich neben dem Polizeiposten, ein paar weitere Leitungen, die seit den wilden Winterstürmen im Januar und Februar nicht mehr funktionieren. Es sind Zehntausende im Land und Hunderte in der Gegend. Vielleicht sollte er all die prüfen, die noch in Betrieb sind, das wäre ein leichterer Job, denke ich mir. Dermot zeigt mir unsere eigene Telefonschaltkarte in der Schaltstation, er prüft sie, der Spannungsanzeiger sinkt kraftlos Richtung null: Dermots Urteil ist Fachjargon und doch eindeutig: »Voll geerdet.« Die Leitung ist tot.

Das bestätigt eindrucksvoll, was ich viel zu lange weiß: Drei umgestürzte Bäume und ein abgebrochener Ast haben unsere Telefonleitungen gleich an vier Stellen in die Knie gezwungen. Physisch. Sichtbar. Offensichtlich. Meine Tage seit dem Monstersturm wurden durch das Ritual bereichert, die unerträglich freundliche Automatenstimme des *Eircom*-Kunden-Abwehrsystems möglichst schnell zum Schweigen zu bringen und mich mit einer echten Callcenter-Menschenstimme irgendwo in Limerick, Dublin oder Shanghai (?) zu verbinden.

Am anderen Ende der Leitung allerdings sitzen Menschen, die nichts zu entscheiden haben, die lediglich bestens geübt darin sind, eine hohle Form der Freundlichkeit als ihre einzige Waffe einzusetzen. Wenn sie mit ihren Schwurbel-Routinen nicht mehr weiterwissen, versuchen sie zumindest, Mut zu machen. Ihnen zufolge müssten die Reparatur-Trupps bereits seit fünf Tagen rund um die Uhr in unserer Gegend ackern. Gesehen hat sie niemand. Die Ermunterung der gnadenlos freundlichen Telefonstimme aus Limerick, Dublin oder Shanghai (?) klingt deshalb wie Hohn: »Wahrscheinlich wird Ihr Telefon am Samstagabend wieder funktionieren.« Am Sonntag, am Montag und auch am Dienstag. Nichts. Natürlich nicht. Denn die drei Bäume und der große Ast liegen noch immer auf der Leitung.

Pünktlich zum Beginn der wilden Weihnachtsstürme hatte die einstige stolze irische Staats-Telekom *Eircom*, die nach der Privatisierung von gierigen Finanzinvestoren (Heuschrecken) ausgebeint und ausgeplündert wurde, noch einmal fast 1.000 Mitarbeiter in Rente und Arbeitslosigkeit geschickt; so war sie bestens unvorbereitet auf das wüsteste Wetter und die schwersten Leitungsschäden seit Jahrzehnten; und während die allgegenwärtige *Eircom*-Werbung die offenbar so wunderbaren Produkte der Firma in Funk und Fernsehen anpries, als wäre nichts gewesen, berichteten die irischen Medien, dass sich *Eircom*-Kunden auf vier bis sechs Wochen Wartezeit einstellen müssten, bis ihr Telefon wieder funktionieren würde. Auch wenn es so scheint: Auf dem Land, fern von den Zentren, gibt es kaum funktionierende Alternativen zur *Eircom*, der kraftlosen Herrin des Kommunikationsdrahts auf der letzten Meile.

Heute also kommt Dermot. Vielleicht – und wenn es ganz gut läuft für uns, hat er eine Rolle Draht dabei, um uns eine neue Leitung daraus zu drehen. Gestern wusste er noch nicht, ob er alleine kommt oder mit dem segensreichen Telefondraht im Gepäck. Doch immerhin hat er als Einziger erklärt, wie die Dinge auf der Insel wirklich stehen: Die *Eircom*-Reparatur-Trupps im ganzen Land stehen sprichwörtlich auf der Leitung, weil ihnen der Leitungsdraht ausgegangen ist. So schließen wir die *Eircom* in unser Morgengebet mit ein: Herr gib uns Draht – und danke für unseren täglichen Strom, der mittlerweile wieder fließt.

Ein Tag später: Ja, Dermot kam. Allerdings ohne Kabel. Das Warten geht weiter. Es soll jetzt Telefondraht aus Spanien importiert werden …

Noch ein Tag später: Dermot ist einer der Menschen, deretwegen man am Ende einer komplett desolaten irischen Bruchfirma wieder einmal fast verzeiht. Heute Morgen stand er plötzlich vor der Tür. Er hatte zwar noch immer keinen neuen Draht dabei, aber er hatte uns und zwei Nachbarn eine provisorische Lösung mit der alten Leitung gebastelt. Sichtlich zufrieden demonstrierte er die wieder funktionierenden Telefone und sagte lakonisch: »Das hält erst mal vier, sechs Wochen. Vielleicht sogar, bis ich in Rente gehe.« Ein Teufelskerl. Meister der Improvisation. Ohne Leute wie ihn könnten viele Unternehmen den Laden längst dichtmachen. Danke, Dermot! *{m}*

72. GRUND

# Weil Spenden und Unterstützen ein Teil der irischen Mentalität ist

Wie war ich beglückt, als mithilfe meines Geldes ein Defibrillator für den Fußballclub unseres Sohnes angeschafft werden konnte! Ich hatte so oft und so viel im größten Charity Shop (Wohltätigkeitsladen) unseres kleinen Städtchens Bantry eingekauft, dass ich mich als Teilspenderin fühlte und die Entscheidung über diese nützliche Anschaffung wirklich begrüßen konnte. Diese ist vermutlich weniger für die jungen Sportler von Nutzen, als möglicherweise einmal lebensrettend für einige der Menschen, die sehr verstreut in der abgelegenen Gegend rund um den Kickplatz leben.

Jedes Vierteljahr veröffentlichen die freundlichen Damen, die seit 20 Jahren diesen sympathischen kleinen Laden führen, welche Beträge an welche Projekte gegangen sind. So konnte ich Ende 2014 sehen, dass im dritten Quartal 24.000 Euro unter neun Empfängern aufgeteilt worden waren, darunter zwei Priester, die je 3.000 Euro für ihre Arbeit erhielten. 2.000 Euro gingen an die überregional tätige Selbstmord-Präventionsstelle Pieta House, auch *Médecins Sans Frontières* und der irische Ableger von »Ärzte ohne Grenzen« erhielten jeweils 2.000 Euro. Die lokale Seerettung wurde ebenfalls mit diesem Betrag bedacht. Im vierten Quartal wurde ein Familienvater unseres Dorfes unterstützt, der durch einen unglücklich verlaufenen Infekt weder Arme noch Beine mehr bewegen kann.

Mit dem kleinen Erlös eines neu aussehenden Gardinen-Paares mit Futter und Raffhalter (zehn Euro) unterstützte ich die Altenhilfe in unserem Städtchen. Diese hilfreichen Einnahmen werden in einem anderen, kleineren Charity Shop generiert. Das nagelneue Schaffellkissen für drei Euro brachte ein bisschen Geld für eine Tierhilfsorganisation. Mit dem Kauf eines traumhaften Tommy-Hilfiger-Kleides (zehn Euro) sowie passenden Clarks-Schuhen (fünf Euro) in einem weiteren Charity Shop steuerte ich ein Mini-Sümmchen zur Betreuung von Erwachsenen, die Missbrauch in ihrer Kindheit durchmachten, bei.

Neuerdings, und damit im fünften Wohltätigkeitsladen in unserem 3.000-Seelen-Örtchen, können wir nun bei der größten Wohltätigkeitsorganisation Irlands einkaufen gehen. Die katholische Organisation Society of St. Vincent de Paul (SVP) kennt in Irland jeder. Sie betreibt knapp 200 solcher Schnäppchen-Shops im ganzen Land und leistet auch sonst viel Unterstützungsarbeit bei den Ärmsten der Armen. Der Gründer Frédéric Ozanam, ein französischer Anwalt und Professor an der Sorbonne, sprach um das Jahr 1844 Worte, die im rezessionsgeplagten Irland mehr Gültigkeit denn je haben: »Die Frage, welche die Welt heute bewegt, ist eine soziale Frage. Es geht um das Ungleichgewicht zwischen denen, die nichts besitzen, und denen, die zu viel haben. Ein heftiger Abgrund von Überschuss und Armut lässt den Boden unter unseren Füßen erzittern.«

Ich konnte mit dem Kauf eines riesigen Badetuchs in meiner Lieblingsfarbe (drei Euro) zwar nicht annähernd so viel zur Linderung der Armut beitragen wie die irische Erfolgsautorin Marian Keyes: Sie spendete 25.000 Euro von ihrem Backbuch *Saved by Cakes*, das ihre Depressionserkrankung zum Thema hat. Doch jedes Mal, wenn ich mich nach der Dusche in dieses Prachtstück aus Frottee einwickele, denke ich zufrieden daran, dass ich in mehrerer Hinsicht Hilfe leisten konnte: mit etwas Geld für die Bedürftigen, mit Recycling von ungeliebten und abgelegten Dingen sowie mit einer winzigen Reduktion der Umweltverschmutzung bei der Produktion von Textilien oder anderen Konsumgütern. Klar, dass ich es so gut wie nie bei dem Einkauf nur eines Handtuchs oder einer Blumenvase belasse.

Der Verband der organisierten Charity Shops ICSA zählt übrigens circa 400 Läden, dazu kommen noch zahlreiche freie Läden, die durch private Initiativen entstanden sind, und die vielen Läden, die an unterschiedlichen gemeinnützigen Organisationen hängen. Die Auswahl ist also groß.

Viele Iren sind in diesen engen Zeiten auf Einkäufe in den preisgünstigen Charity Shops angewiesen und denken nicht über gute Taten nach. Dennoch sind sie in einer Kultur der Spendenbereitschaft aufgewachsen und versuchen auch bei knappen Geldbeuteln, stets einen Taler für die immer wieder vor der Supermarkttür oder an der Straßenecke stehenden Spendensammler abzuzweigen. Es ist selbstverständlich, an den größten landesweiten Spendentagen namens *Daffodil Day* (»Narzissentag«, immer kurz nach dem 20. März) einen kleinen Obulus für die Irish Cancer Society zu geben und dann stolz mit einer Plastik-Osterglocke am Revers zu zeigen, dass man mitgemacht hat. Die gelbe Frühlingsblume ist das Symbol der Krebs-Gesellschaft, die mit den eingenommenen Geldern unter anderem für die Betreuung von Krebspatienten in den eigenen vier Wänden aufkommt. 2008 wurden noch vier Millionen Euro gesammelt, doch fortschreitende Verarmung und schlechtes Wetter im März sorgten in den letzten Jahren für besorgte Mienen bei den Verantwortlichen.

Selbst Schulen sind auf die Spendenfreudigkeit der Eltern angewiesen: Als das marode Dach der Grundschule unserer Söhne ersetzt werden musste, lag es an uns Mamas und Papas, einen beträchtlichen Teil der erforderlichen Summe mittels Verkauf von Kuchen, selbst hergestellten Kalendern, Weihnachtskarten und Pflanzenablegern zu erwirtschaften. Dazu wurden verlockende Dinge verlost (von der Flasche Whiskey bis zur Tankfüllung Heizöl), Flohmärkte und kostenpflichtige Wanderungen organisiert, sodass die Schüler bald wieder im Trockenen sitzen konnten. *{e}*

73. GRUND

## Weil man vielleicht auch in Irland bald offiziell nackt baden darf

Nacktbaden in Irland: Geht das? Im Land, das von viktorianischer Prüderie und katholischer Verklemmtheit gleichzeitig zutiefst geprägt ist? Tut sich da was im ober-diskreten Irland, wo Traditionalisten noch heute bis zum Hals bedeckt ins Meer steigen, wo der Neopren-Anzug an den herrlichen Stränden der Insel immer noch die Kleiderordnung bestimmt?

Ja, es tut sich was. Im September 2014 feierte die knapp 50 Jahre alte Naturisten-Vereinigung Irlands INA ihren bislang größten Erfolg: Der 34. Internationale Naturisten-Kongress fand in Drumshambo im County Leitrim statt – und die staatlichen Tourismus-Werber von Fáilte Ireland unterstützten den Event der Nacktbadefreunde aus aller Welt. Das verschaffte dem Thema reichlich Öffentlichkeit und mehr Akzeptanz.

Noch immer ist Irland allerdings das einzige Land in der EU, in dem es keine offiziell ausgewiesenen Bade-Zonen für Naturisten gibt und in dem steinalte Gesetze aus dem 19. Jahrhundert das Nacktsein in der Öffentlichkeit kriminalisieren und unter Strafe stellen. Die irischen FKKler gehen ihrem Freizeitvergnügen deshalb diskret und an wenig frequentierten Stränden nach. Immerhin dürfen die Naturisten Irlands, deren Clubs in Dublin und Cork sich zunehmender Beliebtheit erfreuen, nun hoffen, dass auch auf Gesetzgebungsebene endlich etwas geschieht und dass sich die zunehmend liberale irische Gesellschaft für die Freuden des hüllenlosen Badevergnügens lockert.

Die Veränderungen jedenfalls kommen oft auf leisen Sohlen. Nacktbaden in Irland galt lange als schwere Sünde, als »Schweinerei« und als gesellschaftlich vollkommen inakzeptabel. Nudist, Naturalist oder FKKler wollte in einer hochgradig verklemmten

Gesellschaft niemand sein – galt das Nacktwandeln an Stränden doch als egozentrisch bis pädophil und pervers. Nur ein kleines Häufchen Aufrechter sammelt sich seit 50 Jahren in Vereinen wie der Irish Nudist Association und versucht, den Iren auf dem Weg in eine freiere Gesellschaft auf die Sprünge zu helfen. Noch immer existieren zahlreiche einschlägige Gesetze auf der Insel, die das nackte Auftreten in der Öffentlichkeit einschließlich des Nacktbadens diskriminieren und kriminalisieren. Selbst das Nacktsein auf dem eigenen Grundstück steht theoretisch unter Strafe, sofern es jemand anderen stört.

Auch machen die altertümlichen Gesetze keinen Unterschied, ob jemand sich entblößt, um sich sexuell zu erregen, um zu pinkeln oder um einfach das Nacktsein am Strand zu genießen. Allerdings gilt in Irland mehr noch als anderswo in Europa: Gesetze sind geduldig, vor allem, wenn sie keinen kümmern. Und die Naturisten-Vereinigung auf der Insel weist stolz darauf hin, dass nie eines ihrer Mitglieder wegen nackter Tatsachen mit dem Gesetz in Konflikt geraten sei.

*Dip in the nip*, übersetzt »Frostbad«, nannte sich ein Massenauflauf von nackten Menschen im County Sligo im Jahr 2010 – und die vielen Frauen und wenigen Männer entblößten sich für einen guten Zweck: Das nackte Vergnügen fand zugunsten der Irischen Krebsgesellschaft statt, bereits bei der Premiere im Jahr 2009 hatten die »Naturalisten« über 50.000 Euro Spenden eingesammelt. Dass viele Teilnehmer die gute Sache aus voller Überzeugung unterstützten, erkannte, wer genau hinschaute: Man sah Frauen mit zwei, mit einer und ohne Brust, viele auch mit Narben am Bauch. Als Wohltätigkeitsgeste ist das Nacktbaden nun mehr oder weniger schon akzeptiert und etabliert. Es dauerte nicht lange, bis die Nackten von Sligo Nachahmer in anderen Teilen des Landes fanden – und auch bei politischen Protestaktionen wie für den Kampf um Fluor-freies Trinkwasser fallen schon einmal öffentlich die Hüllen. So findet die Freikörperkultur im wenig körperbetonten Irland ganz langsam mehr Akzeptanz. Die Zeit ist reif. Irland bewegt sich – auch ohne Kleider. Und bis die Politik endlich die alten Gesetze entstaubt, frönen die irischen Naturisten ihrem Hobby unauffällig. Die FKK-Freunde kennen die irischen Strände (siehe Grund 55). Von diesen gibt es viele und viele schöne – und die meisten sind meistens einsam und verlassen. Vor allem, wenn der berühmte irische Regen sie vor zu vielen Besuchern schützt. *{m}*

74. GRUND

## Weil endlich ein schwedisches Möbelhaus nach Irland gefunden hat

Trotz schmalerer Geldbeutel und enger geschallter Gürtel kann man beim Anblick von verstopften riesigen Parkplatzflächen annehmen, dass das Motto *shop until you drop* (frei: Einkaufen bis zum Umfallen, siehe Grund 81) durchaus noch Gültigkeit hat. Wie sonst auch hätte das erste nagelneue Ikea in Dublin in den ersten zwölf Monaten nach seiner Eröffnung einen Gewinn (vor Steuer) in Höhe von 11,4 Millionen Euro machen können.

Es wurde aber auch Zeit: Was man vor 2009 auf der Grünen Insel an Möbeln und Einrichtungsgegenständen fand, trieb einem einfach nur die Tränen in die Augen. Der dunkelbraune und plumpe Einheitslook machte schier depressiv. Doch es war für den Möbelriesen, wie für andere Großmarkt-Betreiber auch, überhaupt nicht einfach, in Irland Fuß zu fassen, da es strikte Vorschriften gab, was die Fläche eines Geschäftes anbelangt. Selbst ein durchschnittlicher Discounter-Markt hatte kurz vor der Jahrtausendwende noch seine liebe Not, sich auf der Insel niederzulassen, seine Fläche wurde bereits als unzumutbar riesig empfunden. Das hat sich sehr schnell verändert, sodass wir jetzt flächendeckend bei zwei deutschen Günstig-Anbietern einkaufen könnten.

Ja, könnten, denn in unserem Städtchen hat eine Art Lebensmittel-Mafia das Sagen, und wiederholte Versuche einer deutschen und auch einer führenden britischen Großmarktkette, sich in unserer Nähe niederzulassen, sind bislang immer zerschlagen worden. Nicht dass ich für solche globalisierten Einkaufsimperien wäre, mitnichten, ich unterstütze gerne lokale, ehrliche und nachhaltig erzeugte Nahrungsmittel. Doch an einem Ort, wo es so gut wie keine ernste Konkurrenz für den Platzhirsch gibt, werden Preise – für manchmal minderwertiges Zeug – diktiert, die keinen Spaß machen.

So gilt nun immer öfter »Schluss mit lustig«, und man fährt die 20 bis 30 Kilometer zum nächsten Lidl oder Aldi. Ich habe früher einmal nachgerechnet: Allein durch den Kauf des Monatsvorrats an Hunde- und Katzenfutter hatte sich meine Einkaufstour nach Skibbereen amortisiert, jedes Lebensmittel darüber war geradezu ein Schnäppchen im Vergleich zum Einkauf beim Platzhirsch. Wie ich lädt man sich den Kofferraum voll und shoppt auch noch andere Dinge in etlichen Läden in der Nähe. Einkäufe, die man sonst für die Großstadtfahrt aufgehoben hätte, die man vergessen hätte oder die dann plötzlich nicht mehr wichtig waren. Viele Geschäftszweige profitieren plötzlich von der vermeintlichen Konkurrenz.

Inzwischen haben wir sogar fast so etwas wie Auswahl. Ich kann nicht nur Lidl, sondern auch Aldi in jeweils einer guten halben Stunde erreichen: seit zwei Jahren nicht mehr nur im Südosten, sondern sowohl auf einer östlichen Tour als auch auf der Nordroute.

Nur zu Ikea ist der Weg noch weit, sehr weit, sodass mein Einrichtungs-Einkaufsfest immer mit Flughafenfahrten verbunden wird. Der blau-gelbe Riese befindet sich unter der Einflugschneise am Rand des etwas berüchtigten Stadtteils Ballymun in Dublin, direkt an der M50. Wenn ich gerade nichts für unser Gästehaus (u. a. ganze Kaffeebohnen!!! siehe Grund 34: Kaffee) benötige, kann ich ja auch nur zum Essen einkehren. Und zum Leute-Schauen.

Das neue Preisbewusstsein der Iren zeigt sich vor allem an Samstagnachmittagen in Ballymun. Das Ikea-Restaurant ist knüppelvoll. Anstehen für Köttbullar, Ox, Lax und einen Tisch. Wer viel Zeit hat und wenig Geld, ist hier richtig: Die Familie diniert. Vier volle Mahlzeiten inklusive Getränk für unter 20 Euro, das kann sich sehen lassen in Irlands noch immer nicht gerade billiger Restaurant-Landschaft. Eine schwedische Einrichtungsladen-Kantine – die irische Suppenküche der Gegenwart? *{e}*

75. GRUND

## Weil die Iren den Tod in Ehren halten und die Toten feiern

Irland ist noch immer ein in den Tod verliebtes Land. Mit viel Aufwand, mit Hingabe und mit großen Emotionen wird in Irland die ultimative Abschiedsfeier zelebriert – vor allem auf dem Land. Auch Geselligkeit, so merkwürdig das klingen mag, zeichnet die irische Beerdigung aus. Die traditionell dreiteilige Feier aus Totenwache (*Wake*), Totenmesse (*Requiem Mass*) und Begräbnis (*Burial*) zieht sich über zwei, drei Tage und ist ein Familientreffen, das die Dorfgemeinschaft immer mit einschließt. Die irische Beerdigung ist auch heute ein bedeutendes soziales Ereignis, für das sich die Familie so breit wie möglich aufstellt. Neben den Tränen der Trauer fließen beim *Irish Funeral* Tränen des Mitgefühls und das Wasser des Lebens, der Whiskey (siehe Grund 35).

In der Länge des Trauer-Corsos und der Zahl der Trauergäste drückt sich die finale Wertschätzung aus, welche die Verstorbenen in der Gemeinde genossen haben. Nicht selten muss heute die Polizei den Verkehr bei Beerdigungen regulieren und das Chaos dort managen, wo sich die Verkehrswege seit 100 Jahren kaum verändert haben und doch jeder zweite Trauergast im eigenen Auto anreist.

Die Kleiderordnung auf Beerdigungen bleibt indessen *informal*, der Dresscode liberal. Jeder zieht das an, was ihm gefällt oder was er/sie für richtig hält. Auch wenn es eine Tendenz zu Schwarz gibt, wirkt die irische Trauergemeinde in der Regel bunter als die kontinentale. Einen klaren Trend gibt es allerdings beim sogenannten *Funeral Cone.* Wenn die verkehrslenkenden Plastikkegel schwarz tragen, ist Trauer angesagt, und man senkt das Tempo des Autos auf Schrittgeschwindigkeit.

Doch auch das Sterben und das Geschäft mit dem Tod sind dem Wandel der Zeit unterworfen: Wen wundert es, dass die Bestattungsunternehmen in Irland, die Sargschreiner und die Grabsteinhauer die einzigen Professionen im rezessionsgeschüttelten Irland sind, die ihre Preise unerschütterlich stabil halten. Während Hauspreise und Immobilienwerte nach dem wirtschaftlichen Kollaps im Jahr 2008 Jahr um Jahr mehr zusammenschrumpften, während die Lebenshaltungskosten auf der Insel spürbar gesunken sind, die Preise für Lebensmittel und Güter des täglichen Bedarfs unter dem Druck der wirtschaftlichen Krise deutlich niedriger geworden sind: Sterben blieb und bleibt teuer.

Die *Irish Times* hat nachgerechnet und fand heraus, dass sich die Preise für eine durchschnittliche Beerdigung innerhalb von zehn Jahren verdreifacht haben – und dass die Kosten nun auf hohem Niveau stabil bleiben: Eine »schöne Leiche« in der Hauptstadt Dublin kostet mit allem Drum und Dran rund 6.500 Euro. Auf dem Land stirbt es sich erwartungsgemäß deutlich günstiger: Die ländliche Beerdigung kostet insgesamt rund 3.000 Euro.

Dass die irischen Bestattungskosten so stabil sind, wie sie sind, hat neben der Tatsache, dass immer gestorben wird, einen zweiten Grund: Das Business mit dem Tod teilen auf der Insel einige wenige Familien unter sich auf. Lokale Monopole ohne Alternativen haben es leicht, die Preise zu diktieren – es gibt keinen Markt.

Auch das Produkt »Bestattung« gibt es auf der Insel fast ausschließlich in der althergebrachten Qualität in Holz und Erde. Krematorien existieren bislang nur in Cork und Dublin, Ausstattungs-Alternativen wie Öko-Särge oder neuartige Ruhestätten wie

Fried-Wälder sind gerade erst im Entstehen. Man stirbt noch immer sehr traditionell in Irland, und doch: Die neuen Zeiten deuten sich zart an. Das *Undertaker*-Geschäft steht vor der Liberalisierung.

Auch die letzten Dinge ändern sich langsam und allmählich im modernen Irland: Heftig diskutiert wurde kürzlich der Fall des verstorbenen pensionierten Kunstlehrers Michael O'Shea aus dem nordirischen County Down. Michael war ein handwerklich geschickter und äußerst kostenbewusster Mann, und er trug schon zu Lebzeiten Sorge dafür, dass seine Familie durch sein Ableben finanziell nicht allzu sehr strapaziert werden würde. Also baute er sich für weniger als 100 Euro einen Sarg aus Sperrholz – und zog rechtzeitig vor seinem Tod ganz in die Nähe des Friedhofs, um Transportkosten zu sparen. Am Ende kam der Billig-Sarg zum Einsatz – und erregte die Gemüter. Den Sargnutzer, der mit 81 Jahren starb, ließ die Debatte schon zu Lebzeiten kalt. Lakonisch kommentierte er das große Interesse an seinem Sargbau mit dem Satz: »Wir leben im Zeitalter des Heimwerkertums. Selbst Brot und Wein machen die Leute heute selber. Warum also nicht den eigenen Sarg?« *{m}*

76. GRUND

## Weil in Irland die Gelassenheit dominiert

Kürzlich kam ich aus Paris zurück, aus der hektischen Metropole des Lichts, und es fühlte sich an wie eine kleine Erleuchtung: Hier in Irland, wo Eleganz, perfekte Ästhetisierung und Stilsicherheit vollends fehlen, dominieren andere Werte: Improvisation, Authentizität, Dreiviertelperfektion und die Gelassenheit.

In Cork besteige ich den Bus nach Hause. Der Smartphone-App von *Bus Éireann* gelingt es traditionell nicht, korrekt zu funktionieren und den sonntäglichen 16:30-Uhr-Bus von Cork nach Bantry auszuweisen. Sie empfiehlt stattdessen den Skibbereen-Bus und die

Umsteigeverbindung nach Bantry über Bandon mit Abfahrtszeit um 16:15 Uhr. Diese Tour mit Zwischenstopp in Bandon scheint allerdings wenig populär, noch nicht einmal die Ticketmaschine des Busfahrers kennt sie. Der müht sich vergebens mit allerlei Codes, einen Fahrschein für mich auszudrucken. Er konsultiert die Zentrale im Busbahnhof, er diskutiert das Thema mit einem Kollegen, zu zweit versuchen die beiden Experten für den öffentlichen Regionalverkehr, dem Ticketautomaten einen Fahrschein zu entlocken. Zeit spielt dabei überhaupt keine Rolle. Es gelingt dennoch nicht, und so rollt der Bus mit lockeren acht Minuten Verspätung aus dem Busbahnhof in Cork aus. Den Versuch war es wert. Ich bin zurück in Irland. Kein Zweifel.

Der Bus füllt sich, an der Stadtgrenze zu Cork ist er übervoll: Drei Frauen müssen stehen. Wirklich? In voller Fahrt entbrennt eine lockere Diskussion, ob das richtig so ist, und bald wird der Busfahrer von einigen älteren Männern und Frauen aufgefordert, die Dinge zu richten. Der Fahrer steuert seinen Bus spontan an den Straßenrand, stellt sich in die Mitte und moderiert so lautstark wie unterhaltsam einen Sitzplatztausch. So viel Zeit muss sein. Bald stehen drei jüngere Männer auf und geben ihre Sitze unter dem tosenden Beifall von 50 Fahrgästen für die stehenden Frauen frei. Ein älterer Herr ruft: »Wo gibt es den Tee?« Dann geht es weiter Richtung Tagesziel. Der Bus erreicht Bandon mit zehn Minuten Verspätung. Wir sind in Irland. Kein Zweifel.

Beim Aussteigen empfiehlt mir der Busfahrer noch, die nun kostenfrei zurückgelegte Strecke ja nicht nachzulösen: »Du kannst ja nichts dafür, dass die ver… Maschine nicht funktioniert.« Wild entschlossen, die vier Euro zu sparen, warte ich auf den Bus von Bandon nach Bantry. Es konnte nicht anders kommen: Der Bandon-Bantry-Bus rollt mit einigen Minuten Verspätung direkt aus Cork an. Ich steige ein und fahre nach Hause, als wäre nichts gewesen. Ich bin zurück in Irland. Kein Zweifel. Vier Euro gespart. Viel erlebt. Gut gelacht. Willkommen auf der Insel. *{m}*

77. GRUND

## Weil es auch am vermeintlichen Ende der Welt Kultur vom Feinsten gibt

Manche stilisieren die einsame Beara Peninsula im Südwesten Irlands als das Ende der keltischen Welt, andere halten Beara schlicht für den Ort, wo sich Fuchs und Hase gute Nacht sagen. Das Landleben zwischen Glengarriff und der Insel Dursey ist schlicht, manchmal hart, ein bisschen wie damals und für viele, die den Freuden der Zivilisation, des Konsums und der Kultur zuneigen, auf Dauer nicht auszuhalten. Konsumtempel, Shopping Malls, Boutiquen, Matineen, Konzerte, Lesungen, Edel-Italiener: Fehlanzeige. Beara hat es nicht, und das macht den Reiz für viele Urlauber aus, der in den Atlantik hinausragenden Halbinsel einen Besuch abzustatten – nur um dann bald wieder in die Zivilisation zurückzukehren.

Aber: Das Offensichtliche offenbart nicht die ganze Wahrheit über Beara. Die schönsten Blüten der Kultur treiben hier im Verborgenen, zum Beispiel in einem großen Wohnzimmer in Ahabeg, einem zu Rossmacowen gehörenden Weiler in der Nähe von Castletownbere. Man glaubt es nicht, doch im kulturellen Ödland Bearas gibt sich jedes Jahr ein Dutzend Mal ein Weltklassekünstler die Ehre: Jeden Winter und jeden Sommer lädt der Pianist David Syme lokales Publikum zum Sonntagskonzert in sein Wohnzimmer ein.

Der US-Amerikaner Syme (Jahrgang 1949), ein Meisterinterpret der Werke George Gershwins, kennt die großen Konzertsäle der Welt und hat mit den großen Orchestern der Welt in diesen großen Konzertsälen der Welt gespielt und über 20 CDs eingespielt. An diesen Sonntagen zu Hause lässt er das Publikum zu sich kommen: Syme wohnt in Ahabeg und musiziert in Ahabeg. Nachmittags um 15 Uhr geht es los, David Syme nimmt gut vorbereitet am großen Flügel in der Mitte seines Wohnzimmers Platz und spielt zwei Stunden erlesene Klaviermusik für die Leute aus der Umgebung. Bis zu

50 Menschen haben Platz in Davids guter Stube, und Frau Syme kümmert sich nebenbei rührend um das leibliche Wohl der Gäste.

Wenn der Wohnzimmer-Zyklus in Ahabeg zu Ende geht, wird David Syme allmählich seine Koffer packen und sich auf die anstehenden Konzerte da draußen in der Welt vorbereiten. Wir bleiben zurück in der Gewissheit: Auch am Ende der Welt gibt es feinste Hochkultur. *Beara has it!* {m}

78. GRUND

## Weil Irland anders riecht

Fast jedes Mal, wenn ich auf Reisen bin und meinen Koffer weit weg von daheim öffne, kommt mir ein sehr spezieller Geruch entgegen, den ich im heimatlichen Umfeld überhaupt nicht wahrnehme. Irgendwie leicht muffig, ein wenig nach Kaminfeuer und nach feuchter Luft. Jedes Land hat vermutlich seinen ganz eigenen Geruch, er wird einem allenfalls bewusst, wenn man ihn nach woanders verfrachtet. Ich fühle mich darum immer wieder etwas unbehaglich, wenn ich mich inmitten von kontinental gepflegten, täglich geduschten und mit Weichspülern parfümierten Menschen bewege.

Besonders irisch ist der Duft des verbrannten Torfs (*peat*), der trotz diverser offizieller Vorstöße der EU und der Regierung immer noch zum Heizen verwendet wird. Zumindest brennt das Torffeuer noch in Häusern, wo auch in den Celtic-Tiger-Jahren an die Installation einer Ölheizung nicht zu denken war, aber auch in vielen Hotelfoyers und Bars, vor allem wegen der anheimelnden Stimmung. So glühen an feucht-kühlen Herbst- und Wintertagen vielerorts wunderbar duftende Peat-Barren in den meist viel zu kleinen Feuerstellen. Für so richtig kuschelige Wärme in den traditionellen Steincottages reicht das meist nicht. Aber sie reicht aus, um die darüber hängende Unterwäsche und wettergegerbte Flanellhemden, die beim Besucher oft romantische Anwandlungen auslösen, zu trocknen. So halbwegs zumindest. Beim Durchfahren von irischen Dörfern an kühlen Wintertagen riecht man diesen altertümlichen Brennstoff, oft gemischt mit dem Geruch von Kohle. Manchmal liegt ein schwerer Rauchdunst über den einfachen Cottages.

Die hohe Luftfeuchtigkeit trägt maßgeblich zum »Duft Irlands« bei. Wenn das Hygrometer 70 bis 95 Prozent anzeigt, fühlen sich Hemd und Bettbezug irgendwie klamm an, in Schränken entwickeln sich verdächtige Stockflecken, und die Zimmerdecke bekommt schwarze Pünktchen. Wer weder Heizung noch Wäschetrockner besitzt (das kommt öfter vor, als man denkt), hat in den nass-kühlen Monaten größte Probleme, seine frisch gewaschene Wäsche wirklich trocken zu bekommen, und das kann man riechen. Eines der neuen Statussymbole der reichen Jahre ist der fast penetrante Geruch von diversen Weichspülern, welcher die Menschen manchmal umweht.

Ein ungewöhnlicher Geruch steht oft hinter den Häusern in der Luft: Heizungsanlagen werden mangels Keller nach draußen verfrachtet, und da vielerorts mit Kerosin geheizt wird, riecht es insbesondere auf dem Land hier und dort nach Flughafen. Diese Anlagen zur Fütterung von Zentralheizungen sind zwar in den meisten Fällen nicht alt, doch sie arbeiten oft nicht wirklich effektiv, sodass sie unter lautem Getöse und Abscheiden von Flugbenzin-Wolken ständig anspringen.

In Supermärkten ist die Auswahl an elektrischen Duftgeräten, zuckrig riechenden Kerzen und Raumsprays riesig, anders kann man dem Feucht-Mief auch kaum beikommen. Insbesondere weil die fetten Jahre auch moderne luftdichte PVC-Fenster bescherten, welche eine Katastrophe für so manches alte Gebäude bedeuten können, denn wenn nicht regelmäßig gelüftet wird, schlagen Schimmelpilz und Stockfleck gnadenlos zu.

Irland duftet aber auch frisch, nach Moos, Waldboden, Pilzen und Bäumen, ein richtig grüner Duftmix, der den Kopf frei macht und Naturfreunde beglückt. Nicht umsonst heißt eines der ganz frühen deutschen Herrenparfüms »Irisch Moos«, auch wenn es eher nach Zitrusnoten duftet und nicht nach einem Waldspaziergang. Lustigerweise trägt auch ein pflanzlicher Meeresbewohner, die Knorpelalge namens *Chrondrus crispus*, im deutschen Sprachgebrauch den Namen »Irisches Moos«. Daraus wird in Irland der feine *Carrageen Pudding* gekocht, denn diese Alge wird zum Verdicken von Speisen eingesetzt (siehe Grund 85).

Ja, genau, Irland duftet entlang der mehr oder weniger wilden Küste auch nach Meer sowie nach all den vielfältigen Kreaturen, die sich im salzigen Nass tummeln. Und nicht zu vergessen, die unendlich vielen Schafe und Kühe auf den saftigen Wiesen: Sie tragen zum ganz besonderen Duft der Grünen Insel bei. *{e}*

79. GRUND

## Weil die Iren herrlich seltsame Sportarten lieben

Gaelic Football ist auf der Insel Sportart Nummer eins, Religion und Identitätsstifter zugleich. Zusammen mit dem Hurling macht Gaelic Football die Gaelic Games aus. Im Alltag redet man nur von » GAA« (was für Gaelic Athletic Association steht). Gaelic Football wird mit großer Härte und einem ebenso harten, fast fußballgroßen Ball auf einem extrem großen Feld und auf ein dem Rugby ähnliches Tor gespielt. Landet der Ball unten im Tor-Geviert, gibt es drei Punkte, wird er *over the bar*, über die Latte zwischen den beiden Hochstangen hindurch, geschossen, dann gibt es einen Punkt.

Wird das Spiel nach denselben Regeln, aber mithilfe langer Holzschläger aus Esche, die entfernt an Kochlöffel erinnern, gespielt, dann heißt der Sport Hurling, und die Spieler tragen zum Schutz Helme mit einem Zähne schonenden Gesichtskäfig. Der Ball wird beim Hurling durch ein kleines, extrem hartes, nur tennisballgroßes

Ledergeschoss ersetzt, das mit den *Hurleys* genannten Schlägern auf Rennwagen-Geschwindigkeit beschleunigt wird. Hurling ist das schnellste Mannschaftsballspiel, das die Welt kennt.

Die 15 Spieler pro Seite benutzen beim Football Hände und Füße, beim Hurling den Holzschläger, um den Ball ins gegnerische Tor zu transportieren. Jungen und Mädchen spielen übrigens Gaelic Football, und wenn die jungen Frauen Hurling spielen, heißt der Sport *Camogie*.

Menschen vom Kontinent sind meist fasziniert, wenn sie erstmals Bekanntschaft machen mit diesen Sportarten, die in ihren Breiten völlig unbekannt sind. Gaelic Football macht die Iren zu Iren, in den GAA-Clubs wurde der Freiheitskrieg gegen die Engländer organisiert, und die GAA setzt den Kontrapunkt zum lange verhassten Spiel der Engländer: Fußball eben. Nicht verwunderlich deshalb, dass das GAA-Establishment den Jugendlichen bis weit in die 70er-Jahre hinein rigoros verbot, das englische Soccer auszuüben. Eifersüchtig wachten die Communities darüber, dass ihr Nachwuchs nicht fremdging, und manche Sportlerkarriere zerbrach unter diesem Druck. Denn die jungen Iren spielen seit den 60er-Jahren, wo immer sie sich ungezwungen treffen, eigentlich viel lieber das Besatzerspiel Fußball. Zwei Jacken und zwei Schultaschen auf den Boden geschmissen, und das Spiel kann beginnen.

Der Publizist John Waters hat einmal an die Bedeutung des Fußballs für die jungen Iren in den 60er- und 70er-Jahren erinnert. Waters zufolge stand GAA immer für Establishment, Druck, Struktur und Muss, Fußball dagegen war Herzenssache, war subversiv, weltoffen, war Jugendreligion, Rock 'n' Roll. Auch heute noch setzen ländliche GAA-Funktionäre junge Ballsportler mithilfe der Eltern gerne und oft erfolgreich unter Druck. Zwar hat sich Fußball schon lange vor der Ära Trapattoni (noch nach dem mittlerweile extrem populären Rugby) als Mannschaftssport Nummer drei etabliert; wenn allerdings im Herbst oder im Frühjahr ein GAA- und ein Fußballspiel auf denselben Termin fallen, wird den Dorf-Jugendlichen noch immer ganz eindeutig bedeutet, wo der Hammer hängt: auf dem GAA-Pitch nämlich. *Irish first* – da wird selbstverständlich erwartet, dass die Jungs Gaelic und nicht Englisch spielen.

Gaelic Football ist oft das einzige wirkliche Freizeitangebot für junge Leute auf dem Land. Fragt man Land-Jugendliche, was sie in ihrer Freizeit so machen, kommt gerne die Antwort: »Not much, really.« Nicht viel. Das Leben in den kleinen irischen Landgemeinden ist für Jugendliche meist noch eintöniger als das im Bayrischen Wald oder hoch oben im Schwarzwald. Doch Gaelic Football gibt es flächendeckend. Die Macht, auch in den kleinen Orten, ist die GAA, alles dreht sich um Gaelic Football. Wer diesen ur-irischen Ballsport nicht mag, ist eher dumm dran. Er kann im Sommer Golf spielen, kann einmal die Woche asiatischen Kampfsport üben, irischen Tanz lernen oder in der ferienlosen Zeit am Freitagabend im Jugendklub in der Gemeindehalle ein bisschen Basketball spielen. Oder in die nächste Stadt fahren. *{m}*

80. GRUND

## Weil auch die Iren nicht alle Zeit der Welt haben und die Gier bekämpfen müssen

»Wir haben die Uhren, und die Iren haben die Zeit. In Irland gehen die Uhren anders. Rushhour in Irland ist, wenn zehn Kühe die Straße runtertrotten.« So denkt man sich das gerne: Irland, das Land der Langsamkeit, der Gemütlichkeit, eine Oase der Zeitlosigkeit. Die Wirklichkeit ist eine andere. Kaum sonst wo auf der Welt hat sich das Leben in den vergangenen zehn, 15 Jahren derart schnell und dramatisch verändert wie auf der Grünen Insel.

Wie viel Veränderung, wie viel gesellschaftlicher Wandel, wie viel »Fort-Schritt« passt in ein Jahrzehnt? Die Entwicklungen auf der Insel spielten sich in den vergangenen Jahren wie im Zeitraffer ab:

von Bettelarm nach Superreich und zurück in einer Dekade. Was das Nachkriegsdeutschland in 40, 50 Jahren durchlebte – in Irland dauerte es schwindelerregende zehn Jahre. Vom Cottage zur Villa, vom Feldweg zur Autobahn, von der Rostbeule ohne Unterboden zum Luxusauto, vom Curragh zum Schnellboot, vom Kirchenstaat zur Insel der Ungläubigen – nur ein Jahrzehnt liegt dazwischen.

Mit dem Geld kamen die üblichen Nebenerscheinungen: Zivilisationskrankheiten, Umweltverschmutzung, Orientierungslosigkeit: steigender Drogenkonsum, explodierende Körperumfänge, steigende Suizidraten. Die jüngste Meldung: Der Lungenkrebs löst den Brustkrebs als häufigste Krebserkrankung bei jungen Frauen ab. Der Grund: bekannt. Kostet fast zehn Euro pro Packung und verursacht nicht nur Rauch.

Fintan O'Toole, der Star-Schreiber der *Irish Times*, zeigt gerne ohne Gnade auf seine Landsleute: Er vergleicht sie auch schon einmal mit einer Kuh, die unter Schmerzen lernt, den Elektrozaun zu meiden. Haben Mary und Paddy etwa aus dem desaströsen Niedergang des Booms gelernt, der unter dem Namen des Keltischen Tigers bekannt wurde? O'Toole fürchtet: Nein, sie werden die Fehler glatt wieder machen – getrieben von materiellem Wohlstandswunsch und Gier. Ist es also schon wieder so weit? Steht der zerstörerische Kelten-Tiger 2.0 tatsächlich vor der Tür? Einige Anzeichen deuten darauf hin. Der Immobilien-Poker ist wieder in vollem Gange, die Hauspreis-Spirale surrt, es ist wieder von Steuersparmodellen die Rede, aus vielen Ecken ertönt Hurra-Geschrei – und O'Toole sieht die irische Gesellschaft bereits erneut im »Selbstbeweihräucherungs-Modus«: Alles gut, alles richtig gemacht, alle Zeichen wieder auf Wachstum, Hausbau, Wohlstand. Keine Qualität, nirgends. Vergessen der finanzielle und wirtschaftliche Zusammenbruch, das Platzen der Immobilienblase. Verdrängt der kollektive Rausch, auf geht's in den neuen Taumel.

Dabei sind die Voraussetzungen für eine dauerhafte wirtschaftliche und gesellschaftliche Erholung angesichts massiver öffentlicher und privater Verschuldung gar nicht gegeben. Aber das tut nun nichts zur Sache, grenzt wahrscheinlich bald schon wieder an den Tatbestand der Nestbeschmutzung.

Fintan O'Toole sieht trotz einiger Verbesserungen vier Gründe, warum Irland demnächst schon in den nächsten giergetriebenen Immobilien- und Konsumrausch stolpern dürfte – und er vergleicht das Verhalten seiner Landleute mit Bulimie-Kranken: Sind wir wirklich schon im nächsten Zyklus von Heißhunger und Erbrechen, brüllt der ordinäre Celtic Tiger tatsächlich erneut? Die hohe Anfälligkeit Irlands für ungesühnte Wirtschaftskriminalität, das schlecht funktionierende demokratische System, die unkontrollierte Herrschaft der hochbezahlten Gutachter- und Expertenkaste und ein kranker Wohlstands- und Wohlseins-Begriff, der sich ausschließlich an Land- und Immobilienbesitz misst: Dies könnten die Gründe dafür sein, dass sich Irland bereits in den nächsten bulimischen Zyklus aufgemacht hat und dem nächsten Heißhunger abermals das große nationale Erbrechen folgen wird. Hoffen wir das Beste, dass es nicht so kommt und dass die irische Gesellschaft gelernt hat.

KAPITEL IX

# DIE 10 BESTEN GRÜNDE FÜR FRAUEN

81. GRUND

## Weil Frauen in Irland ihr Gehirn vor der Shopping Mall parken

Ich gebe zu, ich bin ein bisschen neidisch auf die irischen Frauen, die ihre Shoppingtage so herzerfrischend gedankenlos zelebrieren können. Gehöre ich doch eher der Gattung Sparfuchs, Bedenkenträgerin und kritische Konsumentin an, so scheint es in Irland, als könne die weibliche Spezies ihren Verstand komplett abschalten und konsequent *shop until you drop* durchziehen.

Da wird in den Kleiderabteilungen gewühlt und umhergerissen, ohne jede Rücksicht auf Verluste und umherfallende Textilien. Nagellackfläschchen werden aufgeschraubt, der Inhalt gerne probeweise auf die Fingernägel gepinselt (das Regal muss auch schon mal herhalten). Da werden prall gefüllte Designer-Papiertüten wie Trophäen durch die Gassen gewuchtet, da scheint kein Kaufhaus zu luxuriös und kein Tässchen Tee zu teuer zu sein. Preise und Kalorien existieren nicht mehr in diesem seligen Dopaminrausch, Belohnungen sind nun angesagt. Die Euro-Killerin schlägt zu, bis die Kreditkarte glüht.

Ich reibe mir immer noch jedes Jahr am 6. Januar ungläubig die Augen, denn dann ist *Nollaig na mBan* (*Women's Little Christmas,* also »das Kleine Weihnachten der Frauen«). An diesem Tag wird das Shopping-Ritual ganz besonders gefeiert. Insbesondere in den Counties Cork und Kerry haben die Herren der Schöpfung sich daran zu halten und müssen wenigstens an diesem einen Tag im Jahr den Haushalt schmeißen und sich um die Kinder kümmern. Die Mütter gehen mit ihren Schwestern, Tanten, Großmüttern und Freundinnen aus, sie feiern Party, frönen dem Shopping und verschleudern ihr Weihnachtsgeld, als gäbe es kein Morgen. Restaurants richten sich auf gefüllte Häuser mit dieser speziellen Klientel ein. Zu später Stunde mag es sogar lautstark kichernd und lachend zugehen. Auch ansonsten eher unscheinbare Frauen haben dann bereits den einen oder anderen stärkeren Drink intus und freuen sich (endlich) des Lebens.

Während das klassische Weihnachtsfest am 25. Dezember eher nach männlichen kulinarischen Gelüsten ausgerichtet ist (Rinderbraten, Truthahn, Whiskey), genießt frau am 6. Januar, dem letzten der zwölf Weihnachtstage, und damit der zwölf intensivsten Hausfrauen-Tage des Jahres, eher Kuchen, Tee und Wein.

Dieser Brauch hat seine Wurzeln in den Gaeltacht-Gebieten Irlands, wo auch heute noch vorwiegend irisch gesprochen wird. Die einfache Farmersfrau hatte immer ein paar Extra-Truthähne in ihrer Zucht, welche sie auf dem Vorweihnachtsmarkt veräußerte. Dieses Geld war dann endlich ihr ureigenes Geld, und sie erholte sich beim Besuch von Nachbarinnen und Freundinnen vom Trubel der großen Familienzusammenkünfte. Es fand eine kleine Feier statt, man reichte eine Scheibe Rosinenkuchen und konnte bei einem Schwätzchen die Neuigkeiten austauschen.

In den Wohlstandsjahren wurde daraus – wie so oft bei einfachen Traditionen – ein »Lass-es-krachen-Tag«. Und weil so ein Tag im Jahr schon lange nicht mehr ausreicht, um sich vom Stress des modernen Frauenlebens zu regenerieren, feiert frau eben öfter im Jahr ihr »Kleines Weihnachten«. Ich kenne ein Hotel, das sogar ein Spezialpaket für diese typisch weiblichen Events anbietet; es wirbt mit seiner idealen Lage direkt an einem großen Einkaufszentrum, *just a stone throw away from some serious retail therapy* (»nur einen Steinwurf entfernt von einer ernsthaften Einzelhandels-Therapie«). Für 99 Euro kann frau ein *Girlie Getaway* buchen, in dem eine Übernachtung, ein Besuch der Schwimmbad-Landschaft, ein Cocktail-Drink, ein viergängiges Abendessen und eine freie Taxifahrt ins Städtchen enthalten sind. Was braucht es mehr, um im Kreise von lieben Freundinnen mal so richtig »die Sau rauszulassen«?! *{e}*

82. GRUND

## Weil der Claddagh-Ring Liebe, Freundschaft und Treue aufs Schönste symbolisiert

Ein Schicksal, das vielen Menschen im Irland des 17. Jahrhunderts widerfuhr – die Entführung durch algerische Piraten –, nahm eine schöne Wende, an die bis heute ein tausendfach verkauftes Schmuckstück erinnert: der Claddagh-Ring. Ein junger Mann namens Richard Joyce wurde aus seinem Heimatdorf Claddagh in der Nähe von Galway verschleppt und musste bei einem Goldschmied als Sklave arbeiten. Es war kurz vor seiner Hochzeit entführt worden, und so verarbeitete er die Sehnsucht nach seiner Liebsten in einen kunstvoll gestalteten Ring, der später als Claddagh-Ring bekannt wurde.

Ein Herz wird links und rechts von zwei Händen gehalten, auf dem Herz sitzt eine kleine Krone: die Symbole für Liebe, Freundschaft und Treue.

Dem tüchtigen Richard wurde in der Ferne zwar die einzige Tochter des maurischen Goldschmieds als Braut angeboten und dazu noch der Einstieg in das Geschäft. Doch König William III. gelang es, zahlreiche englisch-irische Gefangene zu befreien und sie in die Heimat zurückzuholen. Deshalb konnte der junge Goldschmied zu seiner wartenden Braut zurückkehren. So will es die Legende, an der zumindest wahr ist, dass ein R. I. (die gälische Version für Joyce wird mit einem i geschrieben) die ältesten bekannten Claddagh-Ringe signierte.

Claddagh-Ringe werden sowohl als reine Freundschaftsringe gekauft und ausgetauscht als auch – oft in wertvolleren Versionen aus Gold – als Verlobungs- und Eheringe geschenkt und getragen. Diese werden an der Herzseite, also der linken Hand, getragen mit dem Herz zum Träger zeigend. An der rechten Hand soll der Ring kundtun, dass bereits eine Beziehung besteht.

Eine andere Deutung der Symbole ist auf keltische Mythen zurückzuführen. Im Herz wird die gesamte Menschheit symbolisiert, die linke Hand stellt die Stammesmutter des keltischen Volkes namens Anu dar. In der rechten Hand sieht man den mächtigen Göttervater Dagda Mór. Der keltische »Heilige Geist« Beathauile (*beatha* = Leben, *uile* = ganz, alles) wird durch die Krone repräsentiert.

Auch der Version, dass der Ring der Identifizierung von Fischern und deren ausgewiesenen Fischereigründen diente, scheint ein gewisser Wahrheitsgehalt inne zu liegen. Schließlich ist Claddagh einer der ältesten Fischerorte Irlands, und das Revier der ansässigen Fischer wurde emsig verteidigt. Freilich gibt es in einem überwiegend katholischen Land auch eine entsprechende Auslegung, nach der der Claddagh-Ring die Heilige Dreifaltigkeit zeigen soll: Die Krone steht für den Gott-Vater, die linke Hand zeigt den Sohn, die rechte Hand den Heiligen Geist und das Herz die gesamte Menschheit.

Eine weitere romantische Legende erzählt von einem König, der unsterblich in ein Bauernmädchen verliebt war. Der Standesunterschied machte eine Heirat unmöglich, in seiner Verzweiflung nahm sich der König das Leben. Sein letzter Wunsch war es, dass nach seinem Tod seine Hände abgetrennt und um sein Herz platziert werden. So wollte er ein Symbol der ewigen und wahren Liebe mit ins Grab nehmen. Übrigens trugen sowohl Königin Victoria als auch ihr Sohn König Edward VII. den Claddagh-Ring; Fürst Rainier von Monaco und Fürstin Gracia Patricia erhielten 1962 Geschenke einer irischen Kirchendelegation, die mit dem vielseitigen Symbol versehen waren.

Die Tradition, dass der Ring innerhalb von Familien weitergegeben wird, wurde besonders von den Auswanderern gepflegt, die wegen der Großen Hungersnot zwischen 1845 und 1849 (siehe Grund 40) Irland verließen und in den USA ein neues Zuhause fanden. Sie halfen diesem Symbol von Liebe, Treue und Freundschaft zu einer ungebrochenen Popularität bis in unsere Zeit hinein. *{e}*

83. GRUND

## Weil Irland die Heimat von großen kreativen (weiblichen) Köpfen ist

Ich bin ein Landei und liebe eher organische, naturgemachte, leicht chaotische Ästhetik. Doch in Erinnerung an mein Design-Studium halte ich gelegentlich Ausschau nach Kollegen und Kolleginnen, denen es gelungen ist, mit ihren Kollektionen den internationalen Markt zu erobern. Eine davon ist Orla Kiely aus Dublin, die weltweit eigene Shops betreibt und auch Adressen in Essen, Frankfurt und Hamburg hat.

Ihr typisches Blätterdesign in gedeckten Naturfarben war 2010 auf einer irischen Briefmarke zu sehen, ein Jahr später fand sich ihr symmetrisches Erkennungszeichen auf den Dächern und Fußmatten von 500 Fahrzeugen von Citroën. Bekannt wurde die gut 50-jährige Umweltfreundin, die auch eine wiederverwendbare Wasserflasche für unterwegs designte, mit ungewöhnlichen Handtaschen. Inzwischen kann frau neben tragbarer Mode, teilweise im Stil der Fifties, auch Telefonhüllen, Regenschirme und Gießkannen mit ihren Mustern erwerben. Das Eigenheim gewinnt an Ausstrahlung mit ihren Tapeten, Teppichen, Küchenutensilien und Handtüchern. Es gibt fast nichts, was die kreative Irin nicht mit ihrem minimalistischen Design bedrucken würde; inzwischen finden sich auch Aromakerzen, Seifen und ein blumig-schokoladig duftendes Parfüm in ihrer Kollektion.

Die Modedesignerin Louise Kennedy erlangte Berühmtheit, nachdem sie 1989 die Kleidung für die Antrittszeremonie der ersten Präsidentin Irlands Mary Robinson entwarf. Ihre klassisch-elegant anmutenden Designs führten zu einem Großauftrag der irischen Fluglinie Aer Lingus (siehe Grund 6): Die Uniform der Flugbegleiter und Flugbegleiterinnen trägt immer noch die Signatur von Louise Kennedy. Die Frau des irischen Präsidenten Sabina Higgins trägt das Kennedy-Label, um zu zeigen, dass es in der Heimat präsentierbare hochwertige Mode gibt, dass frau sich also nicht hinter französischen oder amerikanischen Marken zu verstecken braucht. Die zeitlose Mode hat sich sogar bis zur berühmten Schauspielerin Meryl Streep herumgesprochen, die zum Kundenkreis der illustren gut 50-jährigen Designerin gehört.

Die Künstlerin Róisín Fitzpatrick verwandelte ihr Trauma einer lebensgefährlichen Gehirnblutung mit folgender Nahtoderfahrung in höchst inspirierende Kunstwerke, die sie aus gläsernen Perlen erschafft. Sie verwendet Abertausende der berühmten kleinen Swarovski-Kristalle, um auf Leinwänden aus feinster Seide faszinierende Galaxien, Spiralnebel und Meteoriten aus schimmerndem Licht zu komponieren. Installationen der *Artist of the Light*, die aus der Nähe von Dublin stammt, wurden bereits im Irischen Generalkonsulat in New York und in diversen us-amerikanischen Galerien gezeigt. Der Bühnenhintergrund der jährlichen Konferenz *Conscious Capitalism* wurde 2011 mit einem ihrer Werke geschmückt, die studierte Wirtschaftswissenschaftlerin und Fachfrau für internationale Beziehungen sprach auch bereits bei den Vereinten Nationen.

*Last but not least* findet die erste Botanikerin Irlands, Ellen Hutchins (1785–1815), immer einen Platz unter meinen kreativen Favoriten. Die Tochter aus gutem Hause war eine begnadete Zeichnerin von Moosen, Algen und Flechten, die sie in der Gegend rund um ihre Wohnorte in Ballylickey House und Ardnagashel House bei Bantry sammelte und katalogisierte. Während ihrer Studienzeit in Dublin entwickelte sie ihre Leidenschaft für das Studium von Pflanzen, um sich von ihrer schwachen Konstitution abzulenken – vermutlich litt sie an Tuberkulose. Dieses Interesse wurde seinerzeit als gesunde Ablenkung bei schwacher Gesundheit betrachtet; auf diese Weise hielten sich die Damen der höheren Gesellschaft so viel wie möglich an der frischen Luft auf.

Hutchins' Zeichnungen genossen Anerkennung unter den damaligen Männern der Wissenschaft. William Jackson Hooker, der spätere erste Direktor des weltberühmten Botanischen Gartens Kew bei London, war der Meinung, dass bereits allein »Fräulein Hutchins' Entdeckungen einen Appendix so dick wie ein ganzes botanisches Werk insgesamt füllen werden«. Ihre Brüder legten in Ardnagashel ein bemerkenswertes Arboretum mit Bäumen aus aller Welt an, dessen Überreste heute noch zu bewundern sind. {e}

84. GRUND

## Weil plumpe Anmachen nicht des Iren Sache sind

Vorbei sind die Zeiten, in denen Frauen nicht ihren Koffer packen durften, um ihr Fernweh auf Reisen in fremde Länder zu stillen. Doch es gibt auch heute noch Länder, in denen weibliche Wesen ohne Anhang zu neugierig angestarrt werden, möglicherweise von Männern unangenehm angefasst werden oder in Situationen kommen, die sehr unbehaglich werden können.

In dieser Hinsicht ist Irland ganz anders: Als Frau lässt es sich bestens alleine reisen. Egal wie abgelegen das Dorf oder wie finster eine Gasse in der Großstadt, ich habe mich noch nie unsicher gefühlt, wenn ich auf eigene Faust auf Entdeckungstour ging. Irische Männer sind grundsätzlich nicht aufdringlich, es sei denn, sie haben zu viele Pints (große Biere) oder Whiskeys intus. Okay, es mag den einen oder anderen älteren Junggesellen geben, der unmissverständlich klarmacht, dass er noch immer auf Brautschau ist. Frau kann auch mal ein Küsschen aus fast zahnlosem Mund offeriert bekommen. Doch selten ist besitzergreifendes Machogehabe dabei, und ein klar ausgesprochenes »No!« regelt die Situation meistens schnell.

Egal wie blond, hübsch oder auffällig, eine Frau kann sich sicher und furchtfrei auf der Grünen Insel bewegen. Man(n) mag ihr mit der schier unstillbaren Neugierde, die einem Inselvolk zu eigen ist, begegnen, vielleicht stellt man der exotischen Reisenden auch 1.000 Fragen. Doch dieses Verhalten hat nichts mit Aufdringlichkeit zu tun. Auch bei männlichen Touristen erkundigt man sich ausführlich, woher sie kommen, wie sie Irland finden, ob sie bereits dieses oder jenes besichtigt hätten.

Ob es den irischen Männern an Selbstvertrauen fehlt? Es könnte etwas dran sein, insbesondere wenn sie von den Härten des Lebens und von einseitiger, fettiger Ernährung gezeichnet sind. Ein wirklich attraktiver Ire scheint nur auf der Leinwand zu finden zu sein: Frau denke an Colin Farrell, Michael Fassbender oder Pierce Brosnan (siehe Grund 86). Solche Beaus haben Seltenheitswert und sind vielleicht vereinzelt in der Hauptstadt aufzuspüren, jedenfalls ist dieser Typ Mann nicht oder eher selten in den ländlichen Teilen der Insel aufzuspüren.

Meine durch langjährige Feldforschung untermauerte Einschätzung war übrigens auch Gegenstand eines Artikels in der Zeitung *Irish Mirror* (2014), die Überschrift lautete: »Irish men … the ugly truth: Dating site ranks our lads as the ugliest in the world« (Irische Männer … die hässliche Wahrheit: Partnersuche-Agentur stuft unsere Burschen als die hässlichsten der Welt ein). Es wird berichtet, dass durchschnittlich weniger als einer von zehn irischen Mannsbildern, die ihr Konterfei auf der internationalen Website *beautifulpeople.com* abgebildet haben wollten, akzeptiert werden konnte. Die Paddys und Johns der Grünen Insel können sich kaum gegenüber den Ästhetik-Spitzenreitern aus Schweden, Brasilien und Dänemark behaupten.

Passionierten Globetrotterinnen kann dieses Ranking jedoch gleichgültig sein. Hauptsache ist, dass sie völlig sorgenfrei die unzähligen anderen – umso attraktiveren – Schönheiten Irlands erkunden können. *{e}*

## Weil Seetang für innere und äußere Schönheit sorgt

Viele Leute finden Strände voller Seetang nicht sehr appetitlich. Doch kaum jemand der jüngeren Generation hat eine Vorstellung davon, wie vielseitig das schleimhaltige Grünzeug aus dem Meer einsetzbar ist: Es kann hochwertigem Schiffslack zugesetzt werden, als Dünger leistet es wertvolle Hilfe in der biologischen Landwirtschaft, es mindert Falten sowie Cellulite, es ist ein wertvolles Nahrungsmittel voller Eiweiß und Spurenelemente und geradezu das perfekte Anti-Aging-Mittel.

In Irland sehr bekannt und in vielen Supermärkten erhältlich ist ein Milchpudding, der mit *Irish Moss* angedickt wird. Allerdings handelt es sich nicht um Moos, sondern um die Alge *Chondrus crispus*. Dieser Knorpeltang ersetzt das Stärkemehl in der feinen Süßspeise (siehe Grund 78).

Um diesen traditionellen Pudding zu kochen, geht man entweder selbst auf die »Jagd« oder erwirbt die getrocknete bräunliche Alge namens *Carrageen* (= kleiner Fels) im Supermarkt. Man legt ein getrocknetes Stück dieses Meeresgemüses (fünf Gramm) für mindestens zehn Minuten in lauwarmem Wasser ein. Nach dem Abseihen köchelt man es 20 Minuten lang in knapp einem Liter Vollmilch (900 Milliliter). Der Inhalt einer ausgekratzten Vanilleschote passt ausgezeichnet dazu. Ein Eigelb wird in einem separaten großen Gefäß mit einem Esslöffel Zucker gut verschlagen, die heiße Milch wird daraufgegeben, dabei immer gut mit einem Schneebesen verrühren, das Gel des *Carrageen* auch gut durch das Sieb drücken und die Masse weiter schlagen. Das Eiweiß separat zu Schnee schlagen und unterrühren, mehrere Stunden kühl stellen und mit Kompott servieren.

Übrigens kennt fast jeder auf dem Kontinent diesen Gelbildner; er versteckt sich in unzähligen Lebensmitteln und auch in Kosmetika hinter dem Kürzel E 407.

Ähnlich mild schmeckt *sea spaghetti* (*Himathalia elongata*, Riementang), das Kajakfahrer ernten können, da dieser Tang einige Meter jenseits der Küstenlinie wächst. Die gelblichen Schnüre erinnern tatsächlich an Pasta und werden in allerlei Gerichten verarbeitet. Mir gefallen die vielfältigen Rezepte der Kochbuchautorin und Ärztin Prannie Rhatigan. Sie mischt die »Meeresnudeln« tatsächlich unter mit Shrimps und Zwiebeln angebratene Spaghetti. Auch in Sauce bolognese macht sich diese leicht nussig schmeckende Tangart sehr gut. Wenn dieser Tang noch sehr jung ist, gibt man ihn roh in Salate.

Im Land der Kartoffelchips (siehe Grund 40) dürfen *dulse crisps* nicht fehlen. Sie sind auf alle Fälle die gesündere Variante, welche bereits im Meer gesalzen wird. Dafür schneidet man diese getrocknete Rotalge (*Palmaria palmata*) einfach in mundgerechte Stückchen und brät sie ein bis zwei Minuten lang in reichlich Butter oder Olivenöl aus. Der irisch-englische Name *dillisk* oder *dulse* beschriftet Gewürzgläschen, welche als Salzersatz und Mineralienergänzung zu kaufen sind (beispielsweise von der kleinen Firma Sea of Vitality). Ich verwende fast täglich eine Prise dieses Insel-Gewürzes, das früher als Armeleuteessen galt. Es wurde zu Kartoffeln gegessen, im typischen *soda bread* gebacken und auch in *scones* und *sandwiches* verarbeitet.

Als Kosmetikwirkstoff sorgt Seetang für straffere Haut und ist darum (ab einem gewissen Alter) eine ideale Anti-Ageing-Zutat. Die irische Naturkosmetik-Firma Voya vermarktet nachhaltig gesammelten Seetang als begehrte Schönheitselixiere, die sowohl in Läden gekauft werden können als auch in fast 80 SPAs (»Schönheitsfarmen«) im In- und Ausland zum Verwöhngefühl beitragen.

Lediglich vor zwei Tang-Arten sollte man sich hüten, zumindest wenn sie ganze Küstenstreifen hellgrün färben: *sea lettuce* (Meersalat, Gattung *Ulva*) und *sea grass* (Flacher Darmtang, Gattung *Enteromorpha*) gedeihen am liebsten in flachem Brackwasser. Beide Gewächse zeigen ein besorgniserregendes Phänomen an: Kläranlagen werden auf der Grünen Insel immer noch nicht flächendeckend eingesetzt, und das Meer wird vielerorts mit menschlichen und tierischen Fäkalien und mit Kunstdünger angereichert. Manche Meerespflanzen profitieren übermäßig von dieser »Nahrung«.

Darum sollte man Seetang, den man kulinarisch verwerten möchte, nur in sauberen Gewässern sammeln oder besser noch: ihn in getrockneter Form in Bioläden kaufen. Dann steht einem protein- und mineralstoffreichen Genuss nichts im Weg außer vielleicht ein Mangel an Erfahrung bei der Verarbeitung der ungewöhnlichen Gewächse. Dafür gibt es jedoch zwei inspirierende Bücher: das großartige Kochbuch von Prannie Rhatigan *Irish Seaweed Kitchen* und das vielseitige Werk von Sally McKenna *Extreme Greens – Understanding Seaweeds*, in dem man viele Tipps zum Ernten und auch Kosmetikrezepte mit Seetang findet. {e}

86. GRUND

## Weil Irland die perfekte Filmkulisse ist

Man muss nicht ein Fan von Herzschmerz-Pilcher-Romanverfilmungen sein, um am Sonntagabend schönste irische Landschaften auf der Mattscheibe bewundern zu können. Die Grüne Insel bietet für viele andere Leinwand-Genres großartigste Kulissen: altmodisch wirkende Häuser, Straßenzüge wie aus dem vorvergangenen Jahrhundert, verwunschene Gärten, romantische Ruinen, rauschende Klippen. Im Grunde genommen ist ein Großteil der Insel eine einzige Kulisse.

Ist es ein Wunder, dass das kleine Land mit dem reichen poetisch-musikalischen Hintergrund (siehe Gründe 50 und 45) so viele bekannte SchauspielerInnen hervorgebracht hat? Passionierte Cineasten erkennen allerdings wegen der in deutschsprachigen Ländern meistens üblichen Synchronisierung englischsprachiger Filme oft nicht den irischen Slang mancher Schauspieler. Überraschend viele internationale Kinogrößen sind irischer Herkunft (auch aus Nordirland), viele Gesichter wurden durch die diversen *Harry Potter*-Filme und andere Fantasy-Klassiker weltberühmt.

- Aidan Gillen, geboren 1968 (*Game of Thrones, Shanghai Knights, Mütter & Söhne*)
- Aidan Turner, geboren 1968 (*Der Hobbit: Eine unerwartete Reise, Der Hobbit: Smaugs Einöde, Die Tudors*)
- Alison Doody, geboren 1966 (*James Bond – Im Angesicht des Todes, Indiana Jones und der letzte Kreuzzug*)
- *Brenda Fricker*, geboren 1945 (*Mein linker Fuß, Ein Haus in Irland, Kevin – Allein in New York*)
- Brendan Gleeson, geboren 1955 (*Braveheart, Brügge sehen ... und sterben?, Winston Churchill, Harry Potter*)
- Ciarán Hinds, geboren 1953 (*Game of Thrones, Harry Potter, Jane Eyre*)
- Cillian Murphy, geboren 1976 (*Inception, Red Lights, Transcendence, Breakfast on Pluto, Das Mädchen mit dem Perlenohrring*)
- Colin O'Donoghue, geboren 1981 (*The Rite – Das Ritual, Die Tudors, Once Upon a Time – Es war einmal ...*)
- Colin Farrell, geboren 1976 (*Brügge sehen ... und sterben?, Cassandras Traum, Ondine, Die Journalistin, Das Tribunal*)
- Colm Meaney, geboren 1953 (*Raumschiff Enterprise: Das Nächste Jahrhundert, Star Trek: Deep Space Nine, Die Commitments*)
- Damian O'Hare, geboren 1977 (*Fluch der Karibik*)
- Dan O'Herlihy, 1919–2005 (*Twin Peaks, RoboCop*)
- Sir Daniel Day-Lewis, geboren 1957 (*Gandhi, Lincoln, Gangs of New York, There Will Be Blood, Mein wunderbarer Waschsalon*)
- David Kelly, 1929–2012 (*Charlie und die Schokoladenfabrik, Lang lebe Ned Devine!, Der Sternwanderer*)
- Devon Murray, geboren 1988 (*Harry Potter, Die Asche meiner Mutter*)
- Evanna Lynch, geboren 1991 (*Harry Potter*)

- Fiona Shaw, geboren 1958 (*Das Bildnis des Dorian Gray*, *Harry Potter*, *The Black Dahlia*, *Das perfekte Verbrechen*)
- Fionulla Flanagan, geboren 1941 (*The Guard – Ein Ire sieht schwarz*, *Mütter & Söhne*, *Lang lebe Ned Devine!*)
- Gabriel Byrne, geboren 1950 (*Im Namen des Vaters*, *Ghost Ship – Das Geisterschiff*, *Fräulein Smillas Gespür für Schnee*, *Excalibur*)
- Jack Gleeson, geboren 1992 (*Game of Thrones*, *Batman Begins*)
- James Nesbitt, geboren 1965 (*Der Hobbit*, *Bloody Sunday*, *Das Leiden Christi*, *Five Minutes of Heaven*)
- Jim Norton, geboren 1938 (*Wasser für die Elefanten*, *Der Junge im gestreiften Pyjama*, *Harry Potter*)
- Jonathan Rhys Meyers, geboren 1977 (*Mission: Impossible* III, *Dracula* [TV-Serie], *From Paris with Love*, *Kick it like Beckham*)
- Sir Kenneth Branagh, geboren 1960 (*Kommissar Wallander*, *Harry Potter*, *Operation Walküre – Das Stauffenberg-Attentat*)
- Kristian Nairn, geboren 1975 (*Game of Thrones*)
- Liam Cunningham, geboren 1961 (*Game of Thrones*, *Kampf der Titanen*, *Breakfast on Pluto*, *Doctor Who*)
- Liam Neeson, geboren 1952 (*Schindlers Liste*, *Kampf der Titanen*, *Die Chroniken von Narnia*, *Breakfast on Pluto*)
- Maureen O'Hara, geboren 1920 (*Rio Grande*, *The Quiet Man* [*Der Sieger*], *Unser Mann in Havanna*)
- Maureen O'Sullivan, [Mutter von Mia Farrow] 1911–1998 (*Tarzan*, *Hannah und ihre Töchter*, *Peggy Sue hat geheiratet*)
- Michael Fassbender, geboren 1977 (*Inglourious Basterds*, *12 Years a Slave*)
- Sir Michael Gambon, geboren 1940 (*Harry Potter* [als Dumbledore], *The King's Speech*, *Doctor Who*, *Das Omen*)
- Peter O'Toole, 1932–2013 (*Lawrence von Arabien*, *Troja*, *Ratatouille*)
- Pierce Brosnan, geboren 1953 (*James Bond*, *Mamma Mia*, *Mrs. Doubtfire*, *Der Ghostwriter*, *Dante's Peak*, *Remember Me – Lebe den Augenblick*)

- Ray McAnally, 1926–1989 (*Mein linker Fuß, Jack the Ripper, Mission*)
- Richard Harris, 1930–2002 (*Harry Potter, Gladiator, Julius Cäsar, Fräulein Smillas Gespür für Schnee*)
- Saoirse Ronan, geboren 1994 (*In meinem Himmel, Wer ist Hanna?*)
- Stephen Rea, geboren 1946 (*V wie Vendetta, Ein Haus in Irland, Werwolf*)
- Stuart Townsend, geboren 1972 (*Chaos Theory, Ein Trauzeuge zum Verlieben, 24 Stunden Angst*)

Einer der ganz Großen auf der Leinwand hatte zumindest einen irischen Ururgroßvater: George Clooney. Erst Anfang 2015 wurde die tragische Auswanderung seines Ahnen bekannt gemacht.

Die eher wenigen wirklich fantastisch aussehenden Männer der Grünen Insel scheinen also fast alle im Schauspiel-Business aktiv zu sein. So kann frau oft ins Kino gehen und fast immer sicher sein, dass uns ein irischer Traummann von der Leinwand tief in die Augen schaut. *{e}*

87. GRUND

## Weil Wollpullover dichter und bequemer als Plastikjacken sind

Das irische Wort für »Wolle« lautet »Polyester«. Das zumindest könnte man angesichts der Pullover und Decken in den bunt sortierten Touristen-Shops auf der Insel glauben. Ein großer Teil der »irischen« Jacken, Pullis, Schals und Tagesdecken werden längst aus Kunst- und Mikrofaser produziert. Gelegentlich entdeckt man *Made in China* auf dem Etikett, wenn es nicht vorher verschämt vom textilen Stück entfernt wurde. Oder es heißt *Product of Ireland* – eine trügerische Umschreibung des wahren Produktions-Ortes.

In einem Land, dessen Landschaft und dessen Image von Schafen auf grünen Weiden geprägt werden, mag das verwunderlich klingen. Man sieht jedoch kaum einen ganz normalen Iren jemals in einem wolligen Kleidungsstück. Wer ein kleines bisschen auf sein Outfit hält, trägt pflegeleichte Kleidung und schläft in bügelfreier Bettwäsche. Diese beiden Adjektive sind Synonyme für synthetische Fasern und für Arbeitserleichterung in der Waschküche.

Wollkleidung bedeutet auf den ersten Blick mehr Arbeit, sie ist anfällig für Mottenfraß, sie kann nicht einfach in die Waschmaschine gestopft werden und darf weder geschleudert noch im Trockner getrocknet werden. Dieser ist eines der wichtigsten Haushaltsgeräte in Irland, denn eine Wohn-Umgebung mit oft 80 Prozent und mehr Luftfeuchtigkeit, fördert nicht das schnelle Trocknen von Baumwoll- oder Viskosekleidung, wenn diese auf dem Wäscheständer aufgehängt werden. Polyesterkleidung und Bettwäsche mit Synthetikfasern bekommen somit auch kaum den typischen Langsam-Trocknen-Modergeruch (»Löwen-Käfig«).

Doch wer trägt heute noch Wolle? Ich sehe sie bisweilen an einfach lebenden Menschen, manche Farmer und gelegentlich auch Schiffsleute tragen »altmodische« Strickjacken und Aranpullover. Meistens jedoch sieht man sie an eher »alternativ« lebenden *blow-ins* (Zugereister) und an Touristen. Die mit kunstvollen Zopf- und Rautenmustern, aus dicker und fettiger Wolle gestrickten Pullis beschwören weltweit gerne die Vorstellung von »typisch irisch« herauf. In edler Form kommen sie aus der von Tarlach de Blácam 1976 gegründeten Kooperative auf der kleinen Aran-Insel Inish Meáin, welche diese irische Traditionshandarbeit sowie design-orientierte Wollmode unter einem eigenen Label in alle Welt exportiert.

Da naturbelassene und eher kratzige Wolle erstaunlich wasser- und sogar windabweisend ist, war sie in früheren Zeiten die ideale Kleidung im rauen Klima dieser und der zwei westlich von Galway gelegenen Nachbarinseln, wo Fischfang und Landwirtschaft die Lebensgrundlagen sicherten. Wolle reinigt sich bis zu einem gewissen Grad selbst, nimmt kaum Schweißgeruch an und verfilzt mit der Zeit zu einer hervorragenden Outdoor-Textilie. Der typische helle Aran-Pullover mit den jeder Familie eigenen Mustern ist Anfang des 20. Jahrhunderts entstanden. Jedoch schon davor galt das Einstricken von bestimmten Mustern in ein Kleidungsstück als eine Art Talisman, der den Träger mit guten Wünschen und Schutzeigenschaften auf seinem oft gefährlichen Weg begleitete.

Diese Muster entstanden im Laufe von Jahrhunderten, und jedes davon besaß seine eigene Bedeutung, die tief im täglichen Leben der Bauern und Fischer verwurzelt war.

Es geht die Mär, dass die heimischen Fischer, die bis heute üblicherweise nicht schwimmen lernen möchten, im schlimmsten Fall am individuellen Zopf- und Knotenmuster-Design identifiziert werden sollten und konnten. Im Büchlein *The Aran Sweater* von Deirdre McQuillan wird dieser Mythos jedoch verneint. Die Autorin erwähnt auch, dass ein deutscher Textiljournalist, Heinz Edgar Kiewe, 1967 in seinem Buch *The Sacred History of Knitting* in zahlreichen kunstvollen Aran-Mustern biblische Gottesbotschaften entziffert haben will.

Da in irischen Haushalten viel weniger geheizt wird als auf dem Kontinent (siehe Grund 22: Temperaturen), sind irische Wollpullover mit oder ohne kunstvolle Muster ein wunderbares Kleidungsstück, um den Körper bei 15 oder 16 Grad Celsius sowie hoher Luftfeuchtigkeit warm und trocken zu halten. Sie könnten als wertvoller Exportartikel dazu beitragen, mit fossilen Brennstoffen behutsamer zu haushalten und den Thermostat wieder auf gesundheitsfördernde Temperaturen zurückzudrehen. Gleichzeitig könnten Geldbeutel und Umwelt geschont werden.

Der moderne Inselbewohner mag sich nicht mehr so recht mit dem rustikalen Kleidungsstück anfreunden. Darum rief der irische Bekleidungshändler Glenaran vor einigen Jahren vor dem St. Patrick's Day die Landsleute dazu auf: »Tragt euren Aran am 17. März mit Stolz.« Dennoch leben dieser und andere Wollpullover-Anbieter gut vom Verkauf der inzwischen sehr vielfältigen und auch in allen Farben erhältlichen Kleidung. Ein irischer Alltagswitz fragt: »Woran erkennst du in Irland einen Fremden?« Antwort: »Am Aran-Wollpullover.« *{e}*

88. GRUND

## Weil es in Irland viele wohlklingende Männernamen gibt

Eigentlich ist es ganz einfach: Rede dein männliches Gegenüber mit *Padraig* (oder Patrick) an und die Trefferquote liegt bei gut 50 Prozent. Nun ja, es könnte aber auch ein Séan (oder John) vor dir stehen: In unserer dünn besiedelten Nachbarschaft aus zehn Häusern wohnen fünf Johns und nur ein Patrick.

Doch frau findet auch wunderschön klingende Namen wie *Eoghan, Cathal, Fionn* und *Oisin*. Dazu hübsche Schreibweisen der englischen Namen: Christopher nimmt am Irisch-Unterricht als *Críostóir* (»Krischtór«) teil, Peter wird zum *Peadar* (»Pódrr«), James heißt dann *Seamus* (»Scheymos«) und William darf sich *Liam* (»Lieäm«) nennen.

Die Geschichten hinter vielen Namen klingen romantisch und auch die Bedeutungen haben etwas Exotisches an sich: *Eoghan* oder *Eoin* (»O-ien«) bezieht sich auf Eo, die Eibe, was in der Namensgebung einst bedeutete, dass der Träger aus gutem Hause kam. *Oisin* (»Óschien«) ist das junge Reh, *Ronan* (»Ronaan«) bezeichnet eine kleine Robbe und erinnert auch an einen Heiligen aus dem 6. Jahrhundert. *Tiarnán* (»Tiernaan«) bedeutet »Kleiner Lord«, *Turlough* (»Türlock«) ist der »Helfer«. *Odhran* (»Ódran«) bedeutet »dunkelhaarig«, *Ruadhán* (»Ruón«) ist der Rothaarige, *Fionn* (»Fieónn«) ist der Blonde.

*Fearghal* (»Fergóll«) bezeichnet den tapferen und *Fergus* (»Fergass«) den starken Mann. Die Großtat eines großen Mannes gar wurde 1977 (fast) bewiesen, als der irische Historiker Tim Severin nachweisen konnte, dass St. Brendan der Seefahrer (484–577) möglicherweise vor Kolumbus in Amerika landete. Severin baute ein traditionelles Boot aus Tierhaut (*curragh*) und schaffte es, damit von Irland nach Neufundland zu navigieren. Der Heilige war auf der Suche nach dem Garten Eden gewesen, den er jedoch nicht fand; stattdessen begegnete er furchterregenden Abenteuern wie einem riesigen Fisch, der sein Boot auf dem Rücken trug, und Menschen, deren Köpfe Schweinsköpfen ähnelten. Da er viele solcher Widrigkeiten überlebt hatte, wurde er zum Schutzheiligen der Seefahrer, und neugeborene Jungen werden auf den Namen *Brendan* getauft.

Im Bekanntenkreis verwechsle ich gerne mal Cian, Ciarán und Cillian. *Cian* (»Kieónn«) bedeutet »der Langlebige«, *Ciarán* (»Kierónn«) meint den »kleinen Dunklen« und Cillian kann wörtlich übersetzt werden mit »der aus der Kirche«. Der Heilige Cillian war ein irischer Missionar im 7. Jahrhundert, der von einem Herzog umgebracht wurde, nachdem er dem Adligen vorgeworfen hatte, die Witwe seines verstorbenen Bruders geheiratet zu haben. Cillian ist der Schutzheilige der Menschen, die an Rheumatismus leiden.

Wenn auch die Auswahl an gut aussehenden Männern auf der Grünen Insel sehr überschaubar ist (siehe Grund 91), können wir Mädels uns immerhin an wunderschönen Vornamen erfreuen. *{e}*

89. GRUND

## Weil kleine Tricks das Leben einfacher (und menschlicher) machen

Strenge Autoüberprüfungen durch den im Jahr 2000 eingeführten NCT (TÜV), komplizierte Sicherheitsvorschriften am Arbeitsplatz,

Hundesteuer und Fernsehgebühr: All das gibt es auf der Grünen Insel genau so wie anderswo auch. Manchmal vielleicht sogar noch etwas verschärfter. Und je neuer die Vorschrift, desto strenger wird sie bisweilen eingefordert. Doch manchmal geht es auch anders.

Durch Umbaumaßnahmen und ein anschließendes Unwetter stellte sich der noch nicht gänzlich fertig gestellte Kamin samt Schornstein als ein klein wenig undicht heraus. Ich war für ein paar Tage alleine mit den Kindern im Haus und wurde zunehmend unruhiger. Plötzlich sprang eine Sicherung raus, wie sich herausstellte für sämtliche Steckdosen im Haus. Beim Überprüfen des Sicherungskastens sah ich, dass sich ein kleiner Wasserfall zwischen den Schaltern gebildet hatte. Das wurde mir dann doch zu heiß, und ich rief den Kaminbauer an. Der auch prompt vorbeikam.

Er schaute mit gar nicht so strenger Miene auf die etwas unglückliche Kombination von Wasser und elektrischem Strom, kratzte sich kurz am Kopf und fand die zündende Lösung. »Do you have a hair dryer?« (Hast du einen Haarföhn?). Ja, durchaus, stotterte ich, doch die Steckdosen sind doch futsch. »No problem.« (Kein Problem, eine oft gehörte Antwort bei allerlei misslichen Lagen.) Der vielseitig begabte Handwerker schraubte an der Lüsterklemme der Zimmerlampe, nahm diese ab, fummelte den Stecker des Föhns irgendwie an die Drähte, verband das Kunstwerk mit Isolierband und fing an, in aller Seelenruhe den Sicherungskasten trocken zu föhnen. Als die Sicherung wieder hielt, verabschiedete er sich mit dem Hinweis, er werde den Föhn bis auf Weiteres dort angeschlossen lassen, dann könne ich ja bei erneutem Regenguss wieder aktiv werden. So funktioniert Hilfsbereitschaft und Freundschaft in Irland und ich liebe es!

Ein anderes Mal ging es darum, zwei Packungen Paracetamol im Supermarkt zu kaufen. Wie auch das berühmtere Konkurrenzprodukt mit dem großen A kann man solche Medikamente auch im Tante-Emma-Lädchen kaufen. Doch irgendwann gab es eine neue Vorschrift: Pro Kunde und Einkauf durfte plötzlich nur noch eine Packung gekauft werden. Da staunte der deutsche Kunde nicht schlecht und wollte das zweite Päckchen brav zurück ins Regalfach bringen. Doch die nette Kassiererin hatte eine bessere Idee. »Pass auf«, sagt Kassen-Sheila, »du zahlst erst die eine Packung, und danach kaufst du die andere. Das macht dann zwei Einkäufe, und das ist nicht verboten.« Na also, geht doch.

Letztens war ich geradezu gerührt, als ein älterer Herr im öffentlichen *Bus Éireann*-Fahrzeug offensichtlich nicht mehr wusste, wo er auszusteigen hatte. Busfahrer sind meistens sehr nett, sehr aufmerksam und kennen dem Anschein nach alle älteren Fahrgäste, denn diese reisen kostenfrei und vermutlich regelmäßig (siehe Grund 76: Gelassenheit). Der freundliche Chauffeur hielt also an und erinnerte den alten Mann, dass es nun Zeit sei, nach Hause zu gehen. Was dieser sehr langsam, sehr umständlich und irgendwie doch nicht so recht begriff. Also stand der Fahrer auf, hakte beim verwirrten Mann unter, schnappte sich die Einkaufstüte und brachte ihn bis ans Gartentörchen. Für alle anderen Passagiere vernehmbar und mit deutlichem Augenzwinkern rief der Busfahrer hinterher: »Soll ich dir deine Einkäufe auch noch in den Küchenschrank einräumen???!!«

Meine allererste Begegnung dieser menschenfreundlichen Art ereignete sich in den ersten Monaten unseres Inseldaseins. Eine liebe deutsche Freundin musste nach Deutschland eilen, da ihre Mutter einen Herzinfarkt erlitten hatte. Sie ließ ihre zwei Kinder bei Freunden und übergab mir ihr »Dole«-Büchlein. Das hat nichts mit der bekannten Ananas-Marke zu tun, sondern darin werden die Sozialhilfe-Auszahlungen eingetragen (*dole* = Stütze). Diese Beträge werden wöchentlich beim lokalen Postamt ausgezahlt, man muss sie also persönlich und einigermaßen pünktlich abholen. Susanne hatte vorsorglich viermal unterschrieben, falls es ihr einen Monat nicht möglich sein würde, die staatliche Unterstützung abzuholen.

Ich bekam auch völlig problemlos den wöchentlichen Betrag ausgezahlt, doch plötzlich zögerte der Postmann. Ich wurde unruhig und war mir sicher, dass er den Irrtum, das falsche Gesicht, erkannt hatte. Doch er erklärte mir, dass es in jener Woche doch noch eine Extra-Zahlung zu Weihnachten gäbe und wie man das denn nun handhaben solle. Nach einem abermaligen Zögern schob er mir das Heft unter die Nase und deutete auf Susannes Unterschrift. Ich holte tief Luft, unterschrieb, er gab mir das Weihnachtsgeld und lächelte mehr als zufrieden. Nächstenliebe auf Irisch, *I love it!* {e}

90. GRUND

## Weil guter Geschmack in Irland Geschmackssache ist

Kürzlich in einem großen Kaufhaus am Stadtrand von Cork, der zweitgrößten Stadt Irlands: Die deutsche Frau möchte den freien Tag zum seltenen Shopping nutzen und sich die Garderobe etwas aufhübschen. Nicht dass sie zu einer exklusiven Boutique pilgern möchte. Selbst das Angebot im zweitbesten Konsumtempel will nicht so recht zum Landleben mit Tieren, Blumenerde und Holzhacken passen.

Ich wollte also einfach mal wieder eine bequeme Hose ansteuern, vielleicht so eine wie aus dem Vorjahr bei genau dieser Kaufhauskette. Doch ein gewisses Chaos in der Damenabteilung, peinliche Staubmengen auf den Ablagen und heruntergefallene Kleidungsstücke wirken sich eher positiv auf meinen Spartrieb als auf die Kauflust aus. Nach dem etwas verschämten Umdrehen und dem Fotografieren der auf mich recht verschlampt wirkenden Damenabteilung verlasse ich den Konsumtempel lieber. Ich wundere mich, dass sich offenbar keine andere Frau an dem doch recht unsinnlich präsentierten Angebot stört. Andererseits: Warum eigentlich so penibel sein, warum muss alles so aufgeräumt sein, so durchgestylt, so germanisch-perfekt?

Es ist nicht das erste Mal, dass kontinentaleuropäisches Ästhetikempfinden und irische Lässigkeit auf diese Weise zusammentreffen.

Kein Ire dreht sich um, wenn Bauer Paddy mit lehmverschmierten Gummistiefeln zum Gottesdienst erscheint, keine Irin rümpft die Nase, wenn Nachbarin Mary ihr Kind im verbeulten Trainings- oder gar Schlafanzug von der Schule abholt. Versabbelte Krawatten regen – zumindest in den ländlichen Teilen der Insel – niemanden auf, mit ungeschminktem Gesicht erntet frau keine verstörten Blicke.

Auch in den Gebäuden herrscht diese wohltuende Lässigkeit: Mindestens ein deutlicher Riss in der Zimmerwand gehört irgendwie zu jedem Heim dazu. Dazu oft ein vergilbter Druck des herzzerreißenden jungen Jesus. Die drucklos tröpfelnde Dusche, die flackende Glühbirne, der quietschende Fußboden sind ein vertrautes Bild – auch mal im *Bed and Breakfast* oder gar im 4-Sterne-Hotel. Die kleine Schimmelkultur in der Zimmerecke oder am Fensterrahmen der Ärztin (bei oft 80 Prozent Luftfeuchtigkeit fast normal) und die tote Fliege auf dem Fensterbrett sind keine Anblicke, die Abscheu erregen würden. Die irische Hausfrau leidet anscheinend selten an einem sozial aufgedrückten Sauberkeitszwang, penible Ordnung ist oft ein Fremdwort. Es ist eher so, dass man als vermeintlich toleranter deutscher Mensch zu hören bekommt: »Don't be so fussy!« (Sei nicht so pingelig!), wenn man einen schiefen Lampenschirm gerade rückt oder diskret einen kleinen Fleck auf dem Restauranttisch verschwinden lassen möchte.

Kreischende Farbzusammenstellungen an Hausfassaden, riesige Blumenmuster an Gardinen oder auf der Bettwäsche, Plastikblumen als Fensterdekoration sowie auf Restauranttischen sind manchmal so skurril, dass sie schon wieder etwas Künstlerisch-Originelles an sich haben. Auch die Grabdekorationen auf vielen Friedhöfen sind an Kitschigkeit kaum zu überbieten: Die Mutter Gottes aus Plastik steht in einer großen Glaskugel, man erwartet jeden Moment einen kleinen Sturm aus Kunststoff-Schnee. Engelchen, Tierchen und unvergängliche Dauerblümchen veranlassten unseren damals kleinen Sohn zur Frage: »Papa, warum bekommen die Toten so viel Spielzeug?«

Grüner Wildwuchs an und vor Haustüren wird genauso wenig wie unsortierte Wäscheberge in Wohnzimmer-Ecken als *eyesore* (Augenschmerz) empfunden. Weder Frittengeruch an der Kleidung noch ein gewisser Muff-Mief in Gebäuden fällt sonderlich unangenehm auf.

Farblich, gestalterisch und auch menschlich gibt es auf der Grünen Insel also viel Toleranz und damit auch viel innere Freiheit. Beides wirkt ungemein befreiend auf die Seele. Es muss nicht alles perfekt sein: Auch krumm gebaute Wände schützen vor Regen, auch eine schrecklich bunt-geblümte Jacke hält warm, selbst mit ausgebeulten und löchrigen Schuhen kann man noch bequem laufen – vielleicht sogar wesentlich bequemer als mit modisch-steifen Schlappen. *So what!* {e}

KAPITEL X

# DIE 10 BESTEN GRÜNDE FÜR MÄNNER

91. GRUND

## Weil irische Männer ihre Eroberungstechniken überdenken müssen

Viele Frauen wollen einen Iren heiraten, den guten Gälen, einen irischen Prinzen: Irische Männer, so las ich kürzlich in der *Irish Times*, sind die großen Knüller auf dem aktuellen Partner-Markt. Der Autor Brian O'Connell will herausgefunden haben, dass die Nachfrage nach potenziellen Lebenspartnern aus Irland im Ausland enorm gestiegen ist – und dass Männer aus Irland vor allem in US-amerikanischen Online-Partnerbörsen als »heiße Ware« gelten. Sollte die einigermaßen überraschende Behauptung stimmen, dann würde sie zumindest belegen, dass wahrhaft romantische Mädchen eben nicht hinter Geld und einem Leben in Wohlstand her sind, sondern auf die wahren Werte des Mannes schauen.

Warum die *Irish Times* den zunächst gepflegten Mythos vom irischen Traumprinzen am Ende selbst zerstört, bleibt ihr Geheimnis. Die Zeitung lässt jedenfalls auf dem Kontaktmarkt aktive Frauen aus Polen, Australien und den USA über ihre Erfahrungen mit ihren irischen Männern berichten, und das Ergebnis ist wenig schmeichelhaft für Paddy Macho. Image und Wirklichkeit scheinen weit auseinanderzuklaffen.

In aller Kürze hier die wichtigsten Befunde aus dem täglichen Stellungskrieg zwischen irischen Männern und ihren ausländischen (Ex-)Partnerinnen:

- Die Partnervermittlerin Mary Kenny bescheinigt irischen Männern, dass sie ihre Eroberungstechniken dringend überdenken müssen: »Irische Männer jagen noch immer in der Meute. Sie gehen in Gruppen aus und hängen zusammen rum. Erst wenn sie richtig betrunken sind, machen sie den Frauen Avancen – wenn der Abend fast schon gelaufen ist.«

- Eine junge Polin meint: »Polnische Männer öffnen dir die Türe. Irische Männer nicht. Dafür trinken sie mehr.«
- Eine Australierin sagt: »Irische Männer sehen oft auch dann noch wie kleine Jungs aus, wenn ihre Haare schon ergrauen. Und wie mit dem Hurling-Schläger verprügelt. Zudem hat die starke Stellung der irischen ›Mammy‹ nachteilige Auswirkungen: Man trifft so viele hilflose irische Männer, die von ihren Müttern erzogen werden, bis sie 40 oder 50 sind.«
- Und eine Amerikanerin meint: »Aus ihrer Unsicherheit heraus müssen sich die irischen Machos stets vor ihren Freunden beweisen. Eine ›Dating-Kultur‹ hat Irland nicht: Irische Männer besaufen sich, stolpern dann auf die Frauen zu und hoffen einfach das Beste.« Die übliche Liebeskarriere eines Iren beschreibt die 37-Jährige so: »Sie verlieben sich in der Schule in ein Mädchen, gehen 15 Jahre mit ihr aus und heiraten sie dann.«

Na denn, das sind doch zumindest gute Gründe für alle Nicht-Iren, die nach einer netten, gebildeten, gut aussehenden irischen Frau suchen. *{m}*

92. GRUND

## Weil Irlands Frauen die wählerischsten in Europa sind

Wenn es in Irland um das ewige Thema von Mann und Frau, um Liebe und Attraktion zwischen den Geschlechtern geht, hält man lieber den Mund – es sei denn, man will ihn sich absichtlich verbrennen. Ein französischer Freund, zugegeben ein kleiner Don Juan, bemerkte am Ende einer Ferienwoche in Irland, dass er noch keine einzige attraktive Frau getroffen hätte. Nun flanierte er nicht durch die Straßen von Dublin oder Galway, und wahrscheinlich hat er auch nicht Rosanna Davison, Miss World 2003 und Tochter des irischen Barden Chris de Burgh, getroffen; und nicht die besten Jahrgänge der Rose of Tralee.

Die französische Meinung deckt sich dennoch verblüffend mit der meines Sohnes. Der behauptete stets: »Irische Mädchen sind entweder fett oder hässlich. Oder beides.« Ich hielt ihm pflichtschuldig entgegen, das sei übler männlicher Chauvinismus – und ließ vor meinem geistigen Auge alle mir bekannten Mädchen dieser Insel vorbeiziehen. Wir haben die Debatte nicht vertieft, und die Freundinnen, die er uns im Lauf der Jahre vorstellte, widerlegten seine despektierliche Meinung über die irischen Frauen auf drastische Weise. Doch Schluss mit dem Stammtisch-Niveau. Die Internet-Kontaktbörse Parship hat wissenschaftlich seriöse Arbeit geleistet und mit den Mitteln einer europaweiten Umfrage herausgefunden, dass es sich für Männer in Irland (Nationalität egal) kaum lohnt, genauer hinzuschauen: Denn Irlands Frauen sind die wählerischsten in ganz Europa.

Das Risiko, die hohen Erwartungen der Evas und Marias von der Insel nicht erfüllen zu können und abgewiesen zu werden, ist jedenfalls beträchtlich. *High Risk Area Ireland*: Ehrlich muss der Mann sein, immer treu – und reden und zuhören muss er können, sonst schafft er es nicht einmal ins Viertelfinale. Vor allem aber muss er begabter Optimist sein und immer froh gelaunt in die depressive Zukunft blicken. Und Geld und einen guten Job muss er haben. Kleiner Trost: Der akademische Grad, Aussehen und Figur spielen für die Damen *Éires* beim Dating eine absolut untergeordnete Rolle. Egal also, ob sich »Padonis« im Fitness-Studio oder am Tresen stärkt.

Besonders zu denken gibt uns diese Erkenntnis: Fast die Hälfte der befragten alleinstehenden irischen Frauen hatte Parship zufolge seit drei Jahren keine Beziehung. Sind diese Single-Marys nun schlau genug, das Kreuz der Beziehung gar nicht tragen zu wollen? Haben sie überwältigende Angst vor Zurückweisung? Sind sie Opfer der eigenen hohen Ansprüche? Oder fehlt die Nachfrage (siehe oben)?

Das mit der fehlenden Nachfrage können wir sofort und entschieden ausschließen. Der irische Mann ist nämlich im Gegensatz zur Frau überhaupt nicht partnerwählerisch. Und mit dieser Sorglosigkeit stürzt Paddy das gender-vereinte Irland im europäischen 13-Nationen-Vergleich der Wählerischen auf einen undankbaren vierten Platz – hinter den Österreichern, den Schweizern und den Deutschen. Bei der Partnerwahl am wenigsten wählerisch und fordernd sind übrigens die Niederländer und die Franzosen. Wer Fräulein Antje und Mademoiselle Anne-Marie kennt, kann zum Schluss kommen: Hat Mann gute und große Auswahl, muss er nicht besonders wählerisch sein. *{m}*

93. GRUND

## Weil in Irland selbst Berge die Form von Busen haben

Natur ist sexy: Wer bei schönem Wetter die Nationalstraße 22 von Macroom nach Killarney fährt, sieht diese beiden wohlgeformten Berge rechts der Straße und empfindet, was schon die alten Kelten und die noch älteren Stämme der Tuatha Dé D'Annan empfunden haben müssen. Hier fühlt sich der Mann tatsächlich am Busen der Natur. *The Paps* heißen die beiden 690 und 694 Meter hohen Erhebungen, deren Gipfel seit der Steinzeit Steinhügel (*The Nipples*, Brustwarzen) markieren. Schöner kann die Natur den weiblichen Körper nicht nachbilden.

Im Irischen heißen die Busen-Berge von Kerry – sie liegen etwa 15 Kilometer südöstlich von Killarney – An Da Chich Annan: die beiden Brüste von Anu (oder Annan). Anu (auch Danu) ist die Fruchtbarkeitsgöttin der Ureinwohner Irlands, der Tuatha Dé D'Annan. Die irische Mythologie kennt Anu als eine der wichtigsten Gottheiten der frühen Insulaner. An ihrem Busen nährte sie demnach die gesamte Provinz Munster.

Tatsächlich führten die abschmelzenden Gletscher der letzten Eiszeit vor etwa 11.000 Jahren, die auch den Paps den letzten Schliff gaben, große Mengen Lehm in die Ebenen Kerrys. Dieser fruchtbare Boden ernährt die Bauern bis heute. Und über den Feldern thronen stolz die strammen Brüste der Anu. *{m}*

94. GRUND

## Weil es in Irland viele wohlklingende Frauennamen gibt

Wie stellt man sich die Bilderbuch-Irin vor? Natürlich sommersprossig, weißhäutig und rothaarig. Auch wenn nur jeder zehnte eingesessene Inselbewohner tatsächlich einen roten Haarschopf hat und neun von zehn keinen, hält sich das Image von den rothaarigen Iren hartnäckig – und ist auch nicht ganz falsch. Der Anteil der rothaarigen Menschen weltweit beträgt vier Prozent, in Irland sind es zehn, und 30 Prozent tragen die genetischen Anlagen in sich. Die Wikinger haben die Gene im 9. Jahrhundert auf die Insel mitgebracht und seitdem erfolgreich etabliert.

Die Spanier wiederum brachten die Gene für fast südländisch anmutende Menschen auf die Grüne Insel, übrigens bereits lange bevor sie Ende des 17. Jahrhunderts mit ihrer Armada in Irland ankamen. So ist der Besucher gerne mal überrascht, wenn die rassige Schwarzhaarige auf den irischen Namen *Caoimhe* (»quiwah«, die Hübsche, die Zärtliche), *Caoilfhoinn* (»Kielinn«, die Schlanke, die Zarte, die Liebreizende) oder *Doireann* (»Dirrenn«, wörtlich Holz, die Fruchtbare) hört.

Die überwiegende Mehrheit der Frauen über 50 scheinen Mary, Ann, Mary-Ann oder auch Ann-Marie zu heißen. Die irische Variante lautet *Máire* (»Móhrah«). Es gibt jedoch bei der jüngeren weiblichen Bevölkerung eine überraschende Vielfalt an Namen, die für deutschsprachige Ohren sehr exotisch klingen. Aufgrund der vielen verkauften CDs mag man beispielsweise mit *Enya* vertraut sein, der Name wird in korrekter Schreibweise *Eithne* buchstabiert.

*Maebh* (»Mäiv«) ist ein beliebter Mädchenname und bedeutet »Bringerin von großer Freude«, *Múireann* (»Mörrin«) ist »die Langhaarige«, die der Sage nach einst als Meerjungfrau aus dem Meer kam und in eine Menschenfrau verwandelt wurde. *Saoirse* (»Sirscha«) bedeutet Freiheit und wurde nach dem Unabhängigkeitskrieg in den 20er-Jahren des vergangenen Jahrhunderts ein weit verbreiteter Vorname.

Der Name *Etain* (»Itäin«) geht auf eine Sage zurück, in der eine verheiratete Frau sich in einen Mann des Feenvolkes namens Midir verliebte. Er verwandelte sich und seine Liebste in ein Schwanenpaar, sodass sie den Fängen des Ehemannes unerkannt entkommen konnten.

Auch die vielen Mädchen, die auf den Namen *Niamh* (»Nief«, die Strahlende) hören, wurden nach einer bekannten Sagengestalt benannt. Niamh mit dem Goldenen Haar war die wunderschöne Göttin in Tír na nÓg, dem Land der ewigen Jugend und Gesundheit. Sie lockte *Oisín* (»Uschien«), den Sohn des Kriegers Finn McCumhaill, zu sich und brachte ihn dazu, sie zu heiraten. Er versprach seinem Vater, nach drei Jahren in der Anderswelt von Tír na nÓg heimzukehren. Niamh gab ihm ihr verzaubertes unsterbliches Pferd, welches über Wasser gleiten konnte, und warnte ihn, niemals abzusteigen und die Erde zu berühren.

Als Oisín jedoch in Irland ankam, entdeckte er, dass nicht drei Jahre, sondern 300 Jahre vergangen waren und dass sein Vater nur noch als Legende existierte. Er fiel vor Schreck vom Pferd, wurde sofort ein alter Mann und starb bald. Währenddessen hatte Naimh ihren gemeinsamen Sohn geboren, suchte nach ihrem Liebsten und musste bei ihrer Ankunft in Irland zur Kenntnis nehmen, dass dieser an Altersschwäche verstorben war … *{e}*

95. GRUND

## Weil auch Eva Habermann Irland liebt

Die beliebte deutsche Schauspielerin Eva Habermann (* 1976) vermisst Irland, seit sie nicht mehr jedes Jahr zum Drehen auf die Insel kommt. Im Interview mit meinem Web-Magazin *www.irlandnews.com* erklärte die vielseitige Hamburgerin, was sie an Irland liebt: die raue Schönheit der Landschaft, die Menschen, und wie diese miteinander umgehen: unkompliziert und ohne Standesdünkel. Das deutsche Fernsehpublikum kennt Eva Habermann, die von der *Schwarzwaldklinik* über den *Tatort*, vom Kino-Film *Der Clown* bis zum Theaterstück *Jedermann* jedes Genre spielen kann, auch als irische Schäferin Erin O'Toole aus der ZDF-Serie *Unsere Farm in Irland.*

*Sie haben seit 2006 viel Zeit in Irland bei den Dreharbeiten zu bisher acht Episoden verbracht. Welches Verhältnis haben Sie persönlich zu Irland entwickelt?*
Ich liebe Irland. Ich liebe die Menschen dort. Ich war in den vier Jahren, in denen ich jedes Jahr zwei Monate in Südirland verbringen durfte, sehr glücklich. Die meiste Zeit war ich in Clonakilty und Umgebung. Ich war aber natürlich auch beim Ring of Kerry und auf der Dingle-Halbinsel. Ich war sogar auf Skellig Michael. Dann natürlich in Cork und auch in Dublin und bei den Cliffs of Moher. Irland ist einfach unglaublich schön – bis auf das etwas herbe Wetter, aber das ist man als Hamburger ja gewohnt. Ich war begeistert von der Geselligkeit und der Gastfreundlichkeit der Iren, und alle sind wirklich handfest und bodenständig. Ich vermisse es jetzt sehr, nicht mehr jedes Jahr dorthin zu reisen. Es war schon meine zweite Heimat.

*Haben Sie gute Erinnerungen an die Dreharbeiten in West Cork?*
Ich habe sehr gute Erinnerungen an die Dreharbeiten. Wir hatten immer halb Clonakilty als Statisten eingespannt und hatten auch außerhalb der Drehzeit alle viel Spaß. Irgendwie war alles sehr entspannt und unkompliziert, bis auf das regnerische Wetter, das uns teilweise tagelang vom Drehen abhielt, die Produktionsleitung in den Wahnsinn trieb und uns Schauspieler ganze Tage im Pub mit Kartenspielen bescherte. Wir haben immer an wunderschönen Motiven gedreht, wie Bantry House, Skibbereen, Lough Hyne oder dem Inchidoney Beach oder Garinish Island.

*Welche Orte haben Ihnen persönlich am besten gefallen auf der Insel?*
Ich persönlich mochte Dingle sehr gerne, weil man das Gefühl hat, dort ist die Zeit stehen geblieben, und es ist besonders urig und romantisch. Skellig Michael war auch atemberaubend schön. Ich mochte auch gerne die magische Aura des Steinkreises von Drombeg. Oder das Blarney Castle mit dem Blarney Stone.

*Was gefällt Ihnen besonders an Irland …*
Ich finde es toll, dass es hier nicht so stark ausgeprägte Klassenunterschiede gibt und im Pub der Anwalt mit dem Bauarbeiter ein Guinness trinkt und sich bestens amüsiert und keiner besser oder schlechter ist. Super finde ich auch, dass in den Pubs so viel Live Music gespielt wird. Ich habe in Clonakilty im De Barras großartige Konzerte in kuscheliger Atmosphäre erlebt wie zum Beispiel den irischen Musiker Mick Flannery. Ich liebe die raue Schönheit der Natur Irlands.

*… und was nicht?*
Das Wetter könnte meines Erachtens etwas besser sein, aber ich habe sehr sonnenreiche Sommer in Irland verbracht und sehr regenreiche. Das Essen ist etwas gewöhnungsbedürftig, auch wenn ich durchaus in sehr guten Restaurants war, die dann aber auch oft gleich sehr teuer waren.

*Könnten Sie sich vorstellen, als Eva Habermann in Irland zu leben?*
Ich lebe einfach gerne in Deutschland und habe hier ja auch einen Großteil meiner Arbeit, aber ein schönes Feriencottage am Inchidoney Beach könnte ich mir sehr gut vorstellen.

*Gibt es Fortsetzungspläne für »Unsere Farm in Irland«?*
Fortsetzungspläne für die *Farm in Irland* gibt es leider nicht. Das ZDF hatte von Anfang an eigentlich nur sechs Filme vorgesehen, daraus sind dann am Ende acht geworden. Aber wer weiß, die Reihe hatte sehr gute Quoten, vielleicht besinnen sich die Redakteure ja doch und drehen mit uns noch eine weitere Fortsetzung. An mir liegt es nicht. Daniel Morgenroth und ich wären jederzeit wieder gerne dabei … *I miss Ireland … {m}*

96. GRUND

## Weil der Mann in Irland als Verkehrsampel arbeiten kann

Wer schon einmal auf Irlands Straßen und Sträßchen unterwegs war, kennt sie, die Ampeln auf zwei Beinen: Männer, die den Baustellenverkehr anstelle einer Verkehrsampel regeln. Wenn an irischen Baustellen erst einmal überall elektrische Lichtzeichengeber eingeführt werden, dann steigt die Arbeitslosigkeit in Irland beträchtlich über 15 Prozent – weiß ein blöder Witz über die Ampelmänner, die überall auf der Insel angetroffen werden, wo Straßen auf- und zugebuddelt werden, um den Autofahrern *Stop* und *Go* zu signalisieren. Immerhin: Jede Baustelle schafft durch den Verzicht auf moderne Technik mindestens zwei Vollzeitarbeitsplätze. Und wenn dann noch das *Follow-me-Car* für den Auto-Eskort-Service durch die Baustelle operiert, sind es mindestens drei.

Die Männer mit den Drehschildern, die auf der einen Seite das *Go* in Grün und auf der anderen Seite das *Stop* in Rot in die Höhe recken, haben einen ebenso geruhsamen wie langweiligen Job. Sie stehen den ganzen Tag an der Straße und drehen nur dann und wann das Schild von Rot auf Grün und von Grün auf Rot, um anstelle einer elektronisch arbeitenden Ampel den Verkehr an Engpässen zu regeln. Auch wenn es mutmaßlich gegen die Gleichstellungsgesetze verstößt: Dieser Job, das hat meine Alltagsforschung in eineinhalb Jahrzehnten ergeben, wird nur an Männer vergeben. Einzige Einstellungsvoraussetzungen sind: Geduld und das richtige Geschlecht. Doch Vorsicht: Die Jobsicherheit der Ampelmänner wird von der fortschreitenden Technisierung der irischen Baustellen bedroht. *{m}*

97. GRUND

## Weil man sich am Forty Foot noch als Mann unter Männern umziehen kann

Wir wollen in diesem Buch keine Gender-Politik betreiben, nur so viel: Angesichts der fortschreitenden Gleichstellung der Frau muss Mann sich schon manchmal Sorgen um sich, den Mann, und dessen Stellung in der Welt machen. In den progressiven Winkeln westlicher Gesellschaften regt und räuspert sich zunächst noch vorsichtig eine neue Männerbewegung. In Irland, einer Gesellschaft, die sich gerade mit der Verspätung von einigen Jahrzehnten liberalisiert, kann deshalb manches als »vorne« gelten, was eigentlich ziemlich »hinten« ist. Zum Beispiel der ziemlich berühmte Badeplatz am Forty Foot in der Dublin Bay, einem Stadtstrand, den schon James Joyce ausgiebig würdigte.

Dort nämlich residiert der exklusiv Männern vorbehaltene Schwimmclub des Forty-Foot-Badeplatzes von Sandycove, Dublin; und dieser ehrenwerte Männerklub hat erst im Jahr 2013 erneut mit 24 zu 17 Stimmen die Aufnahme von Frauen als Mitglieder abgelehnt. Der 1880 gegründete Club wurde in James Joyces Jahrhundert-Roman *Ulysses* erwähnt und dadurch weltweit berühmt.

Der Forty Foot, auf einem Felsen in der Bucht von Dublin gelegen, war lange ein reiner Badeplatz für Männer. Erst in den letzten 25 Jahren konnten die Frauen ihn mitbenutzen. Nicht erlaubt ist Frauen jedoch die Benutzung der Umkleidekabine sowie des Klubhauses. Laut eines Mitgliedes, welches anonym bleiben möchte, war die Atmosphäre während der Abstimmung ziemlich einschüchternd und »mit einem frauenfeindlichen Unterton«.

Jane Dyllon Byrne, Dubliner Ratsmitglied für die Labour Party und Schwimmerin am Forty Foot, nannte das Abstimmungsergebnis von 2013 abermals eine riesige Enttäuschung. Sie verriet, dass manchmal im Winter ein nettes Klubmitglied die Umkleidekabine inoffiziell für einzelne Frauen öffnete. Würde dies allerdings von anderen Klubmitgliedern bemerkt, gäbe es eine »Revolution«, so Jane.

Doch eines ist sicher: Heimlich und auch noch verhalten dankbar an kalten Wintertagen in die Umkleidekabine zu schlüpfen wird nicht die bevorzugte weibliche Strategie der Zukunft sein. Die Frauen von Dublin werden nicht lockerlassen, bis am Forty Foot auch die letzte Bastion der Männer-Vorherrschaft beziehungsweise der weiblichen Diskriminierung geschleift sein wird. *{m}*

98. GRUND

## Weil bei irischen Männlichkeitsritualen kaum Blut fließt

Was dem Spanier der Stierkampf und dem Texaner das Mustang-Reiten, das ist dem Iren auf dem Land das Schafscheren. Im Sommer feiern viele Dörfer ihre *Family Fun Days* und Sommer-Festivals, und der Schafscher-Wettbewerb gilt im ländlichen Irland noch immer als fester Bestandteil der Dorfsause. Harte Männer demonstrieren ihr Geschick als Schaffriseure – es kommt darauf an, das Tier möglichst schnell aus dem Pelz zu schneiden.

Zart besaitete Städterinnen kritisieren das Männlichkeits-Ritual bisweilen als grob und bedauern die »armen Schafe« wegen der Prozedur. Bei aller Aufregung: Die Tiere dürften sich nach der Behandlung befreit fühlen. Weil der Preis für Schafwolle am Boden liegt, werden viele Schafe nämlich gar nicht mehr frisiert – was ihnen das Leben in den Bergen und auf den Weiden schwer erträglich macht. Das Männer-Ritual muss auch aus anderen Gründen verteidigt werden: Kein Stier stirbt im Staub einer Kampf-Arena, kein Mustang bricht sich die Fesseln unter dem Zuritt des eisernen Westmannes. Keine Toten, kaum Blut: Der irische Mann, so er sich in seiner Männlichkeit beweisen muss, belässt es in der Regel bei ein paar Schnittwunden – vorzugsweise am Schaf.

Ansonsten beweisen sich echte irische Männer nach traditionellem Rollenverständnis gerne als knallharte Rockstars (Bono), Frauen verzehrende Geheimagenten (Pierce Brosnan), als Weltklasse-Rugbyspieler (die Helden von Irland gewannen 2015 gerade wieder die *Six Nations*) oder als Kampfmaschinen beim Gaelic Football, einer der härtesten Ballsportarten der Welt. Und natürlich haben sich die Iren als Kampftrinker und hart austeilende Wirtshausschläger in vergangenen Jahrhunderten einen Namen erarbeitet. Auf diese Titel legen gebildete junge Iren allerdings überhaupt keinen Wert mehr und diskreditieren diesen zweifelhaften Ruf als böswillige Verleumdung oder, wesentlich smarter, als stupides Klischee, das in der Wirklichkeit keine Entsprechung mehr findet. *{m}*

99. GRUND

## Weil der bekannteste irische Schönheitswettbewerb auf platten Sex verzichtet

»The pale moon was rising above the green mountain, the sun was declining beneath the blue sea …«, lauten die ersten Textzeilen eines der bekanntesten irischen Traditionals über die *Rose of Tralee*. Einmal im Jahr dreht sich in Tralee, dem Hauptort des County Kerry, alles um die Schönheit der Frauen und um die weibliche Persönlichkeit. Das bekannte und traditionsreiche Festival wählt immer im Ferienmonat August die Rose of Tralee, die vorzüglichste, schönste, klügste und charakterlich vorbildlichste junge Irin weltweit. Ja, tatsächlich, weltweit!

Was im Jahr 1959 als lokaler Schönheitswettbewerb im Rahmen einer Pferderennwoche begann, machte bald regional und national Karriere und ist heute ein weltweit beachtetes Event. Bewerben können sich junge Frauen aus Irland und aus irischen Gemeinden weltweit. Da tritt dann die Gewinnerin des regionalen Rose-Entscheids aus New York gegen die Rose von Cork und die Rose von Neuseeland an. Auch deutsche Roses werden im Feld der Wettbewerberinnen bisweilen gesichtet.

Über 30 junge Frauen wetteifern jeweils um den begehrten Titel der Rose of Tralee. Gesucht wird eine Schönheit, die zugleich Persönlichkeit ist und die den Wettbewerb, Tralee und die Grafschaft Kerry ein Jahr lang gut repräsentieren kann. Die zweitägigen Endausscheidungen werden jedes Jahr live im irischen Fernsehen RTÉ übertragen, immer spät am Dienstagabend, kurz vor Mitternacht wird die neue Rose bekanntgegeben.

Was den Schönheitswettbewerb von anderen unterscheidet, ist der Verzicht auf platten Sex und die Würdigung der gesamten Persönlichkeit der jungen Frauen: Die übliche Bikini-Stolzier-Nummer mit ausgiebiger Fleischbeschau gibt es in Tralee nicht. Frauen werden bei der Rose of Tralee – die Gründe dafür spielen keine Rolle – nicht auf die fast nackten Tatsachen reduziert. Das ist im besten Sinne altmodisch-fortschrittlich. *{m}*

100. GRUND

## Weil Liebe und Hass zwei Seiten derselben Medaille sind

Wer ein Buch mit dem Titel *111 Gründe, Irland zu lieben* schreibt, gibt über sich zwischen den Zeilen mehr oder weniger freiwillig eine der folgenden Selbstauskünfte. Erstens: Ich bin begeisterter Irland-Tourist und trage stets die grüne Brille, die alles Irische rosarot erscheinen lässt. Oder zweitens: Ich habe tatsächlich keine Ahnung von Land und Leuten. Oder drittens: Ich bin ein schamloser Beschöniger, Schleimer oder professioneller Schönredner (Abteilung PR / Marketing / Werbung print und online). Oder viertens: Ich verschweige, was ich sonst noch alles weiß.

Dies alles wirkt wenig schmeichelhaft für uns Autoren. Oder gibt es noch eine *fünfte* Option?

Natürlich ist auch Irland ein Land mit Licht und Schatten. Das Sehnsuchtsland wird zum Alltagsland, sobald man es besser kennenlernt. Und schon im Urlaub erkennt der wache Geist die dunklen Seiten der grünen Idylle. Was für die einen gute Gründe sind, sind schon für die Nachbarn schlechte Gründe. Die Kehrseite der Liebe ist der Hass – und er lauert oft bereits an der nächsten

Ecke von Love Street. Wir wissen das alles, und doch lassen wir uns immer wieder gerne einseifen.

Die Menschen in Irland sind im Umgang miteinander äußerst kultiviert. Sie pflegen den freundlichen Umgangston, sie halten sich an das Höflichkeitsritual, sie leben und lassen leben – selbst in den Worten, die sie wählen. Noch mehr als die Franzosen, von denen man sagt, sie ohrfeigten sich mit Küssen, brillieren die weniger körperbetonten Iren in der Disziplin, das weniger Schöne, das Unangenehme und das Negative besonders hübsch und angenehm zu verpacken und »durch die Blume zu reden«, wie es eine deutsche Redensart ausdrückt.

Wer eineinhalb Jahrzehnte unter Irinnen und Iren gelebt hat, schaut sich die eine oder andere Kommunikationstechnik ab – und so haben wir den Titel dieses Buches in ganz irischer Manier mit buntem Leben gefüllt: Nicht alles, was als Liebeserklärung daherkommt, ist auch eine, nicht alles, was positiv formuliert ist, ist auch positiv im Gehalt. Nicht alles, wo Liebe draufsteht, ist auch liebenswert.

Um das Prinzip *Fünf* im Rahmen dieses Männer-Kapitels zu verdeutlichen: Es ist sehr schön, ermunternd und motivierend, dass der irische Mann sehr viel Raum für seine eigene Vervollkommnung hat: Als junger Mensch kann er lernen, sich von seinem Muttersohn-Dasein und den in der Regel dominanten irischen Müttern zu emanzipieren und ein echter Partner für seine Frau zu werden (gute Vorbilder, *role models*, dafür gibt es längst auch in Irland). Er kann im Kollektiv daran arbeiten, die immens hohe Suizid-Rate unter jungen Männern in Richtung des europäischen Durchschnitts zu senken, indem er Wege findet, seine Verzweiflung zu überwinden. Gleiches gilt für das Ranking im europäischen Vergleich des Alkoholkonsums. Er kann lernen, seine Selbstständigkeit im Alltag zu verbessern. Und er kann sogar neue Wege finden, um seine erotische Fixierung auf Menschen zu konzentrieren und Maschinen aller Art, vom Auto über den Rasenmäher bis zum Boot, als Dinge zu begreifen – und sie nicht mehr als *she* (*sie*) zu bezeichnen. Denn wahre Erotik kommt vor Auto-Erotik.

In diesem Sinne: Dieses Buch als Ganzes ist unsere ehrliche Liebeserklärung an Irland, unsere Wahlheimat, der wir uns sehr verbunden fühlen – und für die wir leicht auch 500 gute Gründe finden würden, sie zu mögen. *{m}*

KAPITEL XI

# MÄRCHEN, MYTHEN UND TRÄUME

101. GRUND

## Weil die Anderswelt und das Unsichtbare in Irland zum Greifen nah sind

Über betörend schöne siebenfarbige Lichterscheinungen am Himmel habe ich bereits an anderer Stelle geschrieben (siehe Grund 2). Hier wird es nun Zeit, das Geschöpf, das am Ende des Regenbogens seinen Topf voller Gold hütet und emsig einen einzigen Schuh flickt, vorzustellen: Es handelt sich um den Leprechaun (»Läpprekonn«). Er ist ein Mitglied des Volkes der Tuatha Dé D'Annan (»Tuhäidäi deynen«), des Stammes der Göttin Danu (siehe Grund 93).

Wem es gelingt, einen Leprechaun zu fangen, wird zu Reichtum kommen, denn das scheue Wesen mit dem großen grünen Hut und dem Rauschebart wird sich seine Freiheit erkaufen, indem es verrät, wo genau sich das Gold befindet. Bloß, wo hält sich der kleine Gnom auf, wenn keine Regenbögen am Himmel leuchten? Ich würde ihn an der wunderschönen Straße durch den Nationalpark zwischen Killarney und Kenmare suchen, dort am »Lady's View« steht ein offizielles Straßenschild mit der Aufschrift: *Leprechaun crossing*. Gute Chancen hat man unter außergewöhnlich aussehenden Weißdornsträuchern, vor allem, wenn sie alleine in der Landschaft stehen. Dort halten sich auch andere Mitglieder der *Little People* am liebsten auf.

Das sind die *Skegashees*, die *Banshees*, die *Cluricauns* und die *Pookas*. Diese und viele andere Wesen aus dem Feenvolk sind in Irland noch sehr präsent. Selbst wenn sie einem noch nicht persönlich begegnet sind, werden sie von den meisten Menschen in Irland irgendwie akzeptiert (»man weiß ja nie«), respektiert (»sie sind Menschen wie wir, auch wenn sie aus einer Parallelwelt kommen«) oder gar gefürchtet (»ich gehe nie nach Anbruch der Dunkelheit in einen Wald«). So weit geht die Anerkennung ihrer Existenz, dass im Jahr 1999 der geplante Ausbau der Nationalstraße 18 zwischen

Limerick und Galway an einem Weißdornbusch zunächst scheiterte. Dieser kleine Feenbaum sollte gefällt werden, doch die heftigen Warnungen, dass seine Zerstörung eine gewaltige Rache des Kleinen Volkes – und damit schlimme Unfälle – nach sich ziehen würde, führte zu massiven Verspätungen und schließlich zur Verlegung der Trasse um den Baum herum.

Ist es diese fast greifbare Magie, die Abertausende Menschen auf die Grüne Insel lockt? Die sich dann oft auf unerklärliche Weise zu Hause fühlen, bald wiederkommen, vielleicht sogar einwandern wollen? Unser Ältester, der nicht gerade über ein romantisches Naturell verfügt, bemerkte einst nach seinem ersten einsamen Spaziergang durch den moosbewachsenen Dschungel unseres weitläufigen Grundstückes: »Jetzt kann ich verstehen, warum ihr hierhergezogen seid.« {e}

102. GRUND

## Weil es in Irland noch Orte mit Geheimnissen gibt

Wir Menschen sind aufgeklärt und zunehmend entzaubert. Wir schaffen die Geheimnisse ab. Wir wissen sogar ziemlich genau, wie die Liebe funktioniert. Reine Chemie. Ein bisschen Dopamin und Testosteron, Oxytocin oder Vasopressin, am Ende noch mehr Dopamin und Serotonin – das sind die Stoffe der Verliebtheit, der Treue und der Trennung. Wir sind fast so, wie wir uns Gott vorstellen. Wir lenken unser Leben – zumindest bis es auf Autopilot stellt.

Was ist ein Leben ohne Geheimnisse? Ohne Rätsel, ohne geheime Orte? Ohne Zufälle und Zufallsfunde? Die Welt ist längst bis auf den letzten Quadratmeter vermessen. GPS-Koordinaten lassen uns am Bildschirm finden, was wir noch nicht einmal gesucht haben. Wir leben auf 52° 43′ 50.5″ N, 9° 60′ 32.0″ W. Wir müssen noch nicht einmal mehr vom Bildschirm aufsehen oder aussteigen, um einen Ort zu »erkunden«.

Nur wenige Orte in Westeuropa widersetzen sich noch der digitalen Komplettaufzeichnung, der permanenten Kontrolle und der kinderleichten Erreichbarkeit. Aber: In Irlands Westen gibt es noch Landschaften, in denen nicht jeder Stein schon dreimal umgedreht und viermal fotografiert wurde. Hier gibt es noch Orte, die zuletzt vor einigen Hundert Jahren begangen wurden, Plätze, deren Historie bis heute nicht dokumentiert ist. Darf man das offenbaren?

Was eigentlich macht einen Ort zu einem Ort mit Bedeutung? Bis vor Kurzem war es seine Geschichte oder zumindest eine Geschichte: Der Ort hat sozusagen etwas »erlebt«. Jemand hat in der Vergangenheit zum Beispiel eine Entscheidung getroffen, den Ort zu bebauen: mit einem Steinkreis oder einer Kirche, einer Wohnstätte vielleicht. Oder Gegner haben sich an einem Ort zu einer Schlacht getroffen. Oder Menschen erkannten die günstige Lage eines Ortes an der Furt des Flusses. Die Fruchtbarkeit der Erde.

Heute im Zeitalter von Internet und Geocaching reicht es aus, dass Jäger der digitalen Schnitzel irgendwo in einem Wald oder an einem Flussufer ein kleines Versteck, einen sogenannten Cache, anlegen und dessen Koordinaten im Web hinterlegen. Schon bahnen Geocacher ganz neue Pfade durch die Landschaft und geben Orten eine gänzlich andere Bedeutung. Ein bislang völlig unbedeutender Ort kann innerhalb von Monaten Ziel von zahlreichen modernen Schatzsuchern werden. Derweil wird die Bedeutung, die Geschichte anderer Orte nicht mehr überliefert und vergessen. Mit der Geschichte kann der Ort in Vergessenheit geraten oder er wird mit einer anderen Bedeutung aufgeladen.

Manche Orte bewahren ihr Geheimnis. Sie bleiben unerkannt als Ort und schon gar als Ort mit Bedeutung. Oder sie geben nur Hinweise für Eingeweihte, für Feinfühlige, Sensible, die das Kribbeln im Bauch, in den Fingern oder in den Füßen wahrnehmen können.

Manchmal ist das Geheimnis eines Ortes auch nur eine ganz individuelle, ja persönliche Angelegenheit. Denken wir an den Ort, wo wir erste Küsse getauscht haben, *down in the hollow, all along the waterfall, in the green grass behind the stadium* (All dies Orte aus dem Song *Brown Eyed Girl* von Van Morrison). Nichtwissen kann für Geheimnisse des Ortes verantwortlich sein – und die richtige Information sorgt letztendlich dafür, dass wir ein Geheimnis lüften können. Ein Geheimnis, das gelüftet wurde, ist dann leider keines mehr, und aus Geheimtipps werden leicht Attraktionen. Der Tourismus etwa verwandelt systematisch unbekannte in viel frequentierte Orte – das Prinzip der Nachhaltigkeit im Tourismus funktioniert in etwa so gut wie das qualitative Wachstum in der Weltwirtschaft.

Über manche Orte wird man also schweigen. Ein elitärer Ansatz? Vielleicht. Vielleicht aber auch Respekt für den Selbstwert der Natur, für Landschaft, die sich bislang dem Verwertungszwang des Nutzwertdenkens entzogen hat.

In Jahrmillionen hat der Atlantik den alten Sandstein an der Küste Südwest-Irlands bearbeitet und geformt. Er hatte unendlich lange Zeit und schuf bizarre Formationen. Ich habe immerhin 14 Jahre ganz in der Nähe gelebt, bevor ich die alten Brandungstore am wilden Atlantik erstmals zu Gesicht bekam. Sie liegen nur durch ein unscheinbares Gartentor und einen Spaziergang von der Hauptstraße entfernt. Ein geheimnisumwitterter Ort, den ewigen Gewalten des Wassers und des Windes seit Menschengedenken und viel, viel länger ausgesetzt. Ohne große Bedeutung. Ohne Zweck. Berauschend schön. Noch. Wir sind nicht mehr allzu weit von einem Zustand entfernt, den der Psychologe C. G. Jung schon vor fast 100 Jahren erreicht sah: »Das einzig lebenswerte Abenteuer kann für den modernen Menschen nur noch innen zu finden sein.«* Noch sind wir nicht ganz so weit. *{m}*

* C. G. Jung: *Der Mensch und seine Symbole,* Patmos Verlag, 18. Auflage, 2012.

103. GRUND

## Weil es in Irland gleich zwei höchste Wasserfälle gibt

Manche Leute halten Werbung für die Systematisierung und PR für die Perfektionierung der Lüge. Man muss nicht gar so weit gehen, um die Wirkungsmacht der zweckdienlich manipulierten Phrasen, Sätze, Bilder und Filmsequenzen anzuerkennen. Allerdings haben die beiden Disziplinen ihre besten Tage hinter sich. Fakten sind das Gegengift , und die Nachprüfbarkeit von schlichten Behauptungen, Beschönigungen und Halbwahrheiten hat sich in der vernetzten Wissensgesellschaft drastisch verbessert. So verlieren lange gültige Kommunikationsregeln dramatisch an Gültigkeit. Zum Beispiel diese: Behaupte etwas einfach so lange, bis alle glauben, es sei wahr, und dann ist es auch wahr.

Der angloirische Landadel beherrschte die Anwendung dieser Regel in Perfektion und nutzte sie in vergangenen Jahrhunderten eifrig zur Erzeugung genehmer Scheinwirklichkeiten. Nehmen wir die Feudalmenschen von Powerscourt, einem ruhmreichen Landsitz im County Wicklow, in Kutschennähe zur Hauptstadt Dublin. Powerscourt House umstrahlte eine Aura der Pracht, der Macht und der Superlative. So war es nur natürlich, dass die Leute von Powerscourt auch den fünf Kilometer vom Haus entfernten Wasserfall von Enniskerry unbesehen zum größten und besten und vor allem zum »höchsten Wasserfall Irlands« adelten. Es war immerhin ihr Wasserfall, und der konnte gar nicht hoch genug sein. So wird der Sturzbach in den Wicklows bis heute als Irlands höchster Wasserfall gefeiert und besucht: Eine halbe Million Menschen pilgern jedes Jahr zu dem 121 Meter hohen Naturschauspiel am Fuß der Wicklow Mountains und berappen brav ihre 5,50 Euro Eintrittsgeld, um einen Superlativ erleben zu dürfen. Alleine, es ist keiner, Millionen Wasserfallenthusiasten können irren.

Irrtum oder Schwindel? Die windigen Werber von Powerscourt müssen und dürften es spätestens Mitte des 19. Jahrhunderts gewusst haben: Irlands höchster Wasserfall stürzt sich seit mindestens 10.000 Jahren auf der Westseite der Insel in die Tiefe. The »Mare's Tail«, der Schweif der Stute, ergießt sich aus einem Gletschersee im Felsmassiv des Hungry Hill auf der Beara-Halbinsel aus über 330 Metern Höhe hinunter zur 100-Meter-Marke. Die englischen Landvermesser hatten dies in den detaillierten Karten von Irland in den ersten Jahrzehnten des 19. Jahrhunderts dokumentiert. Der Hungry-Hill-Wasserfall ist damit über 100 Meter höher als Irlands offiziell »höchster Wasserfall«. Das Problem: The Mare's Tail hatte im bäuerlichen Adrigole nie eine funktionierende PR-Abteilung im felsigen Rücken. Keiner kümmerte sich um ihn, kaum jemand wollte ihn sehen, wie er sich in anmutiger Schönheit im freien Fall erschöpft. Macht aber nichts: Er verrichtet sein Geschäft zuverlässig und unbeirrt fast im Verborgenen. Als tosender und doch so stiller Champion. *{m}*

104. GRUND

## Weil der Aberglaube in Irland selbst Autokennzeichen ändert

Als Kinder haben wir ganze Notizbücher mit den Kennzeichen vorbeifahrender Autos gefüllt. Wir saßen am Rand der Dorfstraße und warteten sehnsüchtig auf die ein, zwei ortsfremden Autos beziehungsweise Kennzeichen des Tages. Wer ein solches zuerst entdeckt und in seinem Buch notiert hatte, war nah am Tagessieg. Die bundesweiten Autokennzeichen kannten wir alle, und es wäre wohl nicht vorgekommen, was mir kürzlich an der Dorfstraße in Irland tatsächlich passierte: Ich musste passen. Was bitte bedeutet TS – Tiobraid Árann? Wo in Irland wurde dieses Fahrzeug erstmals zugelassen? Mister Google hat's mal wieder gewusst: Tipperary South. Tipperary ist eine der drei Ausnahmen im Kennzeichensystem. Jedes der 26 Counties der Republik hat ein Nummernschild-Kürzel: C steht für Cork, D für Dublin, KY für Kerry oder KK für Kilkenny. Nur Tipperary hat zwei, für Nord (TN) und Süd (TS) – und in Limerick und Waterford wird unterschieden in Stadt (L, W) und Land (LK, WD). Für alle, die unterwegs auf Irlands Straßen Nummernschilder lesen wollen: Die Ziffern am Anfang des Kennzeichens stehen für das Jahr der Erstzulassung, die Buchstaben danach geben den Ort, das County der Zulassung an, gefolgt von der individuellen Kennzahl.

Wie aber kann es sein, dass das Jahr der Erstzulassung 151 ist? 151 nach Christi Geburt? Natürlich nicht. Es bedeutet erstes Halbjahr 2015. Bis zum Jahr 2012 wurden die Zulassungsjahre schlicht mit 01 für 2001 oder 12 für 2012 angegeben. Dann kam das Jahr 2013, und seitdem ist alles anders: Seit dem Jahr 2013 gibt es die Zulassungstermine --1 und --2. Tatsächlich: Der Aberglaube bescherte Irland neue Kfz-Kennzeichen. Die irische Auto-Lobby verhinderte, dass die Zahl 13 auf den Kennzeichen der Neuzulassungen im Jahr 2013 auftauchte. Die Regierung gab der Forderung nach, die Autokennzeichen im ersten Halbjahr 2013 mit den Ziffern »131« und im zweiten Halbjahr mit »132« beginnen zu lassen.

Die Zahl 13 gilt ganz besonders in Irland als Unglückszahl: Hausnummer 13, Zimmer 13, Platz 13 werden in Straßen, Hotels oder Flugzeugen meist übergangen und vermieden. Der Teufel ist »der Dreizehnte« und in manchen Prophezeiungen gilt die 13 als Zahl des Todes. Irlands Auto-Lobbyisten behaupteten deshalb erfolgreich, die gesteigerte Angst vor Verkehrsunfällen und anderem Unglück könnte im abergläubigen Irland zu einem weiteren drastischen Rückgang der Autozulassungen führen. Zudem führten die Autohändler an, mit zwei neuen Nummernschildern im Jahr mit der gängigen Praxis zu brechen, dass 70 Prozent der irischen Neuwagen in den ersten vier Monaten des Jahres gekauft werden – unter anderem, um öffentlich zu zeigen, dass man sich ein neues Auto leisten konnte.

Zum neuen Millennium, der Jahreswende 1999/2000, war auf der Insel tatsächlich eine wahre Status-Orgie ausgebrochen: Hunderttausende Iren wollten mit einem schönen, neuen und natürlich möglichst großen Auto und dem Kennzeichen »00« anzeigen, dass sie finanziell vorne sind und auf der Statusleiter ganz nach oben gehören. In den ersten vier Jahren des neuen Jahrtausends wurden deshalb gefühlt zwei Drittel des Wagenbestands erneuert. Und gekauft wurde fast ausschließlich im Januar und Februar – in den restlichen Monaten hatten die Händler kaum etwas zu tun. So macht die neue Reglung mit den zwei Zulassungs-Halbjahren tatsächlich auch jenseits des Aberglaubens Sinn.

Hier zum besseren Verständnis der irischen Nummernschilder die Kürzel für alle Counties und die Namen der Counties in Irisch, wie sie auf dem Nummernschild jeweils ausgeschrieben am oberen Rand stehen. *{m}*

| | | |
|---|---|---|
| C | Cork | Corcaigh |
| CE | Clare | An Clár |
| CN | Cavan | An Cabhán |
| CW | Carlow | Ceatharlach |
| D | Dublin | Baile Átha Cliath |
| DL | Donegal | Dún na nGall |
| G | Galway | Gaillimh |
| KE | Kildare | Cill Dara |
| KK | Kilkenny | Cill Chainnigh |
| KY | Kerry | Ciarraí |
| L | Limerick City | Luimneach |
| LD | Longford | An Longfort |
| LH | Louth | Lú |
| LK | County Limerick | Luimneach |
| LM | Leitrim | Liatroim |
| LS | Laois | Laois |

| | | |
|---|---|---|
| MH | Meath | An Mhí |
| MN | Monaghan | Muineachán |
| MO | Mayo | Maigh Eo |
| OY | Offaly | Uíbh Fhailí |
| RN | Roscommon | Ros Comáin |
| SO | Sligo | Sligeach |
| TN | Tipperary North | Tiobraid Árann |
| TS | Tipperary South | Tiobraid Árann |
| W | Waterford City | Port Láirge |
| WD | County Waterford | Port Láirge |
| WH | Westmeath | An Iarmhí |
| WX | Wexford | Loch Garman |
| WW | Wicklow | Cill Mhantáin |

105. GRUND

## Weil der irische Glaube eine sehr mütterliche Note hat

Man muss nicht gläubig oder gar katholisch sein, um die vielen Denkmäler mit den weiß und hellblau gewandeten Frauen an Straßenrändern und Wegkreuzungen schön zu finden. Irland ist die Hochburg der Marienverehrer. Da steht die heilige Muttergottes vor ihrer Grotte und strahlt. Gewandet in den Farben der Unschuld, Weiß und Blau – *immaculate*, sagen die Iren –, mit einem Lichtkranz gekrönt. Manche meinen, Maria, die Mutter Jesu, sei wirkungsmächtiger als Sohn und Vater zusammen, weil die Irdische, die Reine und Unbefleckte, nicht entrückt sei, sondern dem Menschen tröstlich nah und so viel näher als die Götter. Und so rangiert sie ganz inoffiziell auch im Rang einer Göttin.

Irland hat sich als Hochburg der Marienverehrung bewiesen, als Papst Pius XII. im Jahr 1953/54 das erste Marianische Jahr zur Würdigung des 100 Jahre bestehenden Dogmas der Unbefleckten Empfängnis verkündete. Der Papa in Rom rief die katholische Welt dazu auf, überall Orte der Marienverehrung zu schaffen – und ähnlich wie die Bayern, nur noch viel emsiger, gingen die Marien-Fans im hochkatholischen Irland zu Werke. Sie schufen entlang der Straßen Tausende Schreine und Grotten für die verehrte Muttergottes. Mal bekam sie eine Neonröhre als Heiligenschein verpasst, mal einen Heiligenschein aus Sternen – zumeist aber muss sie mit gelegentlichem Kerzenschein auskommen. Und immer im Frühjahr, wenn die Tage trockener und wärmer werden, werden die Gewänder von Mary mit der gebotenen Sorgfalt frisch lackiert.

In der christlichen Figur der Maria sehen wir den Kult der alten heidnischen Göttinnen fortbestehen. Maria ist die keltische Göttin Anu, sie ist Istar, sie ist Isis, sie ist die Magna Mater Kybele, sie ist Artemis, Diana und Athene. Maria gibt dem irischen Katholizismus eine ausgeprägt mütterliche Note und der traditionellen irischen Familie das Vorbild der starken und immer gütigen Mammy.

Die heilige Jungfrau, als die Maria auch bekannt ist, erscheint den Menschen auf der Insel im Übrigen bis in die heutigen aufgeklärten Zeiten immer wieder leibhaftig. Zum Beispiel im Jahr 2009 in Rathkeale im County Limerick. Arbeiter hatten im Kirchhof von Rathkeale einen Baum umgesägt – und im Baumstumpf offenbarte sich wenige Tage später ein Bildnis, das Gläubige schnell als ein Abbild der Heiligen Jungfrau mit Baby identifizierten. Die Nachricht von der neuen Marien-Erscheinung machte die Runde auf der Insel in Breitband-Geschwindigkeit, Tausende Marienverehrer eilten in den Tagen nach der Erscheinung zum Beten und Staunen zur Marienkirche in Rathkeale.

Inzwischen wird das verehrte Stück Holz, das auch schon Ziel eines Farbanschlags war, mit einer transparenten Vitrine vor aggressiven Ungläubigen wirksam geschützt und für die Dauer-Verehrung konserviert. Die von der obersten Kirchenleitung beglaubigte Super-Erscheinung fand allerdings ein Stück weiter nördlich und 130 Jahre früher statt: Im heutigen Wallfahrtsort Knock hatte sich die Muttergottes im August 1879 über drei Stunden lang gezeigt. Und sie war nicht alleine gekommen: Joseph und der Jünger Johannes rundeten die Erscheinung ab, von der die katholische Welt noch heute spricht. {m}

106. GRUND

## Weil Irland ein idealer und sicherer Fluchtpunkt ist

Gabi aus Berlin schrieb mir vor Kurzem: »Wie oft höre ich uns gerade in dieser unsicheren Zeit sagen: Wenn Europa weiter so aus den Fugen gerät – dann wird Irland mehr denn je Zuflucht.« Da ist sie wieder, die *German angst*. Sie geht angesichts vieler Krisen in Europa und der Welt munter um. Die Angst vor einem Zerfall Europas und einem Krieg lässt wie die Angst vor radioaktiver Verstrahlung nach der Fukushima-Katastrophe im Jahr 2011 viele Menschen nach Auswegen suchen.

Diese Welt ist nicht mehr in Ordnung. Die ökologischen und ökonomischen Probleme eskalieren, während wir zusehen. Viele Menschen haben Angst, viele sind verunsichert, viele suchen im Internet nach Antworten, die ihnen die Politiker schuldig bleiben. Sie googeln für die Sicherheit, suchen Antworten mit Stichworten wie »Irland Atom«, »Irland Tsunami« (manche »Irland Zunami«) oder »Irland Erdbeben«. Die Fakten sind: Das Erdbebenrisiko auf der Insel ist äußerst gering. Die Gefahr eines Tsunamis im Nordatlantik ebenso – auch wenn es wilde Szenarien vom Abbruch großer Landmassen im atlantischen Meer gibt, die eine Monsterwelle verursachen könnten. Irland ist jedenfalls nicht nur ein atomwaffenfreies, sondern auch ein atomfreies Land. Die Technologie der Kernspaltung wird auf der Insel weder militärisch noch zivil zur Energiegewinnung eingesetzt. Nur vom östlichen Inselnachbarn, aus dem britischen Sellafield, droht seit über sechs Jahrzehnten erhöhte radioaktive Strahlung.

In einem Land, das mehrere Kraftwerke immer noch mit Torf beheizt, wurde erst im neuen Jahrtausend über die Option Kernenergie diskutiert. Angesichts des rapiden Anstiegs des Energiebedarfs in den Boomjahren des Keltentigers setzte sich eine politische Minderheit für den Bau von Kernkraftwerken ein – dann aber kam der wirtschaftliche Zusammenbruch, und die Geisterdebatte verstummte.

Als Fluchtpunkt, gelobtes Land, als sichere Zuflucht und heiler Unterschlupf dient Irland den Kontinentaleuropäern, und ganz besonders den Deutschen, dagegen schon seit über einem halben Jahrhundert. Als zu Beginn der 60er-Jahre der Kalte Krieg tobte, als die Welt während der Kuba-Krise am Rande eines Atomkrieges stand, wurde Irland in manchen Kreisen zum Geheimtipp und zum rettenden Ufer. Beeindruckt von den Schilderungen Heinrich Bölls aus den 50er-Jahren, machten sich vor allem wohlhabendere Leute in das ländliche Idyll am westlichen Rand Europas auf, um in der Randlage am Atlantik Sicherheit und Schutz zu suchen. Findige Geschäftsleute kauften damals zu kleinen Preisen große Ländereien in Irland auf, parzellierten sie und verkauften die Grundstücke in Deutschland mit dem Versprechen von Schutz und Sicherheit an die Reichen und die Ängstlichen weiter. Fluchtpunkt Irland.

Die Kuba-Krise ging vorüber, ohne zum Krieg zu eskalieren, und viele Auswandererpläne blieben Pläne: Zahlreiche bereits finanzierte Zufluchtsstätten wurden nie gebaut – in Irlands Grundbüchern finden sich aus jener Zeit noch immer viele deutsche Namen.

Erneut wurde Irland zum gelobten Land nach dem atomaren Super-GAU am 26. April 1986 in Tschernobyl, als die Angst vor dem radioaktiven Fallout Deutsche in Scharen westwärts auf die Insel trieb. Und dann Japan. Dann die Ukraine-Krise. Wird das Sanktuarium im Atlantik, das die Flucht zahlreicher Einheimischer seit vielen Generationen verkraften musste, zum beliebten Einwanderungsziel der Angst-Europäer? *{m}*

107. GRUND

## Weil die irische Mythologie die Bäume in Ehren hält

Die Bäume: Sie waren lange vor uns hier, sie sind stets um uns herum, sie sind (meist) stille Begleiter unseres Lebens; sie überdauern uns und werden hier sein, wenn längst neue Menschen-Generationen die Erde bevölkern. Werden sie? Zumindest werden sie so lange hier sein, wie Menschen auf der Erde siedeln. Und umgekehrt. Denn ohne sie gibt es kein menschliches Leben auf der Erde: Ohne Bäume auch keine Menschen. Die Bäume sind die archaischen Begleiter des Menschen durch die Zeiten.

Die Vorfahren der Iren, die Kelten, gelten als das Baumvolk schlechthin. Welchen Bezug hatten die keltischen Ahnen zu den Bäumen und welche Vorstellungen vom heute so populären Keltischen Baumkreis und vom keltischen Baumhoroskop? Die Kelten, die 800 Jahre vor Christus auf die Insel kamen, um dort über 1.000 Jahre lang den Ton anzugeben, gelten als ein Volk, das in Einklang mit der Natur lebte. Der Baum stand im Zentrum ihres Weltbilds. Aus der Wahrnehmung des Baumuniversums entwickelten sie die Ogham-Schrift und den keltischen Kalender.

So zumindest interpretierte es der »Erfinder« des keltischen Baumkalenders, der Schriftsteller Robert Graves. Und Graves, man erkennt es leicht an den Lebensdaten (1895–1985) war mit Sicherheit kein Kelte. Der fantasiebegabte Schriftsteller aber förderte mit seinen Werken ganz maßgeblich den bis heute faszinierenden Keltenmythos und befeuerte unsere Fantasie dort, wo wir tatsächlich wenig wissen: vom wirklichen Leben der Kelten und von ihrem Verhältnis zu den Bäumen.

Unter den Baum-Keltologen gibt es bis heute unterschiedliche Betrachtungen des keltischen Baumjahres, doch die Kardinalpunkte stimmen überein. Insider berufen sich zuerst auf den Autor von *Die weiße Göttin*, Robert Graves, dessen Nachfahren noch heute ein prächtiges Anwesen in West Cork, das Ballylickey Manor House, bewohnen. (Ein bisschen Eigenwerbung in Klammern: Dasselbe Ballylickey House ist auch unser Wanderhaus für unsere Wandergäste von *www.wanderlust.de.*)

Der Literat, der mit vollem Namen Robert von Ranke-Graves hieß, hat sich in seinem 1948 erschienenen Buch über »eine historische Grammatik poetischer Mythen« mit dem Thema des keltischen Baumalphabets Ogham intensiv auseinandergesetzt. Dieses Alphabet – je nach Quelle *Beth-Luis* oder *Beth-Luis-Fearn* genannt, besteht aus 13 Konsonanten, welche wiederum jeweils den 13 Mond-Monaten und eben 13 Bäumen und Sträuchern zugeordnet werden. Die Monate der einen Zählart erstrecken sich von Neumond zu Neumond und beginnen nach der Wintersonnenwende (längste Nacht des Jahres am 21. Dezember), bei der zweiten Version werden die Monate ab *Samhain* (die Nacht vom 31. Oktober zum 1. November) von Vollmond zu Vollmond gezählt. Die Bäume (beziehungsweise Sträucher) im keltischen Baumkalender sind: Birke, Eberesche, Esche, Erle, Weide, Weißdorn, Eiche, Ilex, Hasel, Weinrebe (!), Efeu, Wasserholder (Schneeball) und Holunder. *{m}*

108. GRUND

## Weil es im irischen Frühling immer die »süße Lüge« gibt

Als unsere Jungs noch klein waren, haben wir mehrere Jahre lang beim *lent* mitgemacht. *Lent* heißt Fastenzeit, und jedes Kind war von der katholischen Lehrerin aufgerufen, auf eines oder gar auf mehrere Laster zu verzichten. Unter den freiwillig gewählten Spitzenreitern war (und ist) bei vielen Kindern und Erwachsenen die völlige Abstinenz von Zucker, *fizzy drinks* (Cola und Limos), Alkohol und Zigaretten (falls der Neujahresvorsatz schon wieder im

Sande verlaufen ist). Die Kinder versuchten es auch mit einem 40 Wochentage langen Bogen um Gameboy, Spielkonsole oder Fernseher.

Nun weiß jeder Ernährungsphysiologe, dass der monatelange tägliche Konsum von stark zuckerhaltigen Speisen und Getränken den Insulinspiegel Amok laufen lässt und dass eine Entwöhnung schwierig und manchmal sogar von entzugsähnlichen Symptomen begleitet wird. Eine leckere Erfindung aus der Backabteilung der Supermärkte hilft über die größten Schmerzen hinweg: Das *hot cross bun* hat in der Fastenzeit Hochkonjunktur. Das ist ein fluffiges, ziemlich süßes Rosinenbrötchen, das mit Zimt und winzigen Stückchen von kandierten Früchten gewürzt ist. Auf der goldbraunen Kruste prangt ein helles Kreuz, meistens aus ungebräuntem Teig etwas erhaben aufgeklebt.

Beim Lügen hält der fromme Katholik zwei übereinander zum Kreuz geformte Finger hinter seinem Rücken, beim Fasten mit Zuckerverzicht darf er (oder sie) die Leckerei mit dem Kreuz-Design verspeisen. Es ist nicht mehr zu klären, woher genau diese Tradition stammt und wann dieser eigentlich für den Karfreitag vorgesehene Schmaus vorverlegt wurde. Möglicherweise waren diese Brötchen eher Brote (ohne Zucker und Gewürze), das Kreuz sollte am traurigsten Tag des Jahres an den leidenden Herrn erinnern – sogar beim Essen.

Einigen Quellen zufolge muss das Kreuz vor dem Verzehr geküsst werden. In manchen Gegenden glaubt man daran, dass so ein Brötchen, wenn es am Karfreitag gebacken und verzehrt wird, in den folgenden zwölf Monaten nicht kaputtgehen wird oder gar schimmelt. Es soll vor Krankheit schützen und im Falle des Unwohlseins als Medizin eingenommen heilend wirken. Es gibt auch Quellen, die behaupten, dass die Fasten-Brötchen von der Anglikanischen Kirche eingeführt wurden.

Jedenfalls kennt jedes Kleinkind das Liedchen »One a penny, two a penny – hot cross buns ... if you have no daughters, give them to your sons … One a penny, two a penny – hot cross buns«. Und genauso wie bereits im ersten Vorschuljahr *sharing is caring* (teilen ist sich kümmern) gelehrt wird, betont ein genauso bekannter Reim rund um die heilige Süßigkeit das Besiegeln der Freundschaft für ein weiteres Jahr: »Half for you and half for me, Between us two shall goodwill be«.

Erwähnte ich bereits, dass die Brötchen inzwischen außerhalb der Fastenzeit erhältlich sind und bei manchen Supermarkt-Ketten in Varianten mit Schokoladenstückchen, Karamelleinlage oder auch ganz ohne Extras? So ist das oft mit Traditionen, sie verwässern irgendwann. Ganz ehrlich: Ich bin nicht darüber böse, dass ich *hot cross buns all year round* naschen darf! *{e}*

109. GRUND

## Weil es in Irland dünne Zeit und dünne Orte gibt

Samhain, Halloween, Allerheiligen. In unserer Reise durch die Zeit erreichen wir jedes Jahr Ende Oktober/Anfang November den dunklen Pol des Jahres, die Halbetappe zwischen Tagundnachtgleiche und Wintersonnenwende. Dann werden die Schleier zwischen dieser Welt und der Anderswelt besonders dünn. Die bewunderten Vorfahren der Iren, die Kelten, nannten diese Zeit die »dünne Zeit« *(thin time)*, in der die Grenzen zwischen dem Reich der Lebenden und dem der Toten für kurze Zeit offen stehen. Manche Menschen fürchten sich in dieser dünnen Zeit und bleiben lieber zu Hause, andere feiern die schrille US-Version des alten Totenkults als Halloween mit Getöse, wieder andere öffnen ihre Sinne weit und tief und schauen durch den Schleier.

Neben der »dünnen Zeit« gibt es in Irland auch die »dünnen Orte«, an denen wir uns mit unseren Vorfahren und dem Göttlichen verbinden können, wenn Erinnerung und Gegenwart in eins fallen. Es sind Orte, an denen sich die Distanz zwischen Himmel und Erde auflöst. Diese dünnen Orte, die sich natürlich nicht jeder ZeitgenossIn erschließen, wirken auf die Besucher: Sie sind entspannend, transformierend und sie lassen unsere Alltagsmasken verblassen. So zumindest hat der Reisejournalist Eric Weiner einmal die Wirkung der dünnen Orte in der *New York Times* beschrieben.

Es ist viel gestritten worden über den Zusammenhang oder Nicht-Zusammenhang des keltischen Samhain und des christlichen Allerheiligen. Es ist am Ende unbedeutend. Für Christen ist Allerheiligen am 1. November eine dünne Zeit, und die Menschen gehen in den inneren Raum der Stille, sie lösen sich aus dem Alltäglichen und kommen sich und den geliebten Verstorbenen näher. Die Seelen der Lebenden und der Toten berühren sich für eine Weile.

Gibt es einen Reiseführer zu den dünnen Orten in Irland? Einen Events-Kalender für die dünnen Zeiten? Meines Wissens gibt es die »111 dünnen Orte« nicht in Buchform. Aber wer sie finden will, kann sich einfach einmal in einen irischen Steinkreis stellen, sich Zeit nehmen und tief in sich hineinhören … *{m}*

110. GRUND

## Weil es in Irland überall Orte der Hoffnung und der Heilung gibt

Wann haben Sie eigentlich zuletzt ein Opfer gebracht? Wann ein Gelöbnis oder ein Gelübde abgelegt? Einen Ort oder eine höhere Macht mit einer Votivtafel oder einem Votivbild um Beistand gebeten? Vielleicht noch nie? Rituale dieser Art erscheinen uns heute archaisch, erinnern an Epochen innigen Glaubens oder tiefen Aberglaubens.

In Irland gibt es auch heute noch viele Orte, zu denen Menschen pilgern, um für das eigene Seelenheil oder das von Verwandten und Freunden zu bitten und zu beten. Überall im Land findet man Marien-Schreine und vor allem heilige Quellen. Diese *Holy Wells* sind oft vorchristlichen Ursprungs, örtliche Wasserkulte sprechen den jeweiligen Quellen eine besondere Heilkraft zu. Hoch in den Bergen der Beara-Halbinsel hat mir ein Freund einmal eine heilige Quelle gezeigt, die durch ein großes weißes Kreuz am Felsen markiert ist. Das Quellwasser dort oben soll bei Erkrankungen der Augen helfen. Und Menschen klettern noch heute hinauf, um Heilung zu erlangen.

Wer von Liscannor im County Clare die Hauptstraße zu den berühmten Cliffs of Moher fährt, sieht am Fuß des Anstiegs die Säule von O'Briens Monument. Gleich daneben übersieht man leicht das Sanctuary, das Heiligtum der Gegend: die heilige Quelle der St. Brigid und die heilige Grotte am Fels mit all den Opfergaben und Bekundungen von Gelübden. Sie ist genauso einen Besuch wert wie die weltbekannten Klippen, sagt sie doch fast mehr aus über Irland und die Iren als das nahe gelegene Naturwunder.

Bitt- und Dank-Opfer: Traditionell kamen und kommen die Gläubigen aus dem ganzen County Clare und von den Aran-Inseln an den vier festgelegten Tagen im Jahr zum Sanctuary, um die Heilige Brigid von Kildare um Beistand zu bitten, um die ersehnte Rettung aus der Not, die Linderung des Schmerzes, die Heilung von kranken Verwandten oder auch, um für die erfolgte Rettung zu danken.

Die heilige Quelle von Liscannor, ein Ort der Hoffnung, zieht noch heute die Menschen an, weil sie im Ruf steht, ein Ort der Heilung zu sein. Die Heilige Brigitte, so meinen die irischen Katholiken, hat's drauf. Sie diente schon den Kelten als Gottheit, war die Patronin der keltischen Druiden und genießt hohes Ansehen in der katholischen Heiligenhierarchie. Immer wieder wurden am Brigitten-Häuschen von Liscannor Krücken gefunden – zurückgelassen von anscheinend geheilten Pilgern. *{m}*

111. GRUND

## Weil es viel mehr als 111 Gründe gibt, Irland zu lieben – Ein Schlusswort

Als wir mit diesem Buch starteten, blickten wir bereits auf eine umfangreiche Liste von Gründen, die uns immer wieder ein lautes und überzeugendes »Jaaa« auf die manchmal etwas skeptische Frage entlockte: »Ihr wollt wirklich für immer in Irland bleiben?« Nach den ausführlich beschriebenen 111 Gründen wären noch so viele mehr, vielleicht 500, vielleicht tausendundeine kleine Liebenswürdigkeit aufzuzählen: Die Luft auf der Grünen Insel ist so sauber, dass der unbeschreiblich klare Sternenhimmel mit gut sichtbarer Milchstraße die Winterabende so atemberaubend schön erscheinen lässt. Die ästhetisch-bunten Türen der verbliebenen georgianischen Stadtteile Dublins lassen von vergangenen Zeiten träumen. In der Hauptstadt und auf dem Land zieht es mich oft in die wunderschönen Avoca-Läden; sie sind für mich definitiv ein weiterer Grund, Irland zu lieben. Die Fluggesellschaft mit der gelben Harfe, welche die Besuche zur Familie in Deutschland oft preiswerter macht als so manche Zugfahrt in der alten Heimat, gehört auch irgendwie dazu (selbst wenn deren Praktiken manchmal etwas nerven).

Als künstlerisch orientierter Mensch ziehe ich Inspiration aus der irischen Musik, den weiten Landschaften, der traumhaften Garteninsel Garinish Island im Hafen unseres Dorfes, den hübschen bunten Häusern und den alten geheimnisumwobenen Steinbauten. Den Anblick von niedlichen reetgedeckten Cottages finde ich entzückend, das altenglische Flair in vielen Gebäuden und auch die Rosamunde-Pilcher-Innenarchitektur in unserem Gästehaus erfreuen mich (fast) tagtäglich. Einfach mal so auf Walbeobachtungstour im Katamaran von Nic gehen oder den wilden Delfin Fungi in Dingle »besuchen« zu können, das ist einfach unbezahlbar schön.

Ich schätze die Gemütlichkeit der prasselnden Kaminfeuer zu Hause und in vielen Pubs, sie riechen zudem so gut wie die vielen Whiskey-Sorten, die Irland zu bieten hat. Die wunderschönen Wälder im Frühling, wenn sie übervoll mit duftenden Bluebells geschmückt sind, finde ich nirgendwo auf dem Kontinent. Die weit verbreitete Liberalität, die trotz aller neuen Vorschriften und Gesetze immer noch möglich ist, sorgt für ein angenehmes Stück Entspannung und ermöglicht Spontaneität. (In welchem katholischen Land kann man am Karfreitag im Supermarkt einkaufen gehen, die Wiesen laustark mähen, am Haus wild hämmern und streichen, die Wäsche auf die Leine hängen …?) All das und noch viel mehr hält uns hier – seit anderthalb Jahrzehnten und hoffentlich mindestens noch einmal so lange. *{e}*

# WEBSITES, FILME UND BÜCHER

*Eine subjektive Auswahl*

## Bücher: Das Land

Bäuchle, Markus: *Irland: Ein Länderporträt*, Berlin 2014
Dubilski, Petra: *Fettnäpfchenführer Irland: Alles im grünen Bereich*, Meerbusch 2014
Everett, Nigel: *Wild Gardens, The Lost Demesnes of Bantry Bay*, Cork 2000
Eagleton, Terry: *Die Wahrheit über die Iren*, München 2000
Foster, Roy: *Luck & the Irish*, New York 2008
Krieger, Carsten: *The Wild Atlantic Way*, Dublin 2015
Hawks, Tony: *Mit dem Kühlschrank durch Irland*, München 2000
McCarthy, Pete: *McCarthy's Bar. Mein ganz persönliches Irland*, München 2004
Mersey, Richard: *The Hills of Cork and Kerry*, Gloucester 1987
Mitchell, Frank & Ryan Michael: *Reading the Irish Landscape*, Dublin 2003
O'Donohue, John: *Connemara Blues*, München 2001
O'Toole, Fintan: *Enough is Enough – How To Build A New Republic*, London 2010
Uris, Jill and Leon: *Irland. Schreckliche Schönheit*, München 1985
Waters, John: *An Intelligent Person's Guide to Modern Ireland*, London 1997, und: *The Politburo Has Decided That You Are Unwell*, Dublin 2004

## Bücher: Reiseführer

*Aus dem großen Stapel der Irland-Reiseführer drei Empfehlungen von Autoren, die seit Langem in Irland leben und das Land besonders gut kennen und beschreiben:*

Biege, Bernd: *Stefan Loose – Reiseführer Irland*, Ostfildern 2014
Dubilski, Petra: *Dumont Reise-Handbuch Irland*, Ostfildern 2015
Stieglitz, Andreas: *DuMont Wanderführer Irland*, Köln 2012

## Bücher: Belletristik und Ferienlektüre

Balfour, Liz: *Ich schreib dir sieben Jahre*, München 2011
Doyle, Roddy: *Typisch Irisch*, München 2007

Dunne, Patrick: *Die Keltennadel*, Köln 2008
Graham, Brendan: *Die irische Nacht*, Berlin 2002
Hamilton, Hugo: *Die redselige Insel. Irisches Tagebuch*, München 2007, und: *Der irische Freund*, München 2012
McCourt, Frank: *Die Asche meiner Mutter*, München 1998
McPartlin, Anna: *Die letzten Tage von Rabbit Hayes*, Reinbek 2015
O'Faolain, Nuala: *Dunkle Tage, helles Leben*, München 2011
Riley, Lucinda: *Das Mädchen auf den Klippen*, München 2012
Rutherford, Edward: *Die Prinzen von Irland: Die große Dublin-Saga*, München 2007
Schulz, Gesine: *Eine Tüte grüner Wind*, Hamburg 2005
Ungerer, Tomi: *Der Nebelmann. Eine Geschichte aus Irland*, Zürich 2012

## Websites

*www.blog.aromapraxis.de* – Blog von Eliane Zimmermann und Vorstellung ihrer fünf Bücher über Aromatherapie und Naturheilkunde.

*www.boards.ie* – Irlands größtes Diskussionsforum zu allen möglichen und unmöglichen großen und alltäglichen Themen.

*www.citizensinformation.ie* – Umfangreiche Bürgerinformation über öffentliche Dienste, Gesetze und Rechte. Interessant für alle, die länger in Irland leben wollen.

*www.irishtimes.com* – Die Website unserer bevorzugten irischen Tageszeitung *Irish Times*.

*www.irland.de* – Irish-Net, das Irland-Portal von Thorsten Blum. Interessantes und vielfältiges Informationsangebot über Irland (mit dahinter verborgenem Reisebuchungstool eines Reiseveranstalters).

*www.entdeckeirland.de* – Die offizielle Website der Irland Information (Tourism Ireland) in Deutschland. Nützliche Reiseinformationen und Anreisetipps.

*www.louisekennedy.com* – Die Kollektion der Mode-Designerin.

*www.met.ie* – Die Website des amtlichen irischen Wetterdienstes *Met Éireann*. Unverzichtbar.

*www.orlakiely.com* – Die Kollektion der Allround-Designerin.

*www.politics.ie* – Das große irische Diskussionsforum über Themen der Politik.

*http://roisinfitzpatrick.com* – Die Kunstwerke der »Künstlerin des Lichts«.

*www.taz.de* – Die *Berliner Tageszeitung* beschäftigt als einzige deutsche Tageszeitung einen ständigen Korrespondenten in Irland. Die Artikel des Kollegen Ralf Sotschek sind meist genauso lesenswert wie seine Bücher, etwa: *Nichts gegen Iren: Psychogramm eines komischen Volkes*, München 2011.

*www.thejournal.ie* – Irlands wichtigstes reines Online-Nachrichtenangebot.

*www.irland-wandern.de* – Unsere Website für Wanderer und wandernde Irlandfans; und *www.irlandnews.com*, unser (fast) tagesaktuelles Irland-Webmagazin mit Berichten über das Leben und Reisen in Irland, das in der Rubrik »Links« auch einen Überblick auf die deutschsprachigen Irland-Blogs gibt.

## Filme: Unterhaltung

*Am Sonntag bist Du tot* (*Calvary*) und *The Guard*, von John Michael McDonagh

*Das Geheimnis des Seehund-Babys* (*The Secret of Roan Inish*), von John Sayles

*Die unbarmherzigen Schwestern*, von Peter Mullan

*Falling for a Dancer*, von Richard Standeven nach dem Roman von Deirdre Purcell

*P. S. Ich liebe Dich*, von Richard LaGravenese nach dem Roman von Cecilia Ahern

*Nothing Personal*, von Urszula Antoniak

*The Wind That Shakes The Barley*, von Ken Loach

*Once*, von John Carney

*Ondine*, von Neil Jordan

## Filme: Dokumentation

*Die Wilden Gärten Irlands*, von Barbara Dickenberger: Sie führt durch unsere Lieblingsgärten im Südwesten (Saarländischer Rundfunk)

*Wunderschön! Irlands Grüner Süden*, von Per Schnell: Andrea Grießmann und Markus Bäuchle unterwegs im Südwesten Irlands (WDR, erhältlich bei Amazon)

# DANK

Unseren Söhnen gebührt ein riesiges Dankeschön, sie haben es mit der Schreib- und Arbeitswut ihrer Eltern nicht immer leicht. Dankbar sind wir auch unserer fleißigen Rücken-Freihalterin Antje, ohne sie wäre dieses Projekt nicht möglich gewesen. In Erinnerung an Sigrid und Bodo, die uns in einige der zahlreichen Gründe, Südwest-Irland zu lieben, einweihten. In der Hoffnung auf eine neue Generation, die den natürlichen Reichtum der Insel beschützt und mehrt.

MARKUS BÄUCHLE ist Journalist und passionierter Wanderer, ELIANE ZIMMERMANN ist Grafik-Designerin und Aromatherapeutin. Sie leben im Südwesten Irlands. Er ist Autor des Buches *Irland: Ein Länderporträt* und Herausgeber des Irland-Webmagazins *www.irland-news.com*. Sie hat fünf Bücher verfasst und schreibt den Aromatherapie-Blog *www.blog.aromapraxis.de*. Mit dem Wanderunternehmen der beiden Autoren kann man sich in Irland auf Tour begeben (*www.wanderlust.de*).

Markus Bäuchle & Eliane Zimmermann
111 GRÜNDE, IRLAND ZU LIEBEN
*Eine Liebeserklärung an das schönste Land der Welt*

ISBN 978-3-86265-517-5




| Lektorat: Ulrike Thams | Coverfotos v.l.o.n.r.u.: 1-2 © privat; © Ron Sumners/depositphotos.de; 4-7 © privat; Richard Semìk/depositphotos.de; © privat; © Jelle van der Wolf/depositphotos.de; © Lucian Milasan/depositphotos.de; © privat; © Iordache Magdalena/depositphotos.de; © privat; © privat; © kobbydagan/depositphotos.de; © privat; © tupungato/depositphotos.de; 6 Fotos: © privat; © Richard Semìk/depositphotos.de; © Jacek Kadaj/depositphotos.de; © Muñoz/depositphotos.de | Aufmacherseiten Hintergrundfoto: © hiddentalentsphoto/depositphotos.de; S. 11: Ron Sumners/depositphotos.de; S. 31: © matthi/depositphotos.de; S. 55: © kobbydagan/depositphotos.de; S.77: © Jelle van der Wolf/depositphotos.de; S. 99: © Bojan Bokic/depositphotos.de; S. 141: © maury75/depositphotos.de; S. 121, 185: © Richard Semìk/depositphotos.de; S. 209: © jaimepharr/depositphotos.de; S. 227: © Jacek Kadaj/depositphotos.de



KATALOG
Wir senden Ihnen gern kostenlos unseren Katalog.
Schwarzkopf & Schwarzkopf Verlag GmbH
Kastanienallee 32, 10435 Berlin
Telefon: 030 – 44 33 63 00
Fax: 030 – 44 33 63 044

INTERNET | E-MAIL
www.schwarzkopf-schwarzkopf.de
info@schwarzkopf-schwarzkopf.de